U0455119

本论文集获得国务院侨务办公室华文教育研究课题重点项目：《华裔新生代的传承语认同研究》（项目编号：22GQB032）和教育部中外语言交流合作中心国际中文教育研究课题重点项目：《华人传承语认同影响因素实证研究》（项目编号：22YH54B）资助。

# 新形势下世界华文教育的理论与实践探索

王　晶　张立群　主编

民族出版社

# 《新形势下世界华文教育的理论与实践探索》编委会

主　编：王　晶　张立群

副主编：付文莉　赖　赟

编　委：田　河　李东海　孙占宇　江　琦

侯颜丽　朱兴飞　韩红娟　蒋艳丽

# 前　言

世界处于百年未有之大变局，传统华文教育的生存环境与发展模式都面临着新形势下的诸多重大转变与挑战。由西北师范大学、世界华语文教育学会、华侨大学和兰州城市学院主办的“第九届两岸华文教师研讨会暨第十二届世界华语文教学研究生研讨会”于2022年8月以线上线下形式召开，会议旨在搭建海内外华语文教育的交流和研究平台，积极探讨新形式背景下的华文理论发展与实践探索。

两岸华文教师学术研讨会和世界华语文教学研究生学术研讨会是世界华文教学领域的著名学术品牌。本次会议以“新形势下世界华文教育的理论发展与实践探索”为主题，来自海内外60多所高校的170余位专家学者参加了研讨会，围绕华文教学应用研究、华语习得研究、在线华文教学研究、面向华语教学的教学技术与资源开发研究、华语教师教材与教学法研究、面向华语教学的华语本体研究、新形势下的华文教学相关研究等热点议题，分享交流了100多篇研究论文。

呈现在读者面前的《新形势下世界华文教育的理论与实践探索》是本次会议的优秀论文汇编，也是西北师范大学国际中文教育研究丛书之一。论文集共包含20篇论文，囊括了多个华文教育的前沿话题，涉及华裔学习者汉语认同结构模型与形成路径，“中华文化大乐园”的线上体验模式创新研究，华文教学微课程设计，智能时代下的海外华文阅读，华语教学中的多义词分析以及新马华语与早期华语的关系等主题。此外，还涵盖了假设复句、新闻标题副词、汉语的形和蜷缩类动词的语义角色等华语本体研究；以及纠正性反馈对二语写作的影响、复合词习得研究等第二语言习得议题。在国际中文教育领域，论文集还包括了古巴本土化教材建设，阿拉伯联合酋长国课堂管理，当代中国话题课程词汇与练习，孔子学院语言景观，线上教学互动性、HSK 听力教学模式，海外本土中文教师角色隐喻，国际中文视域下“讲好甘肃故事”等主题。总体来说，以上研究紧扣学科前沿，研究理论或方法新颖独特，资料详实且论证有力，表达清晰且逻辑严谨，具有重要的理论意义和实践价值。

传统的华文教育正迎来崭新的变革和挑战。我们期望通过本论文集的研究成果，为全球范围内从事华语文教学研究的学者和研究生建立讨论与交流的平台，激发读者深入思考和广泛探讨，持续推动新形势下华文教育领域的不断发展和进步。

《新形势下世界华文教育的理论与实践探索》编委会

2023 年 11 月 26 日

# 目 录

# 华裔学习者汉语认同结构模型与形成路径研究*

王　晶　武和平　刘显翠**

## 一、引言

语言学习者对语言的认同是对语言所负载的语言本体、文化、实用和情感价值的接纳、认可和趋同（王莉、崔凤霞，2009；杨荣华，2010）。华裔学习者对汉语的学习，是对“社会主体语言之外作为语言文化传承的祖辈语言”的学习，即将汉语作为“祖语”（heritage language）的学习（郭熙，2017）。他们对汉语的认同建构对自身的汉语习得、选择、使用和发展起着重要的调节作用（王远新，2002），显著影响着华裔学习者的汉语保

* 本研究获得2022年度教育部中外语言交流合作中心国际中文教育研究课题重点项目：《华人传承语认同影响因素实证研究》（项目编号：22YH54B）；2022年度国务院侨办华文教育研究课题重点项目：《华裔新生代的传承语认同研究》（项目编号：22GQB032）的资助。

** 王晶，西北师范大学国际文化交流学院副教授，博士，硕士研究生导师，主要研究华文教育、第二语言习得等；武和平，西北师范大学国际文化交流学院教授，博士研究生导师，主要研究应用语言学、第二语言习得；刘显翠，西北师范大学心理学院副教授，博士，硕士研究生导师，主要研究社会心理学。

持（魏岩军等，2012）。已有实证研究表明，基于认同主动、能动和趋同的特征，学习者的汉语认同程度与汉语水平存在正相关关系，并对汉语学习效果具有较强的解释力（陈默，2020；魏岩军等，2012）。

但是我们应该认识到，拥有多重语言和文化优势的华裔学习者，同时也面临着多种语言认同和语言竞争带来的矛盾和困惑；新生代华裔对汉语的保持和使用、代际传承日趋式微等问题也日益凸显（Riche & Curdt-Christiansen，2010；沈玲，2015）。因此，探索华裔学习者汉语认同及其形成机制的问题具有重要价值和意义。开展华裔学习者的汉语认同结构模型和形成路径研究，一方面有助于寻求促进和激活华裔学习者汉语认同的有效策略和干预路径，另一方面也有助于厘清华裔学习者汉语认同形成的内部因素和深层原因，为提升华裔汉语学习者的汉语学习效果，针对华裔的祖语保持和传承策略提供科学基础和依据。

## 二、国内外语言认同研究述要

20世纪末开始，语言认同开始进入语言学习与教学研究的主流话语体系。根据对已有研究的梳理，我们发现国内外可以用于解释语言认同形成过程的理论包括：言语适应理论（Speech Accommodation Theory）、语言和认同理论（Language and Identity Theory）、言语社区理论和语言认同过程论等。其中Giles&Powersland（1997）在言语适应理论中，基于社会语言学和社会心理学的角度，提出语言学习者对语言使用的选择偏好，主要是受到了说话者互动交流的心理动机的影响。当学习者认同目的语族群或文化时，会改变原有言语风格，向目的语族群的言语风格靠近。Norton（2013）在语言和认同理论中，基于社会语言学的视角，考察了语言学习与身份认同之间的互动关系，认为宏观社会实践塑造了语言的认同，其背后的意识形态和权力关系引导并制约了语言认同的发展，语言学习者通过会话、互动等语言实践实现着社会文化环境与身份认同的互动。在华裔学习者的汉语（华语）认同方面，徐大明、王晓梅（2009）以“言语社区理论”为基础，提出华裔学习者的华语认同是华人族群认同的标志和关键内容，与华语社区形成相互构建的关系。周明朗（2014）在“语言认同过程论”中，提出华裔学习者的华语传承语认同与华人身份认同是动态的匹配过程。

从以上研究可以看出，国内外学者主要从两个不同视角对语言认同的形成过程做了深入的探究。第一个视角认为语言认同是在语言学习者自我与社会文化环境的双向建构和互动中形成的，倾向于将语言认同看作是社会或社会心理问题；第二个视角认为语言认同形成受到语言学习者个体社会属性，如民族、身份属性的影响，是身份属性的标记，与身份形成双向建构，倾向于将语言认同看作是自我身份问题。从目前已有华裔学习者的汉语认同的相关研究来看，研究重点较少关注汉语认同形成的机制，更多地集中在不同区域华裔学习者的汉语认同现状及特点调查、文化认同和汉语学习关系，以及身份认同对汉语传播策略的影响等方面（朱雯静、王建勤，2012；魏岩军等，2012；韩晓明，2016），但已有研究取向容易忽略华裔学习者的主体性及认同形成的内部驱动力。为此，我们以华裔学习者的汉语认同结构关系和形成路径为研究对象，以期构建学习者的汉语认同模型，进而为汉语认同的发生和形成提供契合的教学和传播策略建议。

在本研究中，我们尝试回答如下两个问题：一是华裔学习者的汉语认同的内在结构模型和形成路径是什么？二是不同区域的华裔学习者是否存在不同的汉语认同形成路径？

具体来说，为了探究以上的研究问题，我们主要运用了结构方程模型来建立和检验汉语认同内部变量之间的结构关系。结构方程模型（Structural Equation Modeling，简称 SEM）是一种通过建立、估计和检验多变量间关系来进行理论建模的多元统计分析技术。通过对模型中包含的潜在变量、观察变量和误差变量间的关系的检验，结构方程模型可直观地揭示出潜在变量之间的关系，并揭示潜变量的实现路径（许宏晨，2019）。本研究以来自中亚和东南亚的华裔学习者为研究对象，采用 SEM 系统化探究和检验汉语认同内部变量不同关系路径的直接、间接回归效应和总效应的显著程度和路径系数，进而构成华裔学习者的汉语认同形成机制模型。

## 三、华裔学习者汉语认同结构模型的建立

### （一）研究对象

本研究的对象为目前在中国高校学习的华裔学习者，年龄在 17—25 岁之间，主要来自中亚和东南亚地区。中亚的研究对象为西北某高校的本科生，分别来自哈萨克斯坦、吉尔吉斯斯坦和乌兹别克斯坦 3 个国家，共 182 个样本。东南亚的研究对象为广东某高校和北京某高校的本科生，分别来自印度尼西亚、泰国、马来西亚、缅甸、柬埔寨、老挝、菲律宾等 12 个国家，共 245 个样本。本研究共发放汉语认同测量问卷 450 份，回收有效问卷 427 份。全部数据用 SPSS 25.0 和 Amos 22.0 进行数据处理和分析。

**（二）测量工具**

本次测量采用自编的华裔学习者汉语认同测量问卷。该问卷共 28 个量表题项，以李克特五度计量得分，根据测量对象不同分别编制了中俄、中英双语版。问卷编制基于从内容归纳到因素分析的思路，通过对 3 个国家 108 位华裔学习者的试测和 14 个国家的 301 位华裔学习者的正式测量，经过探索性和验证性因素分析等一系列量化过程，获得了汉语认同的 3 个因素，这 3 个因素的累积方差贡献率为 64.228%。根据文献研究，将三个因素命名为“汉语认知”“汉语情感”和“汉语行为”。其中汉语认知（共 8 题）是个人对汉语的心理印象，主要是知识或信息的因素，涉及华裔学习者对汉语的重要性和有用性两个子维度的理性认知和价值判断；汉语情感（共 10 题）是学习者在学习和使用汉语时，在情绪、感情上的感受或反映，涉及华裔学习者对学习汉语的情感归属，对汉语和汉语文化的喜爱程度和对汉语学习的自我效能感三个子维度；汉语行动（共 10 题）是学习者在一定的社会文化背景下产生的汉语学习和使用的实践活动，主要涉及华裔学习者在课外对汉语的主动探索，对汉语学习付出的时间、努力程度等语言学习投资行为及使用汉语的频率和范围。汉语认同得分为以上三个因素总分的平均分，问卷结构见图 1 所示：

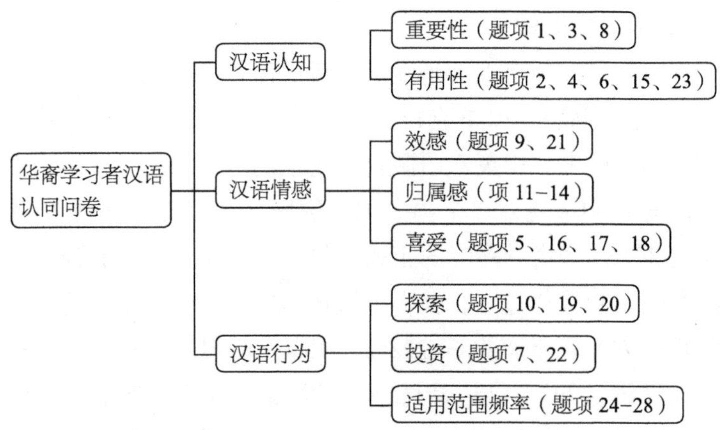


**图 1　华裔学习者汉语认同问卷结构**

测量结果发现，中亚、东南亚华裔学习者的汉语认同总体得分居于 4 分左右，在李克特 5 度计量中属较高水平，在三个维度方面的发展也相对比较均衡。通过独立样本 t 检验发现，除了汉语情感以外，中亚和东南亚华裔学习者在汉语认知、行为和认同全量表方面均无显著性差异，详见表 1。该测量结论和已有研究中关于印度尼西亚华裔（原鑫，2020）、美国华裔（魏岩军等，2012）等群体中的汉语认同程度的结论基本相同，即“华裔学习者对汉语往往持积极亲近的语言认同，对自我华人身份的认同感也较强”（原鑫，2020：125）。

**表 1　中亚华裔学习者和东南亚华裔学习者汉语认同平均值**

| 项目 | 汉语认知 | 汉语情感 | 汉语行为 | 汉语认同 |
|---|---|---|---|---|
| 中亚 | 4.19 ± 0.66 | 4.10 ± 0.65 | 4.11 ± 0.62 | 4.13 ± 0.53 |
| 东南亚 | 4.25 ± 0.56 | 3.92 ± 0.60 | 4.13 ± 0.53 | 4.10 ± 0.45 |
| Sig.（双尾） | 0.37 | 0.007** | 0.69 | 0.55 |

注：*$p$<0.05，**$p$<0.01，***$p$<0.001，下同。

此外，通过验证性因素分析表明，该问卷的三因素测量模型整体拟合结果为：$\chi^2$ / df=1.412，RMESEA=0.037，RMR= 0.033，CFI=0.976，NNFI（TLI）=0.924。根据良好模型拟合指标的标准：$\chi^2$ / df（拟合指标）<5，NNFI（非范拟合指数）和 CFI（比较拟合指数）>0.9，RMSEA（近似均方根误差）和 RMR<0.08（残差均方根）（Hu&Bentler，1998；温忠麟等，2004），该问卷达到了测量模型拟合指标要求，表明问卷具有良好的区分效度和结构效度。问卷的克隆巴赫 α 系数为 0.924，间隔一个月后再测信度为 0.891，表明问卷具有良好的内部一致性和时间稳定性。因此华裔学习者汉语认同问卷可以作为建立结构方程模型的数据收集工具。

### （三）假设结构模型的建立

根据 SEM 的建模要求，我们首先以言语适应理论为理论基础，对汉语认同的形成路径建立假设结构模型。选择言语适应理论主要源于它与汉语认同的构成因素（认知、情感和行为）相吻合；该理论中语言行为（趋同、维持、趋异）的转换，也主要受到了自身动机、认知和情感因素及其相互作用的影响（Giles & Powersland，1997）。因此，本文以言语适应理论“语言使用者情感、认知、动机——不同语言应用行为”的发展过程对汉语认同的结构关系和实现路径提出了以下的假设：将汉语认知作为自变量，将汉语情感作为“汉语认知—汉语情感”路径的因变量以及“汉语认知—汉语情感—汉语行为”路径的中介变量，将汉语行为作为因变量来构建结构模型，并考察自变量（或通过中介变量）对因变量的解释作用。基本路径的假设模型如表 2：

**表 2　华裔学习者汉语认同机制假设模型**

| 假设的结构路径图 | 基本路径假设 |
| --- | --- |
| 汉语认知<br>汉语情感<br>汉语行为 | 汉语认知对汉语情感有显著正向影响 |
| | 汉语认知对汉语行为有显著正向影响 |
| | 汉语情感对汉语行为有显著正向影响 |
| | 汉语认知通过汉语情感的中介调节对汉语行为有显著正向影响 |

## （四）汉语认知、汉语行为和汉语情感的相关分析

我们进一步检验了汉语认知、汉语情感和汉语行为三个因素的相关情况，因为只有这些变量之间本身存在着相关性，才可对提出的汉语认同假设模型进行检验。

**表 3　汉语认知、情感和行动的相关分析**

| 项目 | 汉语认知 | 汉语情感 | 汉语行为 |
| --- | --- | --- | --- |
| 汉语认知 | 1 | | |
| 汉语情感 | 0.441** | 1 | |
| 汉语行为 | 0.443** | 0.594** | 1 |

由汉语认同的三因子相关分析结果可以看出，汉语认知、情感和行为三个因子之间的皮尔逊相关系数全部为正值，并且统计显著性都达到小于 0.01 水平（$p$=0.000<0.01）的显著水平，因此适合进行结构方程建模。

### （五）正式结构模型的建立

根据汉语认同问卷的具体结构，我们首先在 SEM 中将潜变量设置为汉语认知、汉语情感和汉语行为，将观测变量设置为问卷中的 28 个题项；其次，根据假设模型形成华裔学习者的汉语认同结构模型和路径关系，如图 2 所示；最后借助 Amos 对该模型进行整体拟合度的检验。

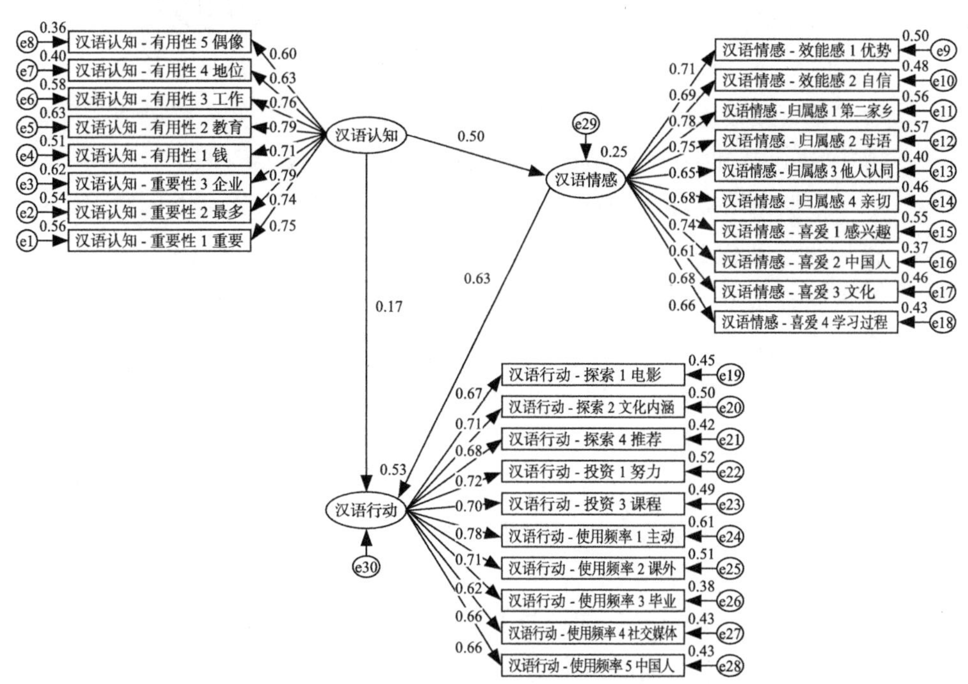


图 2　华裔学习者汉语认同问卷结构模型及路径指数

通过模型的拟合检验，得到了如下的拟合指数：$\chi^2$ / df=2.613，RMESEA=0.036，RMR=0.057，NNFI（TLI）=0.903，CFI=0.915。经过与拟合指标的对照，上述指数均达到了参考标准，说明华裔学习者汉语认同模型拟合良好。从内容上看，“认知、情感、行为”三因素凸显了汉语认同将意识和行动融为一体的特点。从结构上看，各因素之间在表现形式上互相呼应，构成了完整的汉语认同结构模型。该模型的建立也为后续的路径检验提供了基础。

## 四、华裔学习者的汉语认同形成路径检验

### （一）直接效应检验

直接效应显示了自变量对因变量的直接影响，路径系数体现了影响大小。根据模型结果，华裔学习者的汉语认同模型中共包含三条直接效应路径，分别为华裔学习者的“汉语认知—汉语情感”“汉语认知—汉语行为”和“汉语情感—汉语行为”。

根据模拟路径和运算结果显示，路径 1“汉语认知—汉语情感”的标准化路径系数为 0.50，回归系数显著（$p$<0.001），因此该路径成立。该直接路径表明，中亚、东南亚华裔学习者对汉语价值认知是产生汉语情感的基础，对于汉语价值的认可反映并有助于提升他们对汉语的归属感、喜爱程度和自信程度。路径 2“汉语认知—汉语行为”的标准化路径系数为 0.17，回归系数显著（$p$<0.001），因此该路径成立，这表明中亚和东南亚的华裔学习者对汉语的认知优势将对于汉语的行为产生显著正向影响。路径 3“汉语情感—汉语行为”的标准化路径系数为 0.63，回归系数显著（$p$<0.001），因此该路径成立，这表明中亚和东南亚的华裔学习者对汉语的情感优势将对汉语的行为产生显著正向影

响。路径 2 和 3 的因变量（汉语行为）相同，再通过进一步对比两条路径的路径系数可发现，汉语情感对汉语行为产生的直接效应（β=0.63）更高，汉语认知（β=0.17）次之。这一发现也印证了一些前人的研究。例如，Farley 等（2003）分别研究认知和情感两种成分对于行为的影响，发现在对行为的认知干预和情感干预的比较中，情感和行为的相关更高。Paisley（1998）发现“情感性态度—行为”比“工具性态度—行为”的关系更强。据此我们认为在汉语认同建构过程中，汉语情感比汉语认知处于更内核的位置。

### （二）中介效应检验

模型的中介效应是指路径 4“汉语认知—汉语情感—汉语行动”中汉语认知通过汉语情感影响汉语行为的中介作用。我们需要探究在汉语认同的形成过程中，汉语情感是否起着中介效应？如果存在汉语情感的中介效应，该效应是完全中介效应还是部分中介效应？

我们采用 Bootstrap 法对该中介路径进行检验。Bootstrap 法是普遍认可的、有效的检验中介效应的方法，具有较高的统计效力（温忠麟、刘宏云，2020）。Bootstrap 检验中介效应的 95% 置信区间不包含 0 时，则该系数显著。通过对路径 4“汉语认知—汉语情感—汉语行为”的中介路径进行检验，发现该中介效应的 Bootstrap 的 95% 置信区间为（0.225，0.445），不包括 0，说明汉语认知通过汉语情感影响汉语行为的中介效应是显著的。间接效应的大小是两个路径系数的乘积，汉语认知到汉语情感的标准化路径系数是 0.50，汉语情感到汉语行为的标准化路径系数是 0.63，则汉语认知到汉语行为的中介效应就是 $0.50 \times 0.63=0.315$。

进一步检验“汉语认知—汉语情感—汉语行动”模型的总效应，总效应为直接效应与间接效应的和（0.315+0.17=0.485），同样采用Bootstrap法检验总效应的显著性，根据结果可知，总效应的Bootstrap的95%置信区间为（0.353，0.687），不包括0，因此汉语认知对汉语行为具有显著的总效应，中介效应和总效应的显著性揭示了汉语认知和汉语情感影响汉语行为的直接和间接路径，即华裔学习者的汉语认知和汉语情感共同对汉语行为有显著性影响。

此外，通过对不同区域的华裔学习者的中介效应进一步分析，我们发现了中亚和东南亚华裔学习者的差异化表现，如表3所示。中亚华裔学习者的汉语认知影响汉语行为时，是完全通过中介变量起作用的。这是因为他们的“汉语认知—汉语行为”的直接路径不显著（$p=0.916>0.05$），汉语认知影响汉语行为时，需全部通过汉语情感为中介才能间接影响到汉语行为（$p<0.001$），因此中亚华裔学习者“汉语认知—汉语情感—汉语行为”路径的中介效应为完全中介效应。而东南亚华裔学习者的汉语认知影响汉语行为时，一部分为直接影响，另一部分通过中介变量汉语情感起作用。这是因为一方面东南亚华裔学习者的“汉语认知—汉语行为”直接路径显著（$p<0.001$），另一方面汉语认知通过中介变量汉语情感对汉语行为也可产生间接影响，该间接路径也达到显著水平（Bootstrap检验不含0），因此东南亚华裔学习者“汉语认知—汉语情感—汉语行为”路径的中介效应为部分中介效应。

表 4 华裔学习者"汉语认知—汉语情感—汉语行动"结构模型影响效应

| 区域 | 因变量 | $R^2$ | 自变量 | 直接效应 | 间接效应 | 总效应 | 路径系数显著性 |
|---|---|---|---|---|---|---|---|
| 中亚 | 汉语行为 | 0.52 | 汉语认知 | 0.009 | 0.721*0.64 =0.461 | 0.461+0.009 =0.470 | 0.916 |
| | | | 汉语情感 | 0.72 | | | ***<0.001 |
| 东南亚 | | 0.43 | 汉语认知 | 0.31 | 0.43*0.54 =0.232 | 0.232+0.31 =0.542 | ***<0.001 |
| | | | 汉语情感 | 0.43 | | | ***<0.001 |
| 华裔 | | 0.53 | 汉语认知 | 0.17 | 0.63*0.50 =0.315 | 0.315+0.17 =0.485 | ***<0.001 |
| | | | 情感汉语 | 0.63 | | | ***<0.001 |

## 五、讨论与分析

我们通过运用 SEM 探讨了汉语认同内部的结构关系，拟合了汉语认同内部的不同关系路径，检测了这些路径直接、间接回归效应和总效应的显著程度，考察了华裔学习者汉语认同的形成机制和不同区域学习者汉语认同形成的差异。下面我们将分别从汉语认同模型的直接效应路径、中介效应路径、不同区域华裔学习者汉语认同形成路径差异对结果进行讨论。

### （一）汉语认同模型的直接效应路径

汉语认同的结构方程模型显示，华裔学习者的汉语认同形成包含了有显著性（$p<0.001$）的三条直接效应路径："汉语认知—汉语情感""汉语认知—汉语行为""汉语情感—汉语行为"。本研究的结论与研究假设一致，也验证了 Giles 言语适应理论的观点。与 Giles 研究不同的是，本文运用 SEM 进一步检验和阐释了汉语认同三要素形成的不同层次和形成路径。研究发现，华裔学

习者的汉语认同模型结果具有明显的层级结构，即华裔学习者对汉语的认知首先直接影响了汉语情感的形成；汉语认知和汉语情感又共同影响了汉语认同行为。学习者只有具备汉语认同内在三要素（汉语认知、汉语情感和汉语行为），才能体现认同的能动性、主动性、同一性的特点。

首先，汉语认知作为华裔学习者对汉语的价值和属性判断，是汉语认同建构的基础，处于汉语认同结构中的第一层次。从路径的显著性可见，汉语认知对汉语情感和汉语行为都产生了显著的直接影响（$p<0.001$）。关于语言认知在语言认同中的基础作用，杨荣华（2011）在对 147 位英国华人的调查和访谈研究中发现："对华语的本体特征及汉语所承载的政治、经济和文化价值认知越强的英国华人，对华语的评价越积极，在家庭和其他华人集会的空间里，更可能选择使用华语。"有些学者则将研究焦点聚焦在华裔家庭的语言政策，他们发现加拿大华裔家庭的父母对汉语的认知直接影响家庭内部汉语的使用和对子女汉语学习的投入（Curdt-Christiansen，2009；李国芳、孙茁，2017）。基于家庭语言规划理论（King et al.，2008；Curdt-Christiansen，2009），家长对语言的认知往往发挥着无形的语言规划（invisible language planning）作用，影响子女对祖语的情感和使用。因而要揭示汉语认同的形成路径，需首先了解学习者家庭或学习者自身对汉语的认知情况，以发挥汉语认知"由知到情，由知到行"的作用。

其次，汉语情感可对汉语行为产生显著的直接影响（$p<0.001$），是汉语认同结构模型的第二层次，具有承上启下的作用，占据中心位置。已有研究表明，当华裔学习者建立了对汉语的积极情感后，将在学习汉语时主动设立更高目标，积极投入更多实践和努力，并可在深层次对汉语习得和保持产生持久的影响（魏岩军

等，2012）。通过路径系数对比，“汉语情感—汉语行为”路径比“汉语认知—汉语行为”的直接效应路径系数高（β=0.63>0.17），说明相较汉语认知，汉语情感对汉语行为的直接影响程度更强。因为对汉语的情感是学习者主体认可、主动采纳的一种结果，超越了对外界信息的客观认知和被动选择，更能够引发具有主动、趋同特点的汉语行为（郑全全，2017）。所以，在对华裔的汉语教学和传承过程中应积极引导学习者对汉语的积极情感（归属感、喜爱感和效能感），以形成更深层次的情感认同，并对汉语的认同行为产生直接影响。

最后，汉语行为是三个直接路径的结果变量，也是汉语认同的第三个层次。华裔的汉语学习者将对汉语的客观认知和主观情感根植于自我的信念中，从而形成对行为的驱动过程和心理趋向，最终表现在积极、能动的认同行为中。正如 Norton（2013）提到的，语言学习者通过语言的使用参与了语言和认同的建构与协商，反映着学习者的自我定位、自我与外部世界以及未来可能性的关系。在第三层次，汉语认同的内在过程构建完成，主要体现在华裔学习者对语言的探索、投入和使用范围等行为方面。如学习者主动对汉语和汉语文化的溯源和探究；对汉语能动地投入精力、时间和努力；通过语码转换、语言风格趋同等方式主动增强汉语使用的频率和范围等。

### （二）汉语认同模型的中介效应路径

模型的中介效应是指路径“汉语认知—汉语情感—汉语行动”中汉语情感的中介作用。通过路径系数显著性发现，在华裔学习者的汉语认同模型中，汉语情感在汉语认知和汉语行为之间发挥着中介作用，其中中介效应系数（0.315）占汉语认知对汉语行为总效应系数（0.485）的 64.9%。说明汉语情感的中介效应较强，华裔学习者对汉语的重要性和有用性的认知会通过自身对汉语的亲近感、喜爱感和效能感的情感体验显著激活汉语认同行为，从而形成汉语认同。这一结论符合 Kelman 的态度形成理论，即认同产生于个体的社会化过程中，是由于欣赏某人或群体而采纳该对象行为或态度的过程（Kelman，1961；郑全全，2017）。华裔学习者对汉语认同的建构实际上就是学习者以认知为基础，基于欣赏、喜欢、归属等感受的主体选择过程。这一结果也支持了言语适应理论中的语言趋同（convergence）策略的形成过程，Giles&Powersland（1997）发现，当语言学习者形成认同目的语族群的认知和情感后，会在交流中改变原有言语风格，向目的语族群的言语风格靠近。

此外，我们还发现中亚华裔学习者和东南亚华裔学习者呈现了汉语情感的完全中介和部分中介的差异，中亚华裔学习者的中介效应占总效应的 98%，东南亚华裔学习者的中介效应占总效应的 42.8%，二者差异明显。我们认为该差异的形成可能包括以下的原因：一是学习风格差异。中亚华裔学习者的汉语学习风格特点多为外向型和情绪型，总体更易受到外部环境和情绪因素影响（梁焱，2010；易红、符冬梅，2012）。而东南亚华裔学习者的总体学习风格倾向“内敛”，在汉语学习中工具型倾向比较明显，其他如情感因素的语言学习策略运用均衡（原一川等，2011），因此汉语情感对汉语行为只产生部分影响。二是文化距离差异。中亚各国的华侨华人中，少数民族华裔占了 95% 以上（方雄普、李斌斌，2019），他们的语言文化背景和汉语的文化距离相对较远。因此，中亚华裔的汉语学习者需要以情感为完全媒介，也就是建构了对汉语的喜爱、亲近感和自我效能感后才可进一步实现认同。而东南亚是华人华侨最集中的地方，与国内华人社区互动比较频繁，华裔学习者的文化背景与中华文化距离近，华文教育体系比较成熟。因此有多种途径可以实现对汉语的认知理解、情感发展和实际运用。

## 六、结论与启示

我们通过建立汉语认同结构模型以及对汉语认同形成路径的具体分析，揭示了汉语认同的作用机制，既阐明了汉语认知到汉语行动发挥作用的条件，也探索了不同地域的华裔学习者在不同情感条件下汉语认同存在差别的原因。主要结论为：一是华裔学习者的汉语认同内部形成机制包含了三条直接效应路径和一条中介效应路径。二是与“言语适应理论”的结论一致，我们发现汉语认知和汉语情感共同对汉语行动产生了显著的总效应；与之不同的是，我们运用结构方程模型进一步拟合了这三个构成因素的层次和形成路径。三是中亚和东南亚华裔学习者在汉语认同形成路径中呈现了汉语情感为完全中介与部分中介的差异，可能是受到了学习者学习风格和文化距离差异的影响。

激活和发展华裔学习者的汉语认同就是要培养汉语认同的三个构成要素，使华裔学习者获得汉语认同形成的内生动力，最终获得对汉语的认同。基于以上结论，我们得到了以下提升华裔学习者汉语认同的传承的教学策略启示：

首先，要充分发挥汉语的实用价值功能。通过汉语认同模型可发现，华裔学习者对汉语价值的认可不但成为了汉语传承和汉语持久保持的内驱力，也有利于对汉语积极情感和主动行为的构建。因此，应该注意到汉语在交际功能之外的经济资源、认同和战略资源价值（祝晓宏、周同燕，2017）。在华文传播或教学方面应更多挖掘汉语的使用价值，建立“学以致用”的学习目标，在课程设置中根据学习者的实际需求，实现由通用汉语到“汉语＋X”以至“X＋汉语”的转向，使学习者了解自己的语言优势，以及这种优势对未来的生涯规划、提升自我竞争力的积极作用，为进一步激发深层的情感认同建构基础。

其次，要重视华裔学习者的情感建构。本研究发现，无论是中亚还是东南亚的华裔学习者，对汉语的积极情感（喜爱感、获得感和亲近感）都在汉语认同的建构中起到了重要作用。但在实际的汉语教学中，与汉语作为祖语相关情感因素的教学却容易被忽略。因此，需要有意识地在内涵深掘和情感浸润的教学内容中，缩短学习者对汉语和汉语文化的距离感，使学习者体会汉语学习的乐趣和获得感，建构汉语传承的“内群体成员”（对说话人来说有归属感和主动参与的群体成员）身份，建立起对汉语的依恋和亲近感（王建勤，2015）。

最后，需要在教学设计和课堂教学中融入汉语认同的内容和元素。在具体的教学层面，可通过“汉语认知—汉语情感—汉语行为”的路径实施。首先，帮助学习者感知和获得汉语的交流功能、实用价值、语言传承的知识和信息；其次，在教学中多挖掘华裔学习者的亲情血缘认同和已有的祖语优势，引导学习者确立对汉语和中华优秀文化的正向情感；最后，在汉语的认知和情感的共同驱动下，通过在家庭、学校、社区、线上＋线下等场域的汉语交际和互动，实现对汉语的主动使用、探索和投入，以此建构华文学习和传承过程中的汉语认同。

由于条件限制，本研究的研究样本主要局限在来华学习的中亚和东南亚华裔大学生学习者，还未涉及海外更大范围、更多年龄阶段学习者的认同建构情况，后续研究将扩大调查对象数量、年龄层次和区域范围。此外，我们目前建构了汉语认同内因的形成路径和结构关系，后续研究将结合影响汉语认同的外部因素，以及内因和外因的互动关系，创建更完整的汉语认同模型。

## 参考文献


[1] 陈默．认同对汉语二语学习者口语复杂度、准确度和流利度的影响．语言教学与研究，2020（1）.

[2] 方雄普，李斌斌．俄罗斯及中亚东欧华侨华人史话．广州：广东教育出版社，2019.

[3] 郭熙．论祖语与祖语传承．语言战略研究，2017（3）.

[4] 韩晓明．东南亚华人身份认同变化对汉语传播的影响及前瞻，语言文字应用，2016（4）.

[5] 李国芳，孙茁．加拿大华人家庭语言政策类型及成因．语言战略研究，2017（6）.

[6] 梁焱．影响中亚留学生汉语学习的情感因素调查研究．语言与翻译（汉文版），2010（3）.

[7] 沈玲．印尼华人家庭语言使用与文化认同分析——印尼雅加达 500 余名新生代华裔的调查研究．世界民族，2015（5）.

[8] 王建勤．全球文化竞争背景下的汉语国际传播研究．北京：商务印书馆，2015.

[9] 王莉、崔凤霞．我国少数民族聚居区内的汉语言认同问题研究——以新疆维吾尔族聚居区为例．甘肃社会科学，2009（5）.

[10] 王远新．中国民族语言学理论与实践．北京：民族出版社，2002.

[11] 魏岩军，王建勤，魏惠琳，闻亭，李可．影响美国华裔母语保持的个体及社会心理因素．语言教学与研究，2012（1）.

[12] 温忠麟，侯杰泰，马什赫伯特．结构方程模型检验：拟合指数与卡方准则．心理学报，2004（2）.

[13] 温忠麟，刘红云．中介效应和调节效应方法及其应用．北京：教育科学出版社，2020.

[14] 徐大明，王晓梅．全球华语社区说略．吉林大学社会科学学报，2009（2）.

[15] 许宏晨．第二语言研究中的结构方程模型案例分析．北京：外语教学与研究出版社，2019.

[16] 杨荣华．语言认同与方言濒危：以辰州话方言岛为例．语言科学，2010（4）.

[17] 杨荣华．英国华人言语社区理论．华文教学与研究，2011（3）.

[18] 易红，符冬梅．中亚留学生感知学习风格调查与分析．民族教育研究，2012（6）.

[19] 原鑫．华裔学生继承语水平影响因素研究．语言文字应用，2020（3）.

[20] 原一川，饶耀平，原源．东南亚留学生汉语学习策略，态度和动机的实证研究．学园：学者的精神家园，2011（5）.

[21] 郑全全．社会心理学（第三版）．杭州：浙江大学出版社，2017.

[22] 周明朗．语言认同与华语传承语教育．华文教学与研究，2014（1）.

[23] 朱雯静，王建勤．跨文化族群的认同比较研究与汉语传播策略．云南师范大学学报（对外汉语教学与研究版），2012（3）.

[24] 祝晓宏，周同燕．全球华语国内研究综述．语言战略研究。2017（1）.

[25] Curdt-Christiansen, X. L. Invisible and visible language planning: Ideological factors in the family language policy of Chinese immigrant families in Quebec. *Language Policy* 2009（8）: 351-375.

[26] Farley, S.D., Stasson, M.F. Relative Influences of Affect and Cognition on Behavior; Are Feelings or Beliefs More Related to Blood Donation Intentions. *Experimental Psychology* 2003（1）: 55-62.

[27] Giles, H. & P. Powesland. Accommodation theory. *Sociolinguistics: A Reader and Coursebook*. London: Macmillan, 1997.

[28] Hu, L.T., Bentler, P.M. Fit indices in covariance structure modeling: Sensitivity to underparameterized model misspecification. *Psychol Methods* 1998（4）: 24-453.

[29] Kelman, H.C. Process of opinion change. *Public Opinion Quarterly* 1961（1）: 57-78.

[30] King, Kendall A., Lyn Fogle & Aubrey Logan-Terry. Family language policy. *Language and Linguistics Compass* 2008（2）: 907-922.

[31] Norton, Bonny. *Identity and Language Learning: Extending the Conversation*（*2nd edition*）. Bristol: Multilingual Matters, 2013.

[32] Paisley, C.M., Sparks P. Expectations of reducing fat intake: The role of perceived need within the Theory of Planned Behavior, *Psychology and Health* 1998（13）: 341-353.

[33] Riches, C. &X. L. Curdt-Christiansen. A tale of two montreal communities: parents' perspectives on their children's language and literacy development in a multilingual context. *Canadian Modern Language Review*, 2010.

# HSK 听力对话短视频化教学模式研究

李　超*

## 一、引言

随着互联网的普及、智能手机的发展，近年来，短视频类手机应用软件如雨后春笋般迅猛发展，其中抖音较为流行，不仅有国内版本，还有海外版本 Tiktok，深受国内外人们的喜欢。人们可以随时随地利用碎片化时间在手机上观看短视频，既可以娱乐，也可以学习，满足了用户的不同需要。抖音为了鼓励人们创作短视频，还专门开发了一款免费的剪辑软件“剪映”，降低了剪辑的门槛。

汉语口语交际能力包括听力理解能力和口语表达能力，两者缺一不可。很多学生在学习汉语很长时间后，口语交际能力依然不够理想，表现在无法跟上对方的说话节奏、听不懂对方说话内容、无法流利表达自己的观点、发音问题严重等。造成上述情况的原因是多方面的，大致总结为以下几点：一是由于

* 李超，中外语言交流合作中心驻阿尔及利亚奥兰大学公派汉语教师，硕士，主要研究国际中文教育和国际中文传播。

课时有限，为了赶课时，教师存在重阅读轻听说的倾向；二是听说教学中教师讲解多，学生操练少，学生的发音偏误无法得到及时而有效的纠正；三是听说训练多单项技能训练，少综合口语交际训练，无法真正提高学生的口语交际能力；四是课后缺少语言交际环境，练习不足。因此，为了提高学生的口语交际能力，有必要保证听说教学的课时，增加课堂操练的机会，尤其是情景交际对话的机会，教师全程把控操练质量，对影响口语交际的偏误做到有错必纠。

教材中有关口语交际教学的文本虽然质量有保证，但是数量是不足的，而 HSK1–5 听力部分的对话听力题文本是不错的补充教学资源。这些听力对话文本取材于真实的口语交际情景片段，内容多与日常生活、工作、学习相关，对话形式为一男一女一问一答型，话轮只有 1–2 轮，且有一个问题和若干选项，问题及答案往往具有一定的规律性，李宝贵（1999）、祁玲（2000）、毛海莹（2002）和王继青（2008）等都对 HSK 听力对话题型的出题方向和应对策略有过详细研究，学生经过有针对性地练习，可以快速熟悉此类题型的常见考察方向，并掌握做此类题目的方法和技巧，最终取得理想的分数。不过作为汉语教师，不能止步于此，而是要以提高学生口语交际能力为终极目标。HKS 听力对话文本具有内容短小、话题集中的特点，在课堂上组织学生情景对话模拟是可行且必要的。

为了提高学生的口语交际能力，本文尝试将短视频拍摄剪辑传播技术、口语交际技能训练和 HSK 听力对话题三者有机结合来设计“ HSK 听力对话短视频化教学模式”，为提高学生的口语交际能力寻找突破口。

## 二、文献综述

随着以抖音（海外版 Tiktok）为代表的短视频手机应用软件的兴起，全球掀起短视频热，将短视频应用于汉语教学也成了新的研究热点，具体研究方向可细分为以下几点：一是研究短视频平台中现有汉语教学短视频的优缺点并提出改进建议，以陈子柔（2021）、宫本佳奈（2021）为例。二是研究如何创作汉语教学短视频并在短视频平台传播，以于冬妮（2021）为例。三是研究短视频作为一种教学素材在汉语教学中的优势及不足，以孟显（2021）、张雨晨（2021）、曾夏夏（2021）、冯文（2021）为例。四是研究文化类短视频在中国文化教学中的优势和不足，以赵萌（2019）、修琳斐（2021）、冯晓晗（2021）为例。目前短视频研究主要集中在对现有汉语教学短视频的分析以及对适合汉语教学的短视频素材的利用上。即使有研究如何制作汉语教学短视频的，其方向也只是放在了制作知识讲授类的短视频，并没有将课堂学生参与教学活动拍摄成短视频。因此，本文将重点研究如何将 HSK 听力对话文本拍摄为情景对话短视频，这不仅有助于帮助教师发现学生存在的偏误，也有助于学生课后自主学习。

## 三、HSK 听力对话短视频化教学模式分析

教学模式是指在某种教学思想或理论的指导下设计出来的一种稳定性的教学活动流程。HSK 听力对话短视频化教学模式的教学流程如下：① 请一位学生朗读听力对话文本，教师纠音，其他学生或闭着眼睛听或看着听力文本听并选择答案；② 教师公布答案并答疑解惑，若听力对话文本中有一些有意思的话题或文化现

象，可与学生展开讨论和交流；③ 全班同学自主组合两人一组进行交际对话；④ 要求学生单独背诵对话内容，数分钟后请若干名学生来背诵，教师纠音；⑤ 选择背诵比较好的学生到教室前面进行两人对话，教师纠音；⑥ 若对话文本有良好的舞台表演效果，可考虑进行短视频拍摄；⑦ 短视频拍摄前，教师指导学生汉语发音、动作和表情；⑧ 进行短视频拍摄；⑨ 若干短视频拍摄结束后，进行新单词听写训练；⑩ 课后学生自主观看短视频并进行自我反思；⑪ 将短视频作为研究素材或教学素材使用。

吴中伟（2016：40）指出教学模式的三个基本特征，即“理论应用性、典型适应性和实际操作性”。从理论应用角度分析，吴中伟（2016：42）指出：教学模式与教学法的关系不是一一对应的，同一个教学模式可以有一种或多种不同的教学法，同一种教学法也可以用在不同的教学模式中。本文所探讨的 HSK 听力对话短视频化教学模式就融合了 3P 教学模式和任务型教学模式的优点，例如：整个教学模式采用了任务型教学法的框架，教学步骤 ①—⑤ 是准备阶段，教学步骤 ⑥—⑧ 是展开阶段，教学步骤 ⑨—⑪ 是反馈阶段，其中教学步骤 ①—⑤ 以教师讲解为主，学生操练为辅，符合 3P 教学法“先学后用”的理念，教学步骤 ⑥—⑧ 则是以学生操练为核心，教师的讲解是在学生操练过程中进行的，符合任务型教学法“用中学”的理念。如果没有后面的短视频拍摄和反馈阶段，该教学模式就是典型的 3P 教学法，即展示、练习、表达，可以简单理解为“教 / 学—练—用”。从典型适应性角度分析，由于 HSK 听力对话题型主要分布在 HSK1—5，且对话话轮都是 1—2 个，因此对于想提高口语交际能力的 HSK1—5 的学习者而言，该教学模式都可以使用。从实际操作性角度分析，该教学模式适用于面对面课堂教学，且学生人数不宜太多，否则课堂管理问题较大，根据教学时间安排，可对操练过程进行增减处理。

总之，该教学模式不仅保证了知识学习的系统有序，也保证了听说技能的锻炼和提高。这种教学模式创新了课堂教学的形式，丰富了学生的学习体验，让学生上课的过程有一种拍电影的参与感，因此进一步研究该教学模式对于创新汉语听说教学很有必要。

## 四、几种情景对话教学模式比较

在第二语言教学中，课堂情景剧表演是教师依据某个故事片段来设计的一种情景对话的教学活动，该教学活动包含了学生需要学习的词汇、语法和句型等知识，学生通过参与表演，在故事情景中操练各知识点。与本文所探讨的教学模式相比，不同点是：课堂情景剧表演往往人物角色较多，话轮较多，往往会告诉人们一个道理。相同点是：都需要学生现身参与，扮演某个角色，面对面互动，对语言、动作、表情都有要求，具有很强的表演性。

在第二语言教学中，短视频配音则是教师选取目的语影视剧片段，先让学生观看影视剧，之后要求学生根据字幕提示对影视剧片段消音部分进行二次配音创作。与本文所探讨的教学模式相比，不同点是：配音对语速要求较高，必须保证声像同步；配音有原始配音可供模仿和借鉴；对话形式可以是人机对话，也可以是人人对话；对话话轮较多；对动作、表情无要求，表演性不强。相同点是：都是一种使用目的语进行交际的训练方式。

表 1　课堂情景剧、短视频配音与 HSK 听力对话短视频化要素比较

| 对比项目 | 课堂情景剧 | 视频配音 | HSK 听力对话短视频化 |
|---|---|---|---|
| 语速要求 | 无 | 有 | 无 |
| 表演性 | 有 | 无 | 有 |
| 台词 | 无 | 有 | 有 |
| 参考作品 | 无 | 有 | 无 |
| 人物角色 | 多 | 少 | 少 |
| 话轮 / 表演时间 | 多 / 长 | 多 / 长 | 少 / 短 |
| 完整性 | 有 | 有 | 无 |
| 教育性 | 有 | 无 | 无 |
| 教学设备要求 | 无 | 有 | 无 |

相比而言，课堂情景剧表演与本文所探讨的教学模式最为相近，由于课堂情景剧表演对话话轮较多，人物角色较多等短板，不适合进行课堂即兴短视频拍摄。短视频配音也具有对话话轮较多、语速较快、表演性不强等短板，也不适合进行课堂即兴短视频拍摄。

## 五、HSK 听力对话短视频化教学模式的优势

### （一）教学过程具有科学性

该教学模式的教学过程主要分为四个阶段：一是朗读。例如：在教学步骤 ① 中一个人朗读 HSK 听力对话文本，教师及时纠音。再例如：在教学步骤 ③ 中全班同学两人一组合作扮演不同的角色，通过朗读的方式进行互动交际。二是背诵。例如：在

教学步骤④中要求一个人背诵 HSK 听力对话文本，教师及时纠音；再例如：在教学步骤⑤中要求两个人合作背诵 HSK 听力对话文本，教师及时纠音。三是综合训练。例如：在教学步骤⑦中要将发音、动作和表情一起训练，将三者融为一体，教师及时纠音。四是检测和反思。例如：在教学步骤⑧中，教师通过听写来考查学生对单词或句子的理解记忆情况；在教学步骤⑨中，学生课后自己观看短视频对自己的发音情况进行反思；再例如：在教学步骤⑩中，教师将短视频作为语音教学素材在课内进行集体反思，或作为语音偏误的研究素材进行研究。

美国语言学家 Gass（2013）将语言学习的输入到输出分为五个阶段：感知、理解、吸收、整合和输出。单纯的朗读仅仅是感知文本，之后的教师讲解和双人合作朗读则是理解、吸收和整合的过程，达到背诵程度才算完成了整合，无论单人背诵还是双人合作背诵以及后面的短视频拍摄、听写都是输出阶段。美国语言学家 Long（1985）提出“互动假设”理论，认为互动式输入更容易消化吸收。因此双人合作朗读或背诵或表演都有助于知识的内化，例如：经过多次的双人合作朗读，大部分学生都可以达到背诵的程度。

吴中伟（2008：109-113）认为：交际互动过程中的修正性反馈有助于引起学习者对语言形式的关注。学生在背诵中会出现缺漏、增加或改变原文本的情况，缺漏通过他人及时提示增补；增加或改变则需要综合分析，看形式和语义是否正确，若正确可不修正，若不正确就需要及时修正。所有与原文本有差异的地方都需要进行对比分析，这种对比分析有助于引起学习者对语言形式的关注，进而增加对语言形式和意义关系的理解，只有这样才能改善语言输出，提高口语表达的准确性。

该教学模式的教学过程符合语言教学规律，从简单到复杂、从实践到反思。整个教学过程中，教师利用一切机会对个别学生的发音偏误进行纠音，尤其是在短视频拍摄前的发音训练中进行全方位纠音。HSK 听力对话短视频化虽然对学生的发音提出了较高要求，但是学生为了在短视频中有良好的表现，也更愿意配合老师进行反反复复的发音训练。学生在该教学模式的训练下，最终掌握了发音技巧，改善了语音面貌（清晰度和流畅度），增强了语感，提高了汉语口语交际能力。

**（二）教学过程兼顾文化性**

李修斌等（2013：73−77）基于文献分析认为：在汉语教学中，语言教学与文化教学是不同性质的教学，语言教学是第一位的，文化教学是第二位的，随着汉语等级的提高，文化教学的比重也要相应提高。在本文讨论的教学模式中就是遵循上述指导思想，以语言教学为主，以文化教学为辅。从 HSK1 到 HSK5 听力对话中可以自由讨论的话题或文化现象在逐渐增加。

在教学步骤②中，自由交际环节被安排在教师解疑答难之后进行，教师从 HSK 听力对话文本中选择话题或文化现象与学生展开交流互动，例如：针对“约会”话题，聊一下在学生所在国家，人们一般喜欢什么时候约会、去哪里约会、带什么礼物等；针对“北京大学”，可以聊一下中国都有哪些好大学，以及学生所在国家有哪些好大学等；针对“筷子”，可以聊一下学生使用筷子的经历或者感受等。这个步骤不是可有可无的，话题的自由讨论有助于营造轻松愉快的课堂氛围，激发学生的表达欲望，增进师生的相互了解、保持学生学习汉语的热情和动力。整个讨论过程要求尽量用汉语表达，如果用汉语表达有困难，允许借助其他语言进行表达，其他学生或老师帮忙翻译成汉语，目的是将话题讨论与语言运用完美结合，鼓励学生在使用中学习语言。

### （三）短视频拍摄讲究可观性

教学步骤⑥是由教师负责判断是否进行短视频拍摄，判断的标准主要有：一是对话场景是否具有明显的识别度，例如：火车站买票、超市结账、记者采访、景点拍照等，上述对话场景都是人们日常生活中经常见到的场景，即使听不懂对话内容，只要看一下视频画面也大概能猜出对话发生的场景。二是对话内容是否具有趣味性，例如：妻子抱怨丈夫开车太快，朋友之间开玩笑等，即对话文本具有笑点。三是对话动作或表情是否具有丰富性，即对话中有一些词语可以搭配丰富的肢体语言进行表达，例如：拍照、打针、咳嗽等动作，喜欢、讨厌、生气等表情都可以很形象地表现出来。总之，汉语教师需要综合考虑各种因素，从而决定一个听力对话文本是否适合拍摄成短视频。为了推广该教学模式，可考虑将适合拍摄短视频的 HSK 听力对话题目汇编成册，按照上面的标准对每个对话文本进行分析并标注拍摄时的注意事项，为今后开展此类教学提供便利。

将 HSK 听力对话文本拍摄为对话短视频，由学生参与表演，让抽象枯燥的听力课堂变成了形象有趣的短视频情景剧拍摄现场，增加教学过程中的互动频率，同时在对话排练中伴随性地习得了很多有用的口语表达，在潜移默化中提高了汉语口语交际能力。

### （四）科技发展提供便捷性

随着科技的发展，智能手机、高速网络、剪辑软件、社交软件、短视频软件都得到了快速发展，为 HSK 听力对话短视频化提供了可能性。HSK 听力对话短视频拍摄具有如下优点：一是拍摄硬件要求低，只要有一部智能手机就可以进行拍摄。二是拍摄技巧要求不高，只要将对话人拍摄到镜头正中间即可，不需要频繁地改变拍摄角度和拍摄方式，可以在短时间内掌握。三是后期剪辑比较简单，只需要将若干段原视频组合到一起即可，无需修改原声，也不需要添加各种炫酷特效，只需要提高原视频音量并添加一下中文字幕即可。四是中文字幕添加目前已经可以实现智能化，在手机剪辑软件“剪映”中，如果视频中语音清晰，可以实现自动添加中文字幕，如果有部分发音不清晰，也可以进行手动添加和修改，另外在字幕添加完成之后，还可以选择带有拼音的字体，使字幕一键添加拼音，不过其中的拼音并不严谨，还有一些错误且无法修改，不过错误率并不高，整体可以接受。五是短视频文件小，可以在短视频平台或社交平台上快速发布，无需等待太长时间，比较方便，短视频平台主要以抖音为主，社交平台以微信、QQ、Facebook 为主，在分享喜悦的同时也能收获粉丝和朋友的点赞和评论。该教学模式可以激发学生参与的积极性和主动性，增加学生的成就感和获得感，方便学生课后复习和教师课后进行相关研究。

## 六、HSK 听力对话短视频化教学模式存在的问题

### （一）语速问题

语速指一分钟说出的音节数量，不过人们习惯表述为每分钟多少字，语速统计方法是统计一个语段，包括句际间的停顿。正常语速指相同母语者在自然状态下言语交际的平均语速，由于受多种因素影响，正常语速应该是一个数值段。孟国（2005：97–

108）通过调查统计，将平均语速定为 244.45 字 / 分钟，正常语速数值段定为 200−300 字 / 分钟。张晋军等（2012 ：50−53）统计新版 HSK 各级别听力音频的语速，HSK1—5 的语速在 93−166 字 / 分钟，HSK6 的语速在 234 字 / 分钟。据此可以得出结论：新版 HSK 各级别的语速均低于平均语速。范语谈等（2017 ：647−664）研究发现：视频语速较慢在一定程度上削弱短时记忆的能效，增加理解和记忆负担。因此，语速偏慢对语言学习并不一定是一件好事，长期听偏慢语速的音频会阻碍学生听力的发展和提高，不利于学生听懂正常语速的汉语交际。孟国（2005 ：97−108）认为：初级汉语教学的语速应该接近正常语速（180−199 字 / 分钟），随着学生汉语听力水平的提高，应尽快让学生接触 250 字 / 分钟左右的正常语速，从而让学生能够听懂在自然状况下的实况汉语。

在听力对话文本短视频拍摄过程中，学生的语速普遍较慢，且这个现象在 HSK 各个级别普遍存在，主要原因就是学生对所要说的内容不够熟练，这是由于课堂即兴短视频拍摄的特点决定的，为了追求发音准确和清晰，就势必会降低语速，但是教师仍然要重视语速问题，对不同级别的语速有一定的要求，对语速低于所在级别的现象要进行有意识地干预，从而使短视频对话语速接近正常实况汉语水平。

### （二）发音问题

HSK 听力对话短视频化教学模式的单人朗读阶段普遍存在如下问题：一是发音不清晰问题。汉语发音讲究字正腔圆，要求每个字都要吐字清晰，否则会造成听觉障碍，致使交际失败。此类问题的主要原因是学生受自身已掌握的语言影响，将汉语拼音的很多字母发音读错，造成语音偏误；除此之外，就是没有掌握好汉语声韵拼读规则和语流音变规律。杨小锋（1995：41–42）针对发音不清晰问题提出如下建议：出字有力；字腹饱满圆润，声音响亮；尾音轻短完整，并表示要根据字音的实际情况对三者进行综合使用，不能孤立看待，否则也会影响发音的清晰度。二是语流不连贯问题。为了追求发音清晰而出现一字一顿或一词一顿现象，主要原因是学生没有掌握好重音、节奏、语调等汉语动态语音特征。三是句间缺少停顿问题。为了追求流畅而忽略句间停顿，主要原因有可能是心理比较紧张，也有可能是对句间停顿缺乏认识。四是洋腔洋调问题。原因是学生对声调的忽视或过于重视，这种现象有轻有重，轻者并不影响正常理解，可以接受；严重者则会影响正常理解，需要及时纠正。五是朗读缺乏情感。整个朗读过程缺乏语调变化，遇到感叹句、疑问句、反问句也没有读出相应的语调，主要原因就是对文本的不熟练，对汉语的一些带有感情的句子类型缺乏认识。应对上述问题的主要方法就是要求学生反复朗读，教师给出有针对性的纠正反馈。教师针对性的纠音存在两个问题：一是纠音后缺乏巩固和强化训练，学生的错误发音依然会反复出现；二是学生的很多错误发音在交际对话语流中不易被发现。黄际英（1993：11–12）认为："在配音教学中运用录音、录像手段，可以有效检测配音的情况，并有针对性地进行改进和提升。"同理，通过短视频拍摄手段可以记录下学生经过教师纠音后的发音情况，学生通过反复观看短视频能强化正确的发音并找出不易察觉到的错误发音从而进行改正。从这个意义上讲，将短视频拍摄引入到口语教学中有助于给每个学生建立一个语音偏误视频库，为精细化改善每个学生的发音情况提供了可能。

### （三）互动的真实性问题

真实的交际是在无文本状态下的一种自由交流互动，而在HSK听力对话短视频化教学模式中，无论是朗读交际还是背诵交际，由于交际文本都是现成的，因此交际双方完全可以不用听对方在说什么，只需要对方说完之后自己再说即可。从这个角度看，这种模拟真实交际缺乏真实的交流互动，严格意义上说并不能看作是真正的口语交际训练。为了弥补这个缺陷，交际互动时要求对话双方要不断地变换角色来交际，另外就是通过提高对话次数实现从朗读交际到背诵交际的转变。

本文讨论的教学模式中真正的交流互动有两处：一处是老师针对听力对话文本中的有趣话题或文化现象与学生展开的讨论；另一处是老师指导学生拍摄短视频情景剧时教师与学生的互动。这两处互动是没有文本的，是随机的，因此也是最真实的交际互动。其实，汉语教学的最高境界就是将真实的交际活动融合在模拟的交际互动中，两者你中有我，我中有你。

### （四）肢体语言问题

肢体语言有狭义和广义之分，狭义仅指各种身体动作，广义在狭义的基础上还包括面部表情。听力对话短视频拍摄要追求拍摄效果的真实自然，除了有声语言要真实自然外，肢体语言也要真实自然，否则视频效果就会看起来僵硬而呆板，例如：拍照时要摆一个姿势，发烧咳嗽时要做出相应的动作和表情等，适当的肢体语言会增加短视频拍摄的真实性和趣味性。在真实的短视频对话拍摄中，学生往往因为紧张等原因，将主要注意力集中在对话语言中，而忘了配合合适的肢体动作，因此需要增加练习次数，才能达到真实自然的对话拍摄效果。

### （五）短视频拍摄问题

教师在短视频拍摄过程中既是导演也是摄影师，为了达到良好的拍摄效果，需要注意很多拍摄细节：一是拍摄形式。每个HSK 听力对话拍摄两次，对话双方要互换角色，这样不仅有助于理解对话内容，而且拍摄后可以将两次视频进行对比学习。二是拍摄角度。总原则就是要正脸面对镜头，距离镜头远近适中，不宜全身出镜，而是以半身出镜为宜；如果无法做到两个人同时面对镜头，也可以选择第一次给甲正面拍摄，第二次再给乙正面拍摄；角度一旦确定，要保持角度的相对稳定；拍摄要背光拍摄，否则视频较暗，为后期处理增加工作量。三是拍摄质量把控。由于 HSK 听力对话均是 1—2 个话轮，一个短视频的拍摄在 10—20 秒之间，因此教师可以对拍摄视频的质量进行及时而有效的监控，如果发现问题可以及时叫停、纠正并重新拍摄。四是拍摄场景布置。短视频对话拍摄为了模拟真实的交际场景，可以利用教室中的一切实物资源做道具，例如，开车场景可以坐在椅子上假装在开车，买衣服就可以用学生自己穿的衣服等。

### （六）中国文化元素问题

中国文化元素的添加主要是让情景对话模拟更真实地接地气，更有中国味儿。借助 HSK 听力对话文本框架，通过修改部分词语来实现这个目的。参考 HSK 听力对话内容，大致可以把中国文化元素分为三类：一是中国特有名词，如中国城市、中国影视剧、中文书籍、华语电影明星、中国著名运动员、中国传统节日、中国传统乐器、中国国宝大熊猫、中国特色美食等。二是引入流行语，如方言流行语“猴赛雷”（广东话）、“有木有”（山西话）、“额滴神啊”（陕西关中话）等，可以让学生了解汉语中方言和普通话的发音区别，增加对话的趣味性，通常方言流行语的掌握情况也是国人评价外国人汉语水平的重要指标之一。网络流行语，如内卷、躺平、社恐等，反映了当下中国社会的一些现象，是人们广为探讨的热门话题。三是引入熟语，包括成语、歇后语、惯用语、格言、俗语、谚语等，熟语的正确使用可以使对话凝练，富有趣味性和文化性。李修斌等（2013：73-77）基于文献分析将文化总结为两类：一类是依附于语言的文化；另一类则是独立存在的文化。前者包括流行语和熟语；后者则包括中国特有名词。由于这三类中国文化元素通常情况下被看作为一个整体在对话交际中使用，因此可以被看作语块使用。在使用时不需要考虑语块内部各词语的含义及语法规则，从而提高了表达和理解的效率。另外，流行语和熟语是一类比较难理解的语块，借助对话语境有助于充分理解此类语块的语用含义以及文化内涵。

## 七、结语

HSK 听力对话短视频化教学模式是在 HSK 听力对话文本的基础上设计的，是一种教学形式的创新，本文重点讨论了该教学模式的优势以及难点，有些观点还不太严谨，有待进一步探讨，不过该教学模式从教学效果看是值得推广的，尤其对提高学生口语交际能力是非常有帮助的。本文所提到的教学模式是在教师指导下的课堂 HSK 听力对话学习和室内短视频拍摄，在条件成熟时，可鼓励学生自由组队进行情景对话户外短视频拍摄。另外，朗读、背诵的完成只是表明具备了口语输出的知识储备，要想具备真正的口语交际能力，还需要在真实的交际中练习，做到活学活用。

本文提到的“短视频化”理念是今后汉语教学创新的新方向，通过对汉语教学要素进行活动设计，使学生能在短时间内展示学习成果的课堂活动都可以短视频化，如果再兼顾趣味性就更好了，例如，将学生写汉字的过程短视频记录下来，要求学生边写汉字边说出每个笔画的名称。总之，短视频化教学理念的应用空间无限，大有可为，值得一线汉语教师们进行探索和创新。

## 参考文献

[1] 陈子柔 . 移动端应用软件 Tiktok 中汉语学习短视频研究 . 上海：上海师范大学硕士学位论文，2021.

[2] 范语谈，郭婧菲，姜哈娜，王晓华 . 视频语速对留学生伴随性词汇习得的影响探究 // 何文潮、刘玉屏、靳洪刚主编：全球化的中文教育：教学与研究——第十四届国际汉语教学学术研讨会论文集 . 北京：中央民族大学出版社，2017.

[3] 冯文 . 抖音短视频在汉语国际教育传播中的应用分析 . 绵阳：西南科技大学硕士学位论文，2021.

[4] 冯晓晗 . 短视频在对外汉语文化教学中的运用研究 . 桂林：广西师范大学硕士学位论文，2021.

[5] 宫本佳奈（Miyamoto Kana）. 日本学习者在线学习汉语教学短视频情况的调查与分析 . 大连：大连外国语大学硕士学位论文，2021.

[6] 黄际英 . 模仿与配音练习的功能 . 外语电化教学，1993（1）.

[7] 李宝贵 . HSK 听力理解“对话”题型分析及应试技巧 . 汉语学习，1999（2）.

[8] 李修斌，臧胜楠 . 近三十年对外汉语教学中文化教学研究述评 . 教育与教学研究，2013（7）.

[9] 毛海莹 . 提高零起点短期班留学生 HSK 听力成绩对策 . 宁波大学学报（教育科学版），2002（2）.

[10] 孟国 . 对外汉语听力教学中语速问题的调查和思考 //《第八届国际汉语

教学讨论会论文选》编辑委员会：第八届国际汉语教学讨论会论文选，北京：高等教育出版社，2007.
[11] 孟显．短视频在初级汉语综合课的应用研究．西安：西安石油大学硕士学位论文，2021.
[12] 祁玲．谈通过提高听力技能，达到 HSK 听力理解测试要求的几种训练方法．新疆广播电视大学学报，2000（2）.
[13] 王继青．浅谈 HSK 听力理解能力的提高．和田师范专科学校学报，2008（1）.
[14] 吴中伟．汉语教学模式的集成、创新和优化．华文教学与研究，2016（1）.
[15] 吴中伟．输入、输出和任务教学法．华东师范大学学报（哲学社会科学版），2008（1）.
[16] 修琳斐．李子柒短视频在对外汉语文化教学中的应用研究．西安：西北大学硕士学位论文，2021.
[17] 杨小锋．小议教学口语语音清晰的要求与途径．自贡师专学报，1995（3）.
[18] 于冬妮．初级汉语教学短视频创制与国际推广的研究．长春：吉林外国语大学硕士学位论文，2021.
[19] 曾夏夏．抖音在对外汉语综合课教学中的应用．杭州：浙江科技学院硕士学位论文，2021.
[20] 张晋军，李佩泽，李亚男，解妮妮，黄蕾．对新汉语水平考试的新思考．中国考试，2012（2）.
[21] 张雨晨．自媒体汉语教学短视频素材在韩国汉语课堂中的应用研究．西安：西北大学硕士学位论文，2021.
[22] 赵萌．跨文化类短视频在当代中国社会生活专题课的教学实践．北京：北京外国语大学硕士学位论文，2019.
[23] Gass, S. M. *Input, Interaction, and the Second Language Learner.* Routledge, 2013.
[24] Long, M. H. Input and Second Language Acquisition Theory. *Input in Second language Acquisition*, 1985: 377-393.

# 汉语有"形"吗?

## ——从"汉语形音义关系研究"的论题谈起

胡　琼　胡俊俊*

### 一、问题的缘起

2021年10月，华中科技大学中文系黄仁瑄教授等主持的《音义学》微信公众号推送了一篇学术会议资讯"北京大学将举办'汉语形音义关系研究'高端学术论坛"。随后，此推文也广泛转载传播于《汉字学微刊》《语言与文献》《文献语言学》等学术公众号平台，说明学术界对此学术资讯很重视。我们研习汉语言文字虽已有些年月，但对语言文字学基础理论的特别关注是近

* 胡琼，四川幼儿师范高等专科学校讲师，儿童文学研究中心执行主任，主要研究语文教育和语文理论；胡俊俊，四川幼儿师范高等专科学校副研究员，主要研究语文教育和文字训诂。

几年才大用心力的。[①]“汉语形音义关系”这一提法，正是关系到语言文字学的基础理论问题。

## 二、对“汉语”的解释

目前世界上规模最大的汉语文工具书《汉语大词典》(1997：53-54)对“汉语”的解释是：“汉族的语言。国际通用语言之一。是中国的主要语言，也是世界上最发达、最丰富的语言之一。历史悠久，使用的人数最多。在语言分类上属汉藏语系，同中国境内的藏语、壮语、傣语、侗语、黎语、彝语、苗语、瑶语等，中国境外的泰语、缅甸语等都是亲属语言。主要方言分北方话、吴语、湘语、赣语、客家话、闽北话、闽南话和粤语。现代汉民族共同语是以北京语音为标准音、以北方话为基础方言、以典范的现代白话文著作为语法规范的普通话。”中国第一部规范性的语文词典《现代汉语词典》(第7版)(2016：513、1018)对“汉语”的解释是：“汉族的语言，是我国的主要语言。现代汉语的标准语是普通话。”对“普通话”的解释是：“我国国家通用语言，现代汉民族的共同语，以北京语音为标准音，以北方话为基础方言，以典范的现代白话文著作为语法规范。”

就以上两种重要常用汉语文工具书对“汉语”的解释，我

① 主要细读、览阅了以下著作：(瑞士)索绪尔《普通语言学教程》、(美国)布龙菲尔德《语言论》、(英国)罗宾斯《普通语言学概论》、(美国)萨丕尔《语言论》、(法国)房德里耶斯《语言》、(苏联)兹维金采夫《普通语言学纲要》、(英国)帕默尔《语言学概论》、(美国)乔姆斯基《句法理论的若干问题》《国外语言学论文选译》(岑麒祥译)、《洪堡特语言哲学文集》(姚小平编辑译注)、(法国)雅克·德里达《论文字学》、(英国)Roy Harris《Rethinking Writing》、(中国)陈梦家《中国文字学》、(中国)张朋朋《文字论》。有的是重温，有的是新研。

们做出以下特别提示：一是汉语是汉族的语言，包括北方话、粤语、闽语、吴语等多种方言，其中的方音则更多。二是现代汉民族共同语（现代汉语）的标准语是普通话，但普通话不等于汉语（现代汉语）。汉语和普通话是两个不同的概念，不能混为一谈。三是以上两种重要常用汉语文工具书在解释汉语、普通话这两个概念时，核心在语言（标准语）、语音（标准音），都没有提及“形音义关系”的“形”。

## 三、什么是“形音义关系”的“形”

《汉语大词典》《现代汉语词典》（第7版）都没有“形音义”词条。与“形音义”比较有关的词条有“形声”。《汉语大词典》（1997：1119）对“形声”的解释是：“六书之一。意符和声符并用的构字法。”《现代汉语词典》（2016：1467）对“形声”的解释是：“六书之一。形声是说字由‘形’和‘声’两部分合成，形旁和全字的意义有关，声旁和全字的读音有关。”

从以上解释可知，与“形”“（读）音、读（声）”“义（意）”都相关的是汉字（构字）。在北京大学中文系“‘汉语形音义关系研究’高端学术论坛邀请函”中列举的论坛主要议题的第一个方面即是“具体汉字形音义考证”，而不是“汉语形音义考证”。也就是说，“形音义关系”的“形”与汉字有关，与汉语无关。为什么“形音义关系”的“形”与汉字有关，与汉语无关呢？因为汉字是视觉的，有形；汉语是听觉的，有音而无“形”。视觉的形由眼接收，听觉的音由耳接收。听觉的音是无“形”的，那么，与听觉相关的汉语怎么会有“形音义关系”的“形”呢？因此，这次高端学术论坛主题中的“汉语形音义关系”这一提法，是值得商榷的。

## 四、“汉语形音义关系”这一提法的来源

北京大学已故语言学家王力（1900—1986）教授在其《汉语史稿》（1957：1、6-7、9-12、20）第一章“绪论”第一节“汉语史的对象和任务”中首叙汉语史所要研究的对象：“汉语史是关于汉语发展的内部规律的科学。在这一门科学中，我们研究现代汉语是怎样形成的。这就是说，我们研究现代汉语的语音系统、语法构造、词汇、文字是怎样形成。”在第二节“中国历代学者对汉语史的贡献”中列举了：汉代著名文字学家许慎及其“按字的偏旁编排的”《说文解字》，并指出“许慎这一部书的主要对象不是字义，而是字形”；清代陈廷敬等编纂的《康熙字典》，“这书也是按部首编排的”；清代研究《说文解字》最兴盛，“不下数十家，其中最著名的是段玉裁、桂馥、王筠、朱骏声。他们被称为《说文》四大家”；清代王念孙、王引之父子、俞樾等研究古籍的著作“不拘泥字形”；近代章炳麟（太炎）的著作（《国故论衡》《小学答问》）在“文字、音韵的理论”及“文字学”上的贡献；吴大澂、孙诒让、罗振玉、王国维、郭沫若等的金文、甲骨文研究，并指出“金文和甲骨文合称古文字学。古文字学的研究在汉语史上占重要的地位”。在第四节“汉语史的根据”中，再次提出“历代的字书（字典）对于汉语史也有很大的贡献”，“甲骨文和金文等都是很宝贵的材料，因为只有靠着这些文物，我们才能接触到三千多年前的汉语”，“汉字本身的结构也就反映着上古时代汉语的情况”。

从上引论述中可见，王力把汉语（史）研究与“文字”“文

字学家”“《说文解字》”“字的偏旁”“字形”“字典（字书）”“文字学”“金文、甲骨文”“古文字学”及“汉字本身的结构”紧密联系。也就是说，王力及其《汉语史稿》对“汉语形音义关系”提法的产生起到了极为重要的导源作用。《汉语史稿》虽然正式出版于1957年3月，但是据其“序”和“绪论”前的“汉语史教学一年的经验和教训”，此书的初稿是从1954年开始撰写并使用。此书正式出版后，在汉语文学术界产生了极为深远的影响。北京大学中文系教授苏培成（2016）认为：“《汉语史稿》是汉语史学科的奠基作，一直到今天仍有重要参考价值。”当今国内的汉语言文字学等相关专业的研究生招考中，基本都会在参考书目中见到《汉语史稿》。可见，苏教授所言符合事实。

另外，中国社会科学院语言研究所已故所长语言学家罗常培（1899—1958）、吕叔湘（1904—1998）对“汉语形音义关系”提法的产生也是功不可没。罗常培、吕叔湘的相关重要文章，如《从历史上看中国文字改革的条件》（1952）、《中国的语言学》（1953）、《略论汉语规范化》（1955）、《从汉字造字和标音的历史看〈汉语拼音方案〉的进步性》（1956）、《现代汉语规范问题》（1956）、《语言与语言学》（1958）、《汉语研究工作者的当前任务》（1961），对语言（音义）和文字（形义）的关系、汉语和汉字（汉文）的关系的认识不清楚，把汉语（史）研究与文字的偏旁、字形、结构等紧密联系，与王力的观点是基本相同的。

由上可知，王力、罗常培、吕叔湘对“汉语形音义关系”这一提法的形成产生了极其重要的作用，以至于可以使不明所以者能推导出“汉语有‘形’”这一错误认知。

## 五、"汉语形音义关系"这一提法形成的原因

王力、罗常培、吕叔湘是中国现代语言学家的典型代表，另外，吴玉章（1978）、周有光（1961）在语文学领域的著述也极具代表性。同时期的其他语文学家、学者如黎锦熙、唐兰、张世禄、魏建功、高名凯、倪海曙、叶籁士、丁声树、胡裕树、叶圣陶、傅东华、陆志韦、林汉达、傅懋勣、尹斌庸、曹伯韩、陆宗达、萧璋等在汉语文的研究方面也有相当大的影响力。①他们有一个重要共同点：把西方语言学的理论套用到汉语文的研究上。在他们20世纪五六十年代的重要论著中，引用斯大林的语言学论述是最常见的。如王力《汉语史稿》（1957：1–2、14–18）第一章"绪论"第一节"汉语史的对象和任务"，并不长的内容里就引用斯大林的语言学论述3次，第三节"汉语史的研究方法"也不长的内容里引用斯大林的语言学论述达到惊人的7次；罗常培发表于《中国语文》（1952）第2期的重要论文《语言学的对象和任务》一开头，就先大段引用斯大林的语言学论述。虽然引用斯大林的论述最常见，但是他们在语言文字学基础理论方面（特别是语言文字的本质及其关系）的论述却基本与斯大林无涉。

以王力为例，他在《汉语史稿》（1957：23–24、39–44）第一章"绪论"第四节"汉语史的根据"中有这样的论述："文字是语言的代表，因此，古代一切用汉语写下来的文字记载，对汉语来说，都有作为资料的价值。"并且，他用了"书面语"的概念。第八节"汉语的文字"的第一句也是"文字是语言的代

① 黎锦熙、唐兰、张世禄等的相关论著就不再赘举。除他们之外，可以罗列的学者及其相关论著则更多。

表”，随后，专门论述语言与文字、汉语与汉字，并有诸如此类的表述：“汉语的古今字体”“汉语的文字像其他文字一样”，“中国文字改革委员会已经拟定了‘汉字拼音方案’（草案）。[①]这个方案先作为汉字注音和普通话拼音的用途，将来一定会实行拼音文字”。

通过仔细审读“汉语史的根据”“汉语的文字”这两节，可以得出三点认识：一是王力在语言文字的本质及其关系方面的论述确实与斯大林的语言学论著无涉。[②]二是王力之所以用了“书面语”这一概念，是因为套用了西方语言文字理论中的“writing（language)”“written language”。三是王力套用西方语言学理论的基础与核心是在“文字是语言的代表”这一理论。

我们在研读罗常培、吕叔湘、吴玉章、周有光等的相关论著时，同样发现，他们也是套用“文字是语言的代表”这一西方语言学理论。

以吴玉章为例，其《文字改革文集》（1978：34、50、106、124、132）中收录有以下重要论述：“文字是代表语言的东西”，“象形文字的特点，只要看见字的形体，就知道它的意义，并知道它应读什么什么声音，因为事物都是先有了声音然后用文字来代表它。”“文字是记录语言的工具。”“字母是记录语言的工具。”“文字只是记录语言的一种工具，一套符号。”

通过以上论述可知，王力、吴玉章等套用“文字代表（表现、

① 《汉语史稿》1957 年第一版即表述为“汉字拼音方案”，后来的修订重排本才改成“汉语拼音方案”。“汉字拼音方案”是当时文字改革委员会的原意，可参吴玉章《文字改革论集》（中国人民大学出版社）。

② 请参看斯大林：《马克思主义与语言学问题》，李立三、齐望曙、曹葆华，等译，北京，人民出版社，1950。

记录）语言”这一理论是“汉语形音义关系”这一提法形成的主要原因。“文字代表（表现、记录）语言”这一理论在西方语言学理论中，正是最基础最根本的。在那个时代，“文字代表（表现、记录）语言”的影响太大了，以至于这一理论似乎已成“公理”，[①] 似乎已无异议，似乎不可置疑。然而，“文字代表（表现、记录）语言”这一西方语言学理论已在中国与西方受到了严厉的批评。[②]

## 六、文字是代表（表现、记录）语言的吗

文字是代表（表现、记录）语言的吗？可以肯定地回答：不是。中国语文学家张朋朋先生对此作了极为深入的研究。张先生（1994a：15–24、1994b：11–16、2004a：44–46、2004b：3–7、2007：15–16）认为：文字的本质是字形，是以形示意（义）的视觉符号系统。字音不是文字本身所固有的，是外来的，是来自语言的语音。字音是不固定的，是随着语音的变化而变化。字“音”只是语言和文字之间联系的“中介”。也就是说，听觉的语言和视觉的文字是两个具有本质区别的符号系统。文字的本质不是字音。语言和文字是有联系的，但不是一体的，而是相对独立的。语言和文字不是第一性和第二性的关系，而是一种相互作用和相互转化的关系。语言是不决定文字的，文字是不从属于语言

① 后来的很多专家学者都把“文字代表（表现、记录）语言”当作“公理”。王均（中国社会科学院）、胡明扬（中国人民大学）、伍铁平（北京师范大学）、王宁（北京师范大学）、苏培成（北京大学）、姚小平（北京外国语大学）、戚雨村（上海外国语大学）、彭泽润（湖南师范大学）是其中的典型代表。

② 重点参看张朋朋《文字论》、雅克·德里达《论文字学》和 Roy Harris《Rethinking Writing》三本论著。

的。文字不表现语言，文字不代表语言，文字不是语言的符号。

法国思想家雅克·德里达（Jacques Derrida)《论文字学》(法文原著为《De La Grammatologie》）是涉及语言文字理论的专著，从哲学角度认真反思了从古希腊亚里士多德到现代语言学奠基者索绪尔的理论。此书分两部分，第一部分从理论上提出了“文字学是一门独立的学科”的主张，第二部分是通过对卢梭《语言起源论》的解读进一步阐述他在第一部分中所提出的理论。书的第一部分是主要的。第一部分“字母产生之前的文字”分三章，第一章解构了传统的语言和文字概念，第二章解构了索绪尔的现代语言学理论，提出了文字学是一门独立的学科的主张，第三章谈的是文字学的性质和任务。德里达（2007a：99–105、2007b：23–26）认为，西方的逻各斯言语中心主义关于言语和文字之间关系的看法是错误的。言语和文字之间是不存在中心的，文字独立于语言，文字不从属（寄生）于语言。语言和文字不是“内”和“外”的关系，“文字表现（代表）语言”的提法是错误的。文字不是言语的“图画”，文字不能表现语音。语言影响文字，文字影响语言，语言和文字有各自的发展历史。语言和文字是两种具有本质差别的实体。

以上两位重要学者，一中一西，对西方语言学理论的系统反思是应该引起世界各国的语言文字学者高度重视的。尤其是中国的张朋朋先生，他的《文字论》虽出版于2007年9月，但是，他对西方语言学理论的系统反思从1994年发表的《语言和文字之间的区别、联系和相互转化》《评索绪尔对语言和文字之间关系的论述》两篇重要论文中可看出已相当深入。到2007年出版《文字论》时，已发表《谈“语言是第一性的，文字是第二性的”提法》《“语言能力”和“文字能力”》《“字本位”的内涵》《语言的基本单位是“句子”》《“文字表语说”和“文字表义说”——两种不同的“言”“文”关系》《“文字学”是一门独立的学科——读德里达的〈论文字学〉》等重要论文，持续深入研究语言文字的基础理论。《文字论》出版后，张先生虽已退休，但他对西方语言学基础理论的反思、对世界语言文字普遍真理的追求、对汉字汉文教育的探索未曾停止。2007 年 10 月至今，张先生持续发表了《否定索绪尔的“音响形象”概念》《语言和文字不属于同一类事物——论语言的自然属性和文字的人造属性》《什么是语音？什么是字母？》《反思西方“普通语言学”的文字观》《反思西方“普通语音学”》《我为什么要反思西方语言学》《论视觉符号的“文字观”和生成论的“语言观”——从“语文一体”的教学理念反思文字观和语言观》《文字不是表现语言的，而是表示意义的——论“文字表义说”及其教学理念》《怎么教外国人听说“普通话”和读写“汉文”——谈“第二语言”和“第二文字”的教学理念》《言而无文，行之不远——从中国文化传播到西方的方式看汉文教学》《谁最了解“汉文”的教学规律——再谈文言文与语体文之教学差异》《如何破解所谓的“汉语难学”的瓶颈——应研究“教什么”和“怎么教”》《汉字是世界文化遗产》《反思白话文运动和文字改革运动》《要用“中国文字学”指导“汉字和汉文教学”》《论“识繁写简”的学术价值及其重大意义》《从理论上否定文字改革的总方针——评江枫先生的“拼形表意”文字观》《应积极探讨和论证“识正书简”问题——质疑公示〈通用规范汉字表〉的做法》《实现中华民族的伟大复兴，必须进行繁体字识读教育》等重要论文，显示出他对世界语言文字普遍真理的追求，其对汉字汉文教育的探索已到达很高的成就，尤其是对“文字代表（表现、记录）语言”这一西方语言学理论的反思达到了前所未有的高度。

文字是代表（表现、记录）语言的吗？基于以上论证，可以得出以下结论：文字不是代表（表现、记录）语言的。文字有形，其本质是形意（义）结合的视觉符号系统；语言无“形”，其本质是音意（义）结合的听觉符号系统。

## 参考文献

[1] 《罗常培文集》编委会 . 罗常培文集（第九卷）. 济南：山东教育出版社，2008.

[2] 罗竹风主编，汉语大词典编辑委员会、汉语大词典编纂处编纂 . 汉语大词典（缩印本）（上中下）. 上海：汉语大词典出版社，1997.

[3] 吕叔湘 . 吕叔湘语文论集 . 北京：商务印书馆，1983.

[4] 吕叔湘 . 吕叔湘文集（第 4 卷）. 北京：商务印书馆，1992.

[5] 苏培成 . 王力先生对《汉语史稿》的修订 . 光明日报，2016-5-29.

[6] 王力 . 汉语史稿 . 北京：科学出版社，1957.

[7] 吴玉章 . 文字改革文集 . 北京：中国人民大学出版社，1978.

[8] 张朋朋 . “文字学”是一门独立的学科——读德里达的《论文字学》. 汉字文化，2007（6）.

[9] 张朋朋 . 评索绪尔对语言和文字之间关系的论述 . 汉字文化，1994（4）.

[10] 张朋朋 . 谈“语言是第一性的，文字是第二性的”提法 . 汉字文化，2004（4）.

[11] 张朋朋 . 语言和文字之间的区别、联系和相互转化 . 汉字文化，1994（2）.

[12] 张朋朋 . 谈文字的本质 . 汉字文化，2004（3）.

[13] 张朋朋 . 文字论 . 北京：华语教学出版社，2007.

[14] 中国社会科学院语言研究所词典编辑室编 . 现代汉语词典（第 7 版）. 北京：商务印书馆，2016.

[15] 周有光 . 汉字改革概论 . 北京：文字改革出版社，1961.

# 古巴本土化汉语教材现状及发展建议

郭　九*

## 一、引言

中文教育的全球化，促进了汉语教材的国别化、本土化发展。本土化汉语教材，又称国别化汉语教材，已有研究者对本土化汉语教材和国别化教材作过细致的区分（吴应辉，2013；李泉，2015）。本文不对二者作区分，在文中除引用其他学者原文中使用的“国别化”外，均使用“本土化”这一名称。根据李禄兴等（2010）、郑通涛（2010）等对本土化汉语教材的界定，本文将本土化汉语教材界定为：本土化汉语教材是与“普适性”汉语教材相对的一个概念，指根据不同国家、地区的经验、文化、历史特点编写的汉语教材，应体现出不同民族的文化特征、教育制度与规范等社会特征。本土化汉语教材，应体现学习者的母语特点和个性化特征，应满足特定国家或地区学习者的需要。因此，凡

* 郭九，北京语言大学汉语国际教育专业在读博士，研究方向为跨文化交际与中华文化传播。曾任北京语言大学孔子学院专职教师，教育部中外语言交流合作中心项目助理，塞尔维亚汉语教师志愿者，意大利米兰天主教圣心大学孔子学院志愿者，清华大学、北京语言大学兼职汉语教师等职务。

是符合国别语言、文化、教育体制、学时安排等国别内容，符合“三贴近”的汉语教材都可以称作本土化汉语教材。

目前，已有研究主要围绕本土化汉语教材的编写理念、原则、考量因素等内容展开。梁宇（2021）指出，近年来本土化汉语教材在编写原则、模式、实践等方面取得了一定的成果，2013年起，本土教学资源的数量呈现逐年增长的态势，2016年数量翻倍，截至2019年底，共有126个国家（地区）的488所孔子学院研制了3993册适应当地教学大纲和考试标准的本土教学资源和各类研究成果，一定程度上满足了当地的教学和学习需求；但是，这些教材大部分还只是“自编讲义”，在内容上，它们是根据教师个人的教学需要和经验，或为孔子学院的特色课程而编写，过于个性化，普适性不强；在质量上，它们还不是正式出版物，质量仍有待提升；在使用上，它们通常只在该孔子学院内部使用，推广受限，使用效益较低。

综上所述，现阶段的本土化汉语教材在数量和质量上还存在着如下问题：数量上，一是适合不同语区、国家、地区的区域性教材还比较缺乏，如阿拉伯语、印度尼西亚、罗马尼亚等国依然缺乏本土化汉语教材；二是和已有的本土化教材配套的立体化教学资源数量不足，教师和学生的选择非常有限。质量上，各类型的本土化汉语教材还存在着一系列问题，一是“一版多本”类本土教材改编不到位，缺少当地社会文化和常用话题，存在着改编不全面、触犯当地文化禁忌的现象；二是各类语别教材本土性程度大多不够凸显，多为表层特征的本土化，缺乏深层特征的本土化，教材使用率低；三是中外籍教师合作编写有待加强等；四是缺乏对汉语教材本土化程度的研究；五是缺乏对本土化汉语教材标准或大纲的研究。

## 二、古巴本土化汉语教材的编写使用

作为古巴唯一一所孔子学院，哈瓦那大学孔子学院（以下简称“哈大孔院”）自2009年11月正式揭牌运营以来，始终致力于古巴中文教学、文化传播、学术交流等各项活动。2018—2019学年哈瓦那大学孔子学院注册学员893人；2019—2020学年933人；受疫情影响，2020—2021学年注册学员672人；12年来累计注册学员9590人，最大限度满足了古巴汉语学习者的需求，为中古文化交流、文明互鉴做出了重要贡献。[①]鉴于此，我们以哈大孔院为例，对古巴本土化汉语教材做出如下分析。

### （一）哈大孔院中文教育概况

目前，哈大孔院开设有10个级别、共40—50个班级的初中高成人及青少年班；在哈大旅游学院、外语学院、法语国际学校、英语国际学校、中国传统艺术馆等5个院外教学点也开设了中文课程。同时，哈大孔院定期举办各类学术讲座，开展丰富多彩的文化活动。自2009年至今，哈大已选派汉语教师志愿者35人、公派教师17名、中方院长5人。孔院现有全职本土教师7人（汉语教师6人、中医专家1人），中方志愿者12人、公派教师3人、中方院长1人。目前，孔院学习者以社会成员为主，学生学习汉语的初衷多是个人兴趣或工作需要。[②]

① 以上数据来自古巴哈瓦那大学孔子学院。

② 以上数据来自古巴哈瓦那大学孔子学院。

### （二）哈大孔院本土化汉语教材概况

2002年，在原孔子学院总部/国家汉办积极筹划和推动下，哈瓦那大学在外语学院成立汉语教学中心，这是哈大成立以来第一次开设汉语课，该中心可谓哈大孔院（2009）的前身。时任汉语教师李艾一边编写教材，一边授课，2002—2005年开始试用李艾老师专门为母语是西班牙语的外国人量身定制的《新思维汉语》。2009年11月，李艾老师任哈瓦那大学孔子学院首任中方院长，因此哈大孔院设立之初，主要使用的教材即为李艾老师的《新思维汉语》，后因种种原因，哈大孔院更换了汉语教材。目前，哈大孔院仍在使用拉美地区最为普遍的《新实用汉语课本》和《今日汉语》（详见表1），其中，《新实用汉语课本》是孔子学院的主要教材，《今日汉语》只是哈大外语系和哈大基础汉语课使用的教材。

**表1　哈大孔院本土化汉语教材使用情况**

| 教材名称 | 出版社 | 适用对象 | 编者 | 性质 | 现状 |
| --- | --- | --- | --- | --- | --- |
| 《新思维汉语》3册 NUEVA DIDÁCTICA DE LA LENGUA CHINA | 外语教学与研究出版社（2007、2008、2011） | 母语为西班牙语或媒介语的学习者 | 李艾 | 综合教材 | 停用 |
| 《新实用汉语课本》（西班牙文注释本）EL NUEVO LIBRO PRÁCTICO DE CHINO | 北京语言大学出版社 | 母语为西班牙语或媒介语的学习者 | 刘珣 | 综合教材 | 在用 |
| 《今日汉语》EL CHINO DE HOY | 外语教学与研究出版社（2003第1版，2013第2版） | 母语为西班牙语或媒介语的学习者 | 孔繁清 张惠芬 王晓澎 吴叔平 | 综合教材 | 在用 |

续表

| 教材名称 | 出版社 | 适用对象 | 编者 | 性质 | 现状 |
|---|---|---|---|---|---|
| 《汉语入门》INTRODUCCIÓN A LA LENGUA CHINA | 哈瓦那大学出版社（第一版内部试用；第二版已定稿） | 孔院学习者 | 徐艺 梁海燕 Claudia Pantaleón Sánchez | 综合教材 | 原定2021年出版，因故推迟，暂未出版 |
| 《中国，我来了》 | 自编学习材料（未出版） | 孔院学习者 | 徐艺等 | 夏令营日常汉语图文交流手册 | 完成 |
| 《新实用汉语课本1》文化点编写 | 自编学习材料（未出版） | 孔院学习者 | 徐艺等 | 课外读物 | 完成 |

综上所述，哈大孔院目前共有4本本土化汉语教材，多由中国籍教师编写；除此之外，哈大孔院中外籍教师还根据孔院需求自编了具有孔院特色的学习材料，一定程度上满足了学习者的个性化学习需求。

### （三）哈大孔院本土化教材分析

1.《新思维汉语》

《新思维汉语》（详见表2）系外语教学与研究出版社国别基础汉语系列教程，由哈大孔院第一任中方院长李艾编写，是专门为母语为西班牙语的学生编写的汉语教材。①

① 数据来自全球汉语教材库。

表2 《新思维汉语》系列教材概况

| 教材名称 | 主要内容 | 适用对象 | 注释语言 | 主要特色 |
|---|---|---|---|---|
| 《新思维汉语1》2007年出版 | 共15课，包括语音、汉字、词汇和语法；教材介质为多媒体+纸质教材；练习形式主要包括朗读、写声调、写笔画、注音、翻译、组词、填空、问答等 | 大学课堂教学和在职人员业余自学 | 西班牙语 | 每课都有一个专门的栏目——汉西对比，从各个方面将汉语与西班牙语的异同加以对比 |
| 《新思维汉语2》2008年出版 | 共15课，包括语音及拼音、汉字、词汇、语法和句型；教材介质为多媒体+纸质教材；练习形式主要包括朗读、写拼音、造句、翻译、替换练习、连词成句、填空、作文等 | 大学课堂教学和在职人员业余自学 | 西班牙语 | 每课都设有汉西对比、趣学汉字等栏目，有些课还设有汉西对照阅读 |
| 《新思维汉语3》2011年出版 | 共15课，包括语音及拼音、汉字、词汇、语法和句型；教材介质为多媒体+纸质教材；练习形式主要包括朗读、写拼音、造句、翻译、替换练习、连词成句、填空、作文等 | 大学课堂教学和在职人员业余自学 | 西班牙语 | 适用于中高级汉语学习者，配有MP3光盘 |

由表2可见：《新思维汉语》系列教材在遵循《汉语水平等级标准与语法等级大纲》基本原则的同时，比较注重教与学的统一，尽可能考虑教授对象学习汉语时的接受方式，有的放矢，以增强教与学效果。该套教材既适用于大学课堂的教学，也可供在职人员业余自学，已在西班牙及拉美地区多所大学试用，反应良好，是一套实用易学、特点鲜明的教材。但是，由于《新思维汉语》未被列入原国家汉办孔院赠书目录，且由于古巴条件特殊，

未找到该教材的购买渠道，本套教材已日渐淡出哈大孔院。

2.《新实用汉语课本》(西班牙文注释本)

《新实用汉语课本》(西班牙文注释本)，刘珣教授主编，主要针对西班牙语国家的"一版多本"本土化教材。自出版以来，该套教材受到了广大教师和学习者的欢迎。①

该套教材共六册，1—4册教材除了学生用书外还配有《综合练习册》《教师手册》、录音CD及教学DVD，五、六册只有《教师手册》。每课的体例都是课文、语法、练习、阅读、会话、听力；每课包括课文、生词、注释、练习与运用、阅读和复述、语法及文化知识等内容。全书围绕几个外国学生在中国的生活以及他们与中国朋友、教师的友情而展开一些风趣的故事，并结合日常生活，介绍与汉语表达和理解有关的习俗文化。书末附有繁体字课文及词汇和汉字索引。该系列教材的特色是生词、语法注释均为西班牙文，练习题指令也附有西班牙文注释。由于本书由刘珣教授精品教材《新实用汉语课本》发展、翻译而来，且已经过了教学实践的检验，因而在哈大孔院广受青睐。

3.《今日汉语》

《今日汉语》为国家汉办规划汉语教材，是由张惠芬主编、外语教学与研究出版社出版、面向西班牙的一套本土化教材。2003年出版第一版，2013年推出第二版，现已成为世界上使用最广泛的以西班牙语为媒介语的汉语教材。相较于第一版，第二版做出了如下更新：随书附赠录有课文的MP3，书后附练习答案，编排更新，课本内容更清楚，提供练习的网站等。②

① 数据来自全球汉语教材库。

② 数据来自全球汉语教材库。

该套教材由课本、练习册、教师用书组成，课本、练习册、教师用书各为三册，共九本。每课由课文、生词、注释、语言点、文化点、综合练习等六个部分组成。本文将该教材的主要特点总结如下：一是以结构为主线，结合功能和文化，以日常交际活动为教学内容，所选材料符合生活真实；二是教材贯彻实践性原则，语法项目选择由易到难、由简单到复杂，力求最基本最实用；三是语言点解释简明扼要，主要通过实例帮助学习者理解和掌握；四是设计了丰富合理的练习，由随堂练习和练习册两部分组成；五是课时设计灵活，可根据教学对象实际情况酌情删减；六是课文只提供语境，不出现汉字，以加强语音训练，打好语音基础；七是生词由正式生词、专名和补充生词组成；八是以汉字作为教学重点之一，除讲解基本笔画和主要特点以外，设计描摹式练习方法；九是文化点以介绍传统文化和交际文化为主；十是设计《教师用书》供教师教学参考。

综上，作为以西班牙语为母语或媒介语的汉语学习者的专门教材，《今日汉语》结合学习者的特点，重点突出、针对性强，自出版以来深受教师和学习者广泛好评，已成为世界上销量最大的西语版汉语教材，至今仍是哈大孔院基础汉语课程和外语系汉语课程的主用本土化汉语教材。

4.《汉语入门》

由哈大孔院外籍教师和中国籍教师合作编写的主要针对哈大孔院学习者的短期本土化教材。该教材共 7 课，包含“你好、很高兴认识你、现在几点、孔院在哪儿、这个多少钱、我想喝茶、我喜欢水饺”等七个方面的内容；每课由导读、课文、语音、运用、语法、汉字、文化知识等七部分组成。该教材的主要特色是：配有《汉字本》、每部分内容都有相应的西班牙语注释、篇幅短小、适合短期汉语学习者。

目前，该教材一稿完成后已在孔院试用一年，已根据试用情况进行了修订。修订后已提交给哈瓦那大学出版社，原定2021年出版，但因故推迟，现暂未出版。从其教材的主要内容来看，《汉语入门》是专门针对哈大孔院的本土化教材建设的一次尝试，效果怎样，现在还无法定论。我们期待，《汉语入门》能继往开来为古巴本土化汉语教材的未来建设提供一定的思考和启示。①

## 三、古巴本土化汉语教材存在的问题

目前来看，古巴的本土化汉语教材在数量、类型、质量等方面还存在着如下问题。

### （一）数量有限

由表1看，古巴本土化汉语教材在数量上尤其是可使用的数量上还比较有限。哈大孔院设立之初使用《新思维汉语》以及刚刚编写完成的《汉语入门》《中国，我来了》《新实用汉语课本1（文化点编写）》，要么已经停用，要么还没有投入使用。因此，古巴目前正在使用的本土化教材只有《新实用汉语课本》和《今日汉语》两本，还不能很好地满足古巴的中文教育需求。

### （二）类型单一

周小兵（2013）、姜丽萍（2018）对本土化汉语教材类型做了详细的说明，本文结合两位学者观点，从编写者角度将本土化

① 《汉语入门》相关数据来自古巴哈瓦那大学孔子学院。

汉语教材分为如下四类：一是由中国籍教师独立编写的“精品教材”的多语种本土化教材，如《新实用汉语课本》；二是由中国籍教师独立编写的国别性教材，如《今日汉语》；三是由外籍教师独立编写的教材，如《话说中国语》；四是由中外籍教师合作编写的教材，如《开门中国语》。根据上述分类，古巴现有的《新实用汉语课本》《新思维汉语》《今日汉语》《汉语入门》等四本本土化汉语教材，多由中国籍教师编写，从根本上看是同一种本土化汉语教材，唯一一本由中外籍教师合作编写的本土化教材还未出版，暂时还不能推广使用。因此，古巴本土化汉语教材在类型上还比较单一、缺乏教材的立体化建设、更缺乏疫情影响下和信息化时代本土化教材的探索和尝试，不能很好地满足各个级别学习者的学习需求。

### （三）质量较低

根据赵金铭（1997）、李禄兴等（2010）的观点，真正的本土化汉语教材应具有如下特点：“量”的剪裁上，结合当地教育体制、规章制度编排裁剪课时、课量，使之与当地学制、学时的限制性规定相吻合，使用方便；内容上，课文内容与当地国情、民俗相结合，有个性，有较强的吸引力；编排上，根据所在国国情、语言特色、学习习惯、文化特征等选择编排语法条目和词汇，在语言对比的基础上，突出学习者特点和学习难点；注释语言上，注释语言为本国语言；名称上，更加亲切，注重联系学习者的生活和学习需求，比如《Life》《龙》《熊猫》《谢谢》《聊聊》《梅花》等本土化汉语教材名称。

纵观古巴目前的本土化汉语教材，除了注释语言为西班牙语外，并未较好地满足上述本土化教材的典型特征，比如常用的

《新实用汉语课本》和《今日汉语》严格意义上是“一版多本”和“语别型”教材，并没有充分关注古巴汉语学习者的思维和学习习惯，也没有根据古巴的文化特征，进行相关的文化对比，缺乏对古巴的专门性研究，并不是真正意义上的古巴本土化汉语教材。再比如，刚完成的《汉语入门》还未大规模推广使用，使用效果还有待教学实践的检验。因此，从质量上看，古巴已有的本土化汉语教材内容未充分考虑古巴的特殊国情，缺乏古巴本土元素，本土化还停留在表层特征上，缺乏深层特征的对比分析，教材的质量还有待于进一步提高。

## 四、古巴本土化汉语教材的发展建议

已有研究表明，本土化汉语教材的编写需要注意教材容量、词汇语法注释、重点难点对比、话题选择、文化禁忌等考量因素。如吴应辉（2013：123）指出，本土化汉语教材应包含四个要素：一是教材容量本土化；二是生词注解母语化；三是难点讲解对比化；四是部分话题本土化。姜丽萍（2018：17）认为，本土化汉语教材应包括五个要素：一是教材容量本土化；二是各类注释母语化；三是难点讲解对比化；四是部分话题本土化；五是文化内容跨文化化。

未来的本土化汉语教材应该是什么样的，应该达到什么程度的本土化，具体该怎样编写？不少专家学者进行了多方面的有益探索。如组建长期合作的中外教材编写团队，建立国别化教材评价指标体系（郑通涛等，2010：13）；以国家通用的课程标准或考试大纲为参照编写出更多的满足不同区域、不同国家、不同文化、不同学校、不同学生需求的“一纲多本”的本土化教材（姜丽萍，2018：17）；理性对待国别化教材的开发，做好基础性研究，采取中外合作的编写方式，重视“国别+行业”教材，实现“一体两翼”教材开发（陈萍，2021：63-64）。本文针对古巴本土化汉语教材的现状及古巴国情，提出如下发展建议。

### （一）建立健全本土化汉语教材的编写及评价标准

迄今为止，对国别化教材应如何进行效果评价与评估还并未形成完整的体系（郑通涛等，2010：13）。因此，古巴本土化汉语教材建设应在编写标准及评价体系上下功夫，努力实现一定程度的规范化、科学化，以逐渐确立本土化教材编写的本土化程度、全球化程度、中国化程度等。只有这样，才能建立起全方位、多视角的本土化汉语教材评价体系，进而使本土化汉语教材的编写更具规范性、科学性和高效性。

### （二）丰富本土化汉语教材编写的全球化元素

目前古巴已有本土化汉语教材大多关注本土化程度和中国化程度，较少关注全球化元素。本文认为，古巴本土化汉语教材更应注重中国化、本土化和国际化三者的有机统一，一是因为古巴历史较为特殊，古巴人与外界联系较少，整个社会相对封闭，所以在教材编写时，要增加一些新近的、具有全球化视野的元素，让学生通过教材走遍中国乃至世界（吴昊，2016：51）；二是全球化元素有利于提高教材的生命力和使用寿命。鉴于此，古巴本土化教材编写在注重本土性的同时应重点关注教材的全球化视野和国际化因素。

### （三）树立本土化汉语教材编写的多元化理念

本土化汉语教材的“三贴近”编写理念，即“贴近外国人的思维、贴近外国人的生活、贴近外国人的习惯”（许琳，2007：107）。本土化汉语教材的编写者一般应具有如下理念：文化多元性与普同性并重，在反映人类的共同文化的同时反映目的语文化和学习者国家或民族的文化；充分认识目的语和学习者母语之间的差异；使用学习者熟悉的话题作为目的语的学习内容（吴应辉，2013：119）。

本文认为，上述观点过分强调本土化汉语教材的针对性，一定程度忽视了本土化汉语教材的普遍性。鉴于此，本文参考李泉（2015：533）提出的“一体观，三贴近”的国际汉语教材编写理念，概括出“一遵循，三贴近”的本土化汉语教材编写理念。即遵循二语言教学的一般规律和汉语汉字的结构特点，主要贴近所在国、所在区域学习者的生活和文化特征，适当贴近人类共通的情感和价值观，有限贴近当代中国人的生活。同时，考虑到本土化汉语教材的广度和生命力，在一些汉语教学发展欠佳，暂未达到编写本土汉语教材条件的国家和地区，不一定非要编写国别教材，编写通用型教材也可以满足一定的汉语教学需求。因此，古巴的本土化汉语教材还应树立多元化编写理念，在客观条件允许的国家和地区不断完善、编写针对性较强的本土化教材；在汉语教学未发展到一定程度的国家和地区暂时使用通用型汉语教材，再根据汉语教学概况和学习者特点逐步、逐级开发本土化资源，最终实现本土化汉语教材的编写。

### （四）树立本土化汉语教材的分级别本土化理念

关于本土化教材的本土化程度，目前学界并没有统一的定论。这里，我们提出“分级别本土化”理念，即根据学习者的年龄、汉语水平将本土化程度分为“一级、二级、三级”等三个级别。其中，一级为教材名称、人物、图片等表层特征的本土化；二级为文化点、生活习惯等中层特征的本土化；三级为思维方式、文化观念等深层特征的本土化。鉴于上述分类，低龄儿童及初级阶段的学习者可能更适应表层特征明显的本土化的教材，这样的教材更容易提升他们的学习兴趣和积极性；中级阶段的大学生、社会成员等学习者可能更适应中层特征和深层特征的本土化教材；高级阶段的大学生、社会成员等汉语学习者可能更适应通用型和国际化因素明显的汉语教材。需要注意的是，上述观点仅仅是本文的思考，需要得到进一步验证。

### （五）注重编写团队的打造和培养

编写团队是本土化教材编写的支撑力量，编写团队的质量决定了教材的质量。因此，本土化汉语教材的开发与编写还需要在编写团队上下功夫。如团队人员规模不宜过大；团队人员专业背景应丰富，热爱学生；团队编写成员最好有二语习得、二语教材相关专家指导。目前的教材编写团队大多由国内从事一线教学工作的教师组成，缺少海外汉语教师、外国籍专家学者的参与。鉴于此，古巴本土化汉语教材的编写团队应力求中古双方通力协作，可以各展所长、优势互补、合作编写。与此同时，要注意中外合作编写时外籍学者的身份和角色，避免其只承担表层的翻译工作；还要注意吸收国外的一流学者和教学经验丰富、专业知识强、精通本土语言和谙熟本土文化的优秀本土教师的经验。

### （六）注重本土化汉语教材编写过程的连贯性

任何教材的编写都分阶段需要做好编写前、编写中、编写后的各项重点工作，古巴本土化教材的编写也是如此，应做好前、中、后的连贯性。

编写前要对汉外语言、文化进行深入对比研究，对教材使用国的外语教学模式、汉语教学模式进行研究，对教材使用国的教育制度、外语教学标准进行研究（陈萍，2021：64）。因此，编写前要加强对古巴的教育制度、文化特征、学习者特点进行扎实、深入的基础性研究。

编写中要结合基础研究，制定适应古巴的教育教学大纲标准；以古巴学习者需求为导向，因材施教，满足古巴学习者个性化需求；凸显古巴学习者学习难点，加大难点的讲解和对比；结合古巴学习者汉语水平、认知特点等选择相关的话题；注意目标语文化和古巴学生母语文化禁忌，减少文化冲突。

编写后要在发行后定期检测使用情况，根据古巴教师使用后反馈需求及时修订，只有经过反复试用、修改、再试用、再修订，才能真正实现教材的本土化。同时，做好教材的宣传和推广工作，让更多的人了解并使用。

## 五、结语

语言教材不等于课堂教材，碎片化、个性化学习需要越来越多，资源的多样性越来越多；过去的教材以单语种、通用型、纸介质、课堂型教材为主，现代的教材内涵外延都发生了变化。本土化汉语教材更是如此，其编写和未来建设是一个长期且艰巨的过程，需要国内外专家、学者齐心协力、持之以恒、久久为功。

本人才疏学浅，谨以本文，提出一些不成熟的思考和建议，以期抛砖引玉，为本土化汉语教材的发展贡献绵薄之力。

## 参考文献


[1] 陈萍 . 国别化汉语教材的发展历程及开发策略思考 . 科教文汇，2021（10）.

[2] 姜丽萍 . 汉语教材编写的继承、发展与创新 . 华文教学与研究，2018（4）.

[3] 李泉 . 汉语教材的“国别化”问题探讨 . 世界汉语教学，2015（4）.

[4] 李禄兴，王瑞 . 国别化对外汉语教材的特征和编写原则 //.《第九届国际汉语教学研讨会论文选》编辑委员会编 . 第九届国际汉语教学研讨会论文选 . 北京：高等教育出版社，2010.

[5] 梁宇 . 孔子学院教学资源发展研究 . 教育学术月刊，2021（5）.

[6] 吴昊 . 古巴哈瓦那大学孔子学院汉语教材使用情况考察 . 广州：广东外语外贸大学硕士论文，2016.

[7] 吴应辉 . 关于国际汉语教学“本土化”与“普适性”教材的理论探讨 . 语言文字应用，2013（3）.

[8] 许琳 . 汉语国际推广的形势和任务 . 世界汉语教学，2007（2）.

[9] 赵金铭 . 对外汉语教材创新略论 . 世界汉语教学，1997（2）.

[10] 郑通涛，方环海，张涵 . 国别化：对外汉语教材编写的趋势 . 海外华文教育，2010（1）.

[11] 周小兵，陈楠 . “一版多本”与海外教材的本土化研究 . 世界汉语教学，2013（2）.

# 跨界理念与多模态框架下的线上教学互动性研究

张　艳*

## 一、引言

自新冠疫情爆发后，生活方式、教育方式等发生了巨大的变化。国际中文教育事业也面临着严峻的形势与挑战。李宇明认为："汉语国际教育是一种'国际敏感型'教育，是国际事态的'晴雨表'，新冠疫情对汉语国际教育带来了显性或隐性的、直接或间接的、短期或长期的、负面或正面的影响。"（李宇明等，2020）传统的线下教学模式在疫情期间不得不转变为线上教学或者线上线下混合教学。

线上教学主要以网络为媒介。教学过程中对网络的稳定性和操作技术方面的要求比较高，师生之间需要构建顺畅的双向网络连接，才能顺利开展教学。各大直播软件将不同区域的师生定格

* 张艳，暨南大学华文学院博士，暨南大学科尔多瓦国立大学孔子学院公派教师，主要研究语言习得与教学、教材编写等。

在虚拟的网络空间中，克服了信息资源共享的空间局限性，缓解了教学资源的不平衡性，但是在互动性和监督性上却难以做到与线下教学模式一致。

Felix 曾指出学生反应的网络语言课程的一些不足，如“教师不在现场”“缺乏口语练习”“没有足够的反馈”“没有与同伴的互动”等问题。崔希亮（2014）也提出远程汉语教学面临的第个问题就是课堂互动性减弱。

## 二、跨界研究

关于跨界（Crossover）的定义，不同学者看法不同。有学者认为指“交叠、融合，是一种跨领域合作的方式，将不同范畴内的事物相交叉、融合”（王春兰、尤凤翔，2019）；另有学者认为“指突破观念、内容、方式等的边界规约，从多个视角全面、理性地审视、解决问题”（袁小红，2019）……综合各学者观点，我们认为跨界是跨越、融合两个以上不同的学科领域、不同的行业、不同的语言、不同的文化等而产生的知识、理念借鉴或资源合作共享。

跨界现象最早可追溯到欧洲文艺复兴时期，“跨界”一词最早出现于汽车界（赵晶，2012），而后在商业、艺术、设计、科学、教育等领域广泛应用。教育领域中，最早进行跨学科、跨专业研究和教学实践的是欧美国家。第一次世界大战到 20 世纪 60 年代，西方国家以学科交叉形式设置课程，同时跨界教育的理论和实践研究也开始不断发展和丰富。国外对跨界课堂的研究以教学为主，形成了一些典型的“跨界课堂”模式。

“国内教育最早进行跨界的是 20 世纪 30 年代的北京大学，

实行学分制，学生要选修别的系课程。其后‘跨界’发展为20世纪80年代后的‘跨学科’尝试，到了20世纪90年代‘跨界’的范畴扩大到了人文学科与现代科学领域之间的融合与交流”（赵丹丹、姜楠楠、王晶秋，2019），但是中国的跨界理论研究开始比较晚，21世纪初才逐渐出现。

虽然我国对跨界教育的研究起步比较晚，但文献数量在不断增加，研究领域也较为广泛，且视角多样。目前教育界跨界研究呈现出以下特点：一是不同层次跨界，形成了小学、中学、职业教育、大学等的不同教育阶段跨界研究。二是不同学科跨界，有语文、数学、英语、地理、美术、音乐、体育、设计等各学科的跨界研究与跨界案例分析。三是不同领域跨界，跨越学校教育、社会教育、社区教育和家庭教育等领域。四是不同角度跨界，从跨界合作、跨界设计、跨界民族、新媒体、简单的学科交叉到培养复杂的跨界思维等方面讨论跨界。

跨界方法从教材角度有跨越单元之界、课时之界、纸笔之界；从知识角度跨越相关学科知识、相关生活知识、相关网络知识；从学科角度分为学科内整合、学科间融通和超学科运用；从层次角度跨越教材、学科、国别；从教学模式角度有跨界联合教学、跨界体验教学、跨界合作教学、多维跨界互动教学等。跨界表现在理论与现实跨界、课程间跨界、专业间跨界、学校与社会跨界等。跨界课堂角度提供了不少教学设计和案例。

不足之处表现在跨界理论较少，多为案例展示；案例的分析只流于表层，缺乏深层次的规律挖掘；缺乏跨界效果的实证研究和数据分析；缺乏跨界与课堂互动关系的研究；对跨界的不足和带来的问题也鲜有涉及。此外，语言教育的跨界研究局限在单一语言，忽略了第二语言教育的跨界思考。因此，本文从国际中文教育角度探讨如何跨界。

## 三、国际中文教育的跨界视域

### （一）功能跨界

国际中文教育的目标是培养学生的汉语交际能力。学习者通过汉语学习，不仅能形成一定的语言能力，也能通过语言的学习了解中国的文化、历史、社会。因此国际中文教育融合了语言教育、文化与历史传播、社会传媒等多功能。

### （二）情境跨界

教学情境不只呈现在课堂上，更多的是根据教师的语言、图片引导，通过想象将自身置于特定的情境中去理解抽象的学习内容。各种角色扮演也需要学习者对课堂情境进行延伸，以虚拟情境代替现实情境，以假设情境代替实际情境。

### （三）元素跨界

元素包括教学内容和课堂物理环境。教学内容上的概念和术语的投射来源于其他学科或领域。比如医学汉语中挂号、化验、抽血、疗程、诊断等词语是医学领域词汇的投射……语言课堂的物理环境要营造目的语学习的氛围。中文课堂教室的布置应以中国元素为主，同时结合班级学生的国别、文化加入其他元素。

### （四）空间跨界

语言学习离不开课堂讲解和课外实践，离不开听说读写技能的训练。课堂的语言练习缺乏真实的场景，交际性相对不足。从课堂走出课外的语言实践对提高语言技能具有重要作用。因此学习的空间跨越了课内外两种形式。在当前情况下，还跨越了线上线下等多维空间。

### （五）资源跨界

课堂教学的语料来源于课本、生活、网络。如今学习平台种类繁多，网络资源多样化。董成（2014）在前人对国际中文教学网络资源分类的基础上，通过对181家汉语教学网站的整理分类，将其按不同的标准分为五类：收费类和免费类、门户类和互动类、资源类和课程类、综合类和专题类、单一语言类和多种语言类。资源从纸质到电子，从单一到多样，从传统媒介到新媒体，类型丰富。

### （六）学科性质跨界

国际中文教育具有跨文化、跨语言、跨学科的性质。因为教育对象来自不同的国家、区域或民族，具有不同的文化背景，教学或交流中还会与中国文化碰撞，所以具有跨文化性。学习者所使用的语言不同，课堂上教师通过汉语或媒介语教学，学生输出汉语，因而具有跨语言性。国际中文教育不是一门单纯的语言课，其内容涵盖哲学、语言学、教育学、心理学、社会学、文化学等多门学科的交叉和综合。

## 四、教材与跨界理念

### （一）线上教学的互动困境

与线下教学相比，线上教学互动难度更大、可操作性较少。

第一，线上教学师生面对的是电脑屏幕，容易产生疲劳。第二，注意力难以集中，会受到网络、周围环境以及其他学习者的影响。第三，参与感缺少。线下教学师生在同一个物理空间内，可以通过面对面即时交流来实现互动。线上教学受制于网络，学生和老师分散在不同的时间和空间，学习者以独立个体存在于各自的学习环境中，没有集体学习的氛围感，也不能有效、即时地实现近距离互动。第四，体验感较差。线下互动学生能切身感受到老师、同伴的表情、动作、眼神等非语言行为。而线上学生无法真实体会老师和其他学习者的肢体语言与情感等。第五，互动的形式受限。线下教学具备活动的场地，游戏类、比赛型活动比较容易展开。此外，线下的跟读、齐读等互动方式，在线上不能有效进行。第六，互动的效果不同，线下的现场参与感增进了互动效果，线上的“人机模式”显得比较冰冷，互动的气氛不如线下热烈与紧张。

### （二）纸质教材中的跨界界面

吕必松（2007）指出国际中文课堂教学有四要素：教师、学生、教材、环境。教材是联结总体设计和课堂教学的纽带，是具体实施课堂教学和互动的依据，在一定程度上影响了教与学的效果。教材的内容和形式决定了学生是否有兴趣参与课堂互动。

国际中文教材种类繁多。我们选取北京语言大学出版社出版的一年级对外汉语本科系列教材《汉语教程》（第三版）作为研究对象。该书是一套综合汉语教材，杨寄洲主编，分 3 册，每册有上下，一共 6 个分册。

从教材内容角度看，这套教材的话题跨越了金融、音乐、传统文化、戏曲、网络、科技等领域和学科。话题的丰富性、多样性更有利于激发学生的学习兴趣。

表 1 《汉语教程》课文涉及的领域

| 册数 | 课数 | 课文 | 领域 |
|---|---|---|---|
| 第一册上 | 第九课 | 我换人民币 | 金融 |
| 第一册下 | 第二十二课 | 我打算请老师教我京剧 | 戏曲 |
| 第一册下 | 第二十四课 | 我想学太极拳 | 体育 / 武术 |
| 第二册上 | 第六课 | 我比你更喜欢音乐 | 音乐 |
| 第二册上 | 第十课 | 我听过钢琴协奏曲《黄河》 | 音乐 |
| 第二册下 | 第十七课 | 把“福”字倒着贴在门上 | 文化 |
| 第二册下 | 第二十课 | 我看得懂，但是听不懂 | 戏曲 |
| 第二册下 | 第二十五课 | 吉利的数字 | 文化 |
| 第三册上 | 第十一课 | 我看见了飞碟 | 科技 |
| 第三册下 | 第十六课 | 金星人遇到麻烦 | 科技 |
| 第三册下 | 第二十三课 | 网络学校 | 网络 |
| 第三册下 | 第二十六课 | 梁山伯与祝英台 | 文化 |

从教材排版来看，除了文字之外，还配有插图或图表，使得文字可视化、形象化，增加读者的阅读兴趣、缓解阅读疲劳。文字配图的方式吸收了美术学、心理学的知识。

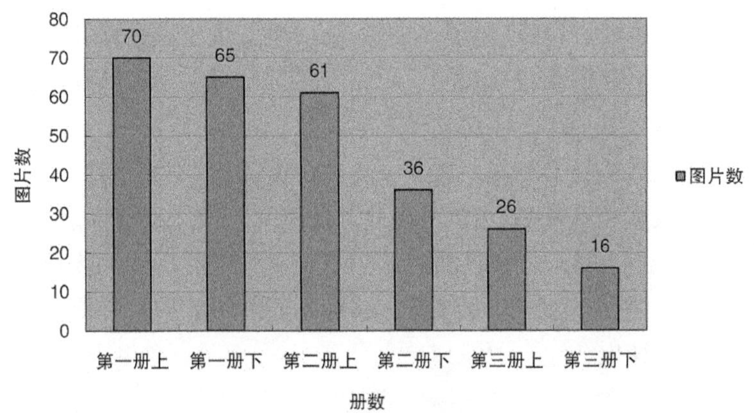


**图 1 《汉语教程》各册图片数量统计**

从教材语种来看，有英语、泰语、俄语三个版本，第一册上下课文都配有拼音，后面的几册课文只有汉字，没有拼音辅助阅读，每本书生词、语法、练习题目都是汉语和其他语种的对照翻译，因此具有跨语言性。

从教材配套系统来看，除了纸质课本之外，还利用了现代媒体科技，配备了光盘和二维码，便于学习者练习听力。不足之处是缺乏融媒体教材的建设，难以适应线上教学。所以急需在互联网、信息技术的支持下，突破纸质课本的局限，充分利用网络资源开发媒体化、动态化、智能化的教材。

### （三）跨界与多模态教材

模态指“交流的渠道和媒介，包括语言、技术、图像、颜色、音乐等符号系统”（朱永生，2007）。多模态即多个符号系统交织在一起表达意义的方式，类型上可以分为语言模态和非语言模态。语言模态包括口语和文字，是传递信息和表达意义的重要媒介。非语言模态包括视觉、听觉、味觉、嗅觉、副语言模态等多种类型。

传统纸质教材在线上教学中不再占据优势，因而需要跨界理念，开发多模态教材。加入人工语音识别、人工语音对话、AR仿真场景、视频与语音连接在线学习者和教师等功能。从多模态角度增加输入，激活认知区域，满足不同学习者需求，将互动变得更加多维化。

多模态教材应是利用网络资源，跨越多媒体、互联网、信息化技术的新型多功能教材。它以电子产品为载体，用文字、声音、图像、动画、视频等融媒体技术和人工智能、AR技术来呈现多种表现形式的学习内容，综合各种学习工具、教学管理以及辅助资源等来支持教与学。学生在教材使用中，通过语言模态和非语言模态的刺激，可以完成各种互动。

## 五、国际中文教育如何跨界

国际中文教学中跨界理念的运用能促进课堂互动，丰富互动形式，从而增加可理解性输入，锻炼学生的汉语交际能力。“跨界”具体体现在跨界方式、跨界过程、跨界手段和跨界层次等方面。

### （一）跨界方式

1. 跨领域语言 +X 课程

国际中文教育的课程体系可分为基础汉语与职业汉语。“职业汉语有两重含义，一是指面向国内母语者职业能力测试的职业汉语，二是面向非母语者，指位于对外汉语教育和职业教育交叉地带学习的汉语”（曾毅平，2018）。这里主要是面向非母语者从事某种职业而使用的汉语。比如商务汉语、医学汉语、旅游汉语、酒店汉语、警务汉语……这些课程的设置是语言与职业、专业知识的交叉融合，具有跨语言、跨领域性质。

2. 跨身份式操练方法

跨身份指改变当前身份转换另一种身份或身兼多种其他身份。国际中文课堂中“情景仿真”一直贯穿在生词、语法、课文讲解阶段。教师通过情景设置引导学生对生词、语法和课文的理解，学生也通过角色沉浸感知各语言点。

课文的练习常常通过“情景仿真”表演进行。学习者根据一定的主题，扮演某种角色完成模拟情景下的对话，实现了从学生身份到特定身份的转换。比如《玛丽哭了》文中是医生和病人的对话，操练过程中要学生以“去医院看病”为场景，进行角色扮演。学生的身份就在扮演过程中发生了跨身份的变化。

3. 跨学科体感式活动

体感式活动主要通过肢体、视觉、听觉、触觉等感官的参与进行语言的练习，包括唱歌法、表演法、绘画法、体育活动法等。

唱歌法即利用音乐的旋律、节奏以及歌词韵律进行教学，帮助学习者记忆，是师生互动或生生互动的良好形式。教学中一般借助熟悉的音乐旋律加入学习内容进行歌词改编。比如《两只老虎》《祝你生日快乐》等音乐，节奏感比较强，旋律短小且循环，各国学习者都很熟悉，因此将歌词加以改编，便于短句型的学习。其次，结合所学主题，直接选择相应的歌曲学习。比如中秋节主题选择《明月几时有》，友情主题选择《朋友》，家庭主题选择《常回家看看》等。唱歌法体现了语言教学与音乐的交叉融合。

表演法是表演者通过肢体动作展示，其他人根据展示猜测表演者的意图，常用的有“你比划我猜”“我说你做”“我指你说”唇语（看口型猜词语）等。表演法借助了表演艺术领域的形式展开语言练习，是跨界合作的一种方法。

绘画法主要用于形象、直观的名词和动词教学。老师或学生可以通过绘画将文字转化为图画形式，增加趣味性和形象感。学习家庭主题时，可以让学生画自己的全家福并配文字说明。学习问路、方向主题时，可以让学生绘制路线图。学习人物主题时，可以让学生画人物肖像……将语言与美术结合在教学中。

体育活动法是以体育游戏形式进行的促使学习者动起来的语言教学法。用于组词、拼音汉字配对的“找朋友”，体操声调，抢卡片，撕名牌等，把语言学习和体育游戏交叉在一起，使学习者在运动中进行学习。

4. 跨水平组织形式

任务型活动、交际型活动的展开需要落实到对学习者的分组。分组是根据学习者的语言水平、性格、学习方式等进行划分组别。同一组内的学习者水平尽量保持均衡，允许有一定的层次差异，但是不能差距太大。线上教学还可以利用网络优势直接连线母语者与二语学习者，进行线上的语言操练，突破传统课堂的限制。

5. 跨时空多维教学模式

随着“翻转课堂”新型教学模式的出现，国际中文教育界也开始了教学模式的创新。慕课、微课等运用于教学中，线上线下教学相结合，打破了传统的单一模式，将教学空间架构为多维空间。

线上教学分为录播、直播、录播+直播三种形式。学习者的学习模式从观众式发展为主角参与式，互动通道从无到多元化，学习者、课堂和教师处于跨时空的多维环境中。

### （二）跨界手段

跨界过程离不开各种模态的使用。跨界是为了便于学生更好地理解知识和增加互动。跨界课堂中，除了教师语言和文字输出之外，还有抖音、快手、梨视频等外部的音视频、动画等支持，融信息技术、音乐、影视、大众传播等多领域，从多个角度调动学生的各种感官，增加可理解性输入，扩大互动形式和增强互动效果。

跨界需要借助一定的手段才能实现。跨界手段经历了从传统到现代的发展，从现实到虚拟的变化。

1. 教具的使用

教具的合理运用可以使教学内容得到充分的展示和理解，使课堂变得生动活泼，能多渠道调动学生的视觉、听觉、触觉等感官增加体验，从而达到更好的教学效果。教具具有直观性，传统教具包括实物、模型、卡片、图画、小黑板等，非传统教具指利用信息技术和多媒体技术辅助教学的电化教具。

国际中文教育中教具的选择要遵循实用性、合理性、简易性和科学性的原则。在跨界理念下，教具要结合所跨学科与领域进行选择，同时遵循跨文化交际的准则。其次，根据教学内容和教学对象特点，选择合适的教具。

2. 课件的制作

课件 PPT 充分利用了网络技术，从文字、图片、动画、音频、视频等角度展示教学内容，体现了与信息技术的跨界融合。

PPT 的主题风格选择要根据教学内容或社会热点来选择相应的主题背景。色彩通常具有象征意义，不同的色彩代表着不同的学术领域，教师应根据需要选取适合的色彩作为课件界面的色调（樊玮鑫、刘浩，2020）。

文字上字体的大小、颜色、呈现方式等从非语言模态角度给学生以视觉刺激。字体的放大、颜色的不同能突出差异和重点，引起学生的注意，符合心理学上的认知规律。图片、动画的使用从动态和静态两个角度增加可视化，使文字信息变得形象。音频、视频的插入使用从听觉、视觉方面丰富教学内容。

制作技巧上，可以结合其他领域形式来展开课堂趣味游戏。像刮刮乐、扑克牌、砸金蛋、抽奖、打地鼠、切水果等，吸收了博彩、销售、电子游戏等行业的创意和知识，将语言学习与这些领域交叉融合，丰富了教学形式。

3. 网页测试与游戏

崔希亮（2014）提出，未来的语言教育应该利用信息技术把语言学习变成有趣的事情，调动学习者的学习动机。在教育云时代，网络技术在教学中的地位越发重要。

尚俊杰（2015）指出："伴随着互联网的发展和移动终端的普及，游戏化学习丰富了学习方式，这也预示着游戏化学习发展的广阔前景。"网页游戏化学习分为两大类——测试与竞赛游戏。测试即以答题或考试的形式进行，系统根据答题正确率和答题速度测算成绩并排名。竞赛游戏即以个人或小组形式展开竞赛与对抗以赢取积分或者排名，娱乐性比较强。

网页测试相比于传统纸笔测试更省时、经济。系统自动评分，反馈即时，后台形成数据，教师收集数据也很便捷。网页游戏不是纯粹娱乐化的，而是带有学习目的的语言游戏与练习，集娱乐性和知识性于一体。网页测试与竞赛游戏涉及多种知识领域，如心理学、逻辑学、游戏科学与设计、用户体验、人机交互等。

网页测试比如问卷星、考考、优考试、考试云等用于课堂练习和测试，效率很高，有的可以设置允许学生反复做题，达到巩固知识目的。网页游戏类型比较多，如挑战、闯关晋级、积分晋级等。受学生欢迎的主要有 Quizlet、Kahoot、EDpuzzle 等。

### （三）跨界层次

于海祥（2020）指出，“跨界教学”的“界”包含“班级之界、学科之界、学校之界”，呈现一定的层次性。我们认为“跨界教学”的“界”在层次上指的是“班级之界、学校之界、社会之界、国家之界”。

国际中文教育的最终目的是培养学生的语言交际能力，交际能力的实现和培养需要通过大量的语言实践和练习。线下和线上教学在真实语言环境的创造上，有一定的局限性，因此有必要让学习者走出课堂。

首先，班级之间的互动，通过活动与竞赛方式推动交流，比如演讲比赛、写作比赛、汉字大赛等。其次，鼓励学生在校园内结识语伴，通过与目的语语伴的互动来消化和练习课堂学习内容。然后，鼓励学生走出学校，进入到社区或校外社会。不同的社区有不同的地方文化特色，校外社会不同的领域、行业有各自特色的话语风格。学生走出课堂，进入真实社会中感受语言的面貌，增加语言运用的机会与实践，可以锻炼语言交际能力。最后，跨出国家之界，这是最高层次。一些汉学家、本土汉语教师将中国的语言文化带到他们自己的国家，实则是跨越了国家、民族和文化之界。

## 六、结语

国际中文教育是一门综合交叉学科。赵金铭（2004）认为，它的理论基础"应该是语言学、心理学、教育学、计算机语言学和现代教育技术"。从教学实践角度看，跨界理念贯穿于始终。教师要具备丰富的知识结构，学科融合的意识，善于用跨界思维思考教学中的问题，灵活运用合适的教学方法和教学手段把跨界理念融入到教学中。

其次在跨界理念下，开发多模态融媒体教材，从跨学科、跨层次、跨文化、跨语言等方面提高线上教学互动性。综合运用跨界和多模态视角，拓宽互动形式和思路。教学方法的跨界和教学手段的多模态化，能最大限度地增加输入和输出机会，有效推进线上互动，有助于增进教学效果和提高教学质量。

## 参考文献

[1] 鲍蕊 . 汉语作为第二语言课堂互动研究述评 . 汉语国际教育研究，2018（1）.

[2] 陈迪 . 互动媒体支撑下的课堂教学研究 . 武汉：华中师范大学博士学位论文，2012.

[3] 崔希亮 . 关于语言教育的若干思考 . 国际汉语教学研究，2014（2）.

[4] 董成 . 对外汉语教学网络资源及其利用 . 兰州：兰州大学硕士学位论文，

2014.
[5] 樊玮鑫，刘浩 . 浅谈 PPT 课件制作实用技巧 . 电脑知识与技术，2020（16）.
[6] 樊香兰 . 小学跨界教学的理念与形态 . 教学与管理，2019（36）.
[7] 贾鼎，丁一力 . 现代信息技术与对外汉语 . 世界汉语教学，1998（3）.
[8] 李宇明、李秉震、宋晖、白乐桑、刘乐宁、吴勇毅、李泉、温晓虹、陈闻、任鹰、苏英霞、刘荣艳、陈默 . “新冠疫情下的汉语国际教育：挑战与对策”大家谈（上）. 语言教学与研究，2020（4）.
[9] 刘珣 . 对外汉语教育学引论 . 北京：北京语言大学出版社，2008.
[10] 吕必松 . 汉语和汉语作为第二语言教学 . 北京：北京大学出版社，2007.
[11] 尚俊杰，裴蕾丝 . 重塑学习方式：游戏的核心教育价值和应用前景 . 中国电化教育，2015（5）.
[12] 王春兰，尤凤翔 . 国内跨界教育研究综述 . 江苏商论，2019（7）.
[13] 吴丽苏 . 对外汉语教学中慕课的应用探索 . 亚太教育，2020（21）.
[14] 杨琳，吴鹏泽 . 面向深度学习的电子教材设计与开发策略 . 中国电化教育，2017（9）.
[15] 于海祥 . 高中语文跨界教学初探 . 教育研究与评论：中学教育教学，2020（12）.
[16] 袁小红 . 跨界教学：突破数学学科壁垒的实践 . 小学教学参考：综合版，2019（32）.
[17] 赵丹丹，姜楠楠，王晶秋 . 基于跨界课堂理论的大学英语项目式教学设计 . 陕西学前师范学院学报，2019（2）.
[18] 赵金铭 . 对外汉语教学概论 . 北京：商务印书馆，2004.
[19] 赵晶 . 跨界现象初探及思考 . 天津：天津大学硕士学位论文，2012.
[20] 曾毅平 . 论领域变体性质的职场汉语教学 . 当代修辞学，2018（1）.
[21] 朱永生 . 多模态话语分析的理论基础与研究方法 . 外语学刊，2007（5）.
[22] Felix, U. The Web's Potential for Language Learning. *The Student's Perspective Recall* 1, 2001.

# 新马华语与早期国语的关系考察

孙福婷　马永草 *

## 一、引言

早期国语指“五四”运动至中华人民共和国成立初期这一阶段的现代汉民族共同语。关于新马华语与早期国语之间的关系，学界已经有所探讨。周清海（2008）在谈及华语与现代汉语的差异时指出，1949 年之后，各地华语与现代汉语标准语分别发展，但各华语区仍保留了早期国语的许多特点。通过对史料的整理和分析，徐威雄（2012）将华语共同语的演变基本路径描述为：官话→国语→华语。刁晏斌（2015、2018）将华语定义为“以传统国语为基础、以普通话为核心的华人共同语”，并指出新马华语是华语的开端，是以传统国语为蓝本形成的，这进一步明确了二者之间的关系。此外，刁晏斌（2018：161–174）还详细讨论了早期国语影响新马华语的方式和途径，具体而言则是：19 世纪末

* 孙福婷，西北师范大学国际文化交流学院副教授，博士，硕士研究生导师，主要研究华文教育；马永草，山东师范大学文学院讲师，博士，研究方向：现代汉语的共时状况及历时发展演变。

20世纪初，早期国语依托华文媒体、华语文教育和华文文学“移植”到南洋，并落地生根形成新马华语。可见，华文教育在这一过程中起着重要作用，而华文教科书作为华文教育最重要的语言载体、思想载体和文化载体，自然是早期国语传播的重要媒介。鉴于此，本文主要立足于词汇平面，探讨早期国语、新马地区所用教科书以及当时马华作品语言在词形和词义方面的一致性，而这种一致性正是新马华语来源于早期国语的直接表现。

## 二、“五四”前后南洋所用教科书介绍

清末民初，中国教育发生了翻天覆地的变化，废除科举，开办新式教育，新式教科书也应需而生，其中有新式学堂编写的适合本校需求的教科书，如南洋公学的《蒙学课本》（1897年）、无锡三等公学堂的《蒙学读本全书》（1901年）；也有民间书坊主导编写的，如文明书局的《蒙学科学全书》、商务印书馆的《最新教科书》；此外还有清政府编写的《学部第一次编纂教科书》等（石鸥、吴小鸥，2015：3）。进入民国后，新式教科书虽力求易懂，但使用的还是文言文，直到新文化运动后才渐渐全面使用白话文。当时各大书局纷纷开始编写、发行白话文教科书。

晚清和民国政府都实行教科书编审制，民间编写的教科书通过清学部/民国教育部的审核，就可自己发行出售。这一时期，民间书局编写教科书的积极性非常高。在20世纪20至40年代，白话文教科书形成了三大语文教科书编写群体，分别以商务印书馆、中华书局、开明书店为中心。“商务群体”包括吴增祺、许国英、蒋维乔、庄适、孙俍工、傅东华、陈望道等，“中华群体”有沈星一、黎锦熙、陆费逵、孙怒潮、穆济波、宋文翰等，“开

明群体”是叶圣陶、夏丏尊、朱自清等，他们的活动和影响从20世纪20年代初期一直持续到20世纪40年代末（黎锦熙，1958：7）。这种情况下，各种教科书大量涌现，下面表1中大致列出了商务印书馆1902至1933年国文/语教科书的发行情况。

**表1　商务印书馆1902—1933年国文/语教科书发行情况**[①]

| 年份 | 1902 | 1904 | 1910 | 1912 | 1916 | 1921 | 1923 | 1924 | 1928 | 1931 | 1933 |
|---|---|---|---|---|---|---|---|---|---|---|---|
| 种类 | 2 | 3 | 2 | 3 | 2 | 8 | 2 | 3 | 2 | 2 | 4 |
| 册数 | 18 | 18 | 16 | 18 | 14 | 42 | 12 | 20 | 12 | 12 | 24 |

如表1所示，少则一两年，多则四五年该书馆就会发行两三种新系列的教科书，可见其更新速度之快。这些国语教材远销海外，为各地华校所采用。郑良树（1998：353）指出：“本区（马来西亚）华文教育作为中国教育构成的一个环节，在无编纂人以及无出版商的情况之下，成为这些课本的市场，自是必然的事。在海外广设分行的商务印书馆及中华书局，更捷足先登，抢滩登岸，为本区华校提供足够的课本。随着各体式、各版本的课本纷纷出版，可以想象得到，它们也先后运销到这块荒远的地域来，以不同的内容不同的体式影响了千千万万的海外学子。”

海外华校使用中国教材，固然是因为本地编写、出版力量不足，但更重要的是当时的海外华人将中国视为祖国，仅把所在国当成暂居地，因此希望后代能接受中国教育，保留中华文化传统。同时，中国政府将海外华人视作子民，将海外华文教育当作

① 数据统计依据的是商务印书馆（1981）。

侨民教育来对待。崔贵强（2005）指出："新加坡的华文教育，构成了中国教育的一环，其行政、学制与课程，都是以中国的为典范，至于其教科书，除了三十年代后期有本地编印与出版的少数教科书外，其他都是中国进口的。其中以商务印书馆与中华书局所印行的教科书，受到最多学校广泛采用。"

南洋有多少来自国内的教科书，具体数量已不得而知，就目力所及，新加坡南洋理工大学王赓武图书馆收藏的 1069 种华语教科书中，民国时期出版的约为 223 种，包括国文、尺牍、历史、地理、数学、自然、公民等科目。① 与国文 / 语相关的教科书及教辅资料共 76 册，主要有以下三类：②

其一，教科书，如商务印书馆"新学制"序列，叶圣陶、胡适编的《新学制初级中学教科书 · 国语》，上海商务印书馆 1932 年出版。

其二，教师用书，如沈百英、沈秉廉编的《初级小学南洋国语教学法》，香港商务印书馆 1935 年出版。

其三，读本、文选，如范祥善编的《小学适用新法会话读本》，上海商务印书馆 1925 年出版；胡云翼编的《写景文选》，上海中华书局 1937 年出版。

这些教材被南洋华校普遍采用，与此同时，1920 年后马来亚的华人方言学校开始全面将中国的官方语言即"国语"作为教学媒介语（Lee Ting Hui，2006）。这意味着早期国语借由华文教

① 王赓武图书馆所藏课本主要为印尼华人学者温戴奎教授的捐赠及新加坡南洋女中、新加坡华侨中学的图书馆旧藏，时间从 20 世纪到 21 世纪初，见参考文献 [8]。

② https://eps.ntu.edu.sg/client/en_US/earlytextbook/?rm=%E4%B8%AD%E6%96%870%7C%7C%7C1%7C%7C%7C2%7C%7C%7Ctrue 该数据依据网上所载王赓武图书馆早期课本特藏目录统计而成。

育直接进入南洋地区，成为华校的教学内容与教学语言，并逐渐扩展到教育领域之外，这一独特的事实使得当时的汉民族共同语（特别是书面语）在南洋落地，并且生根发芽，成就了南洋华语的基本面貌。下文从具体的语言现象出发做进一步的论证。文中所用早期国语语料来自《东方杂志》，早期华语语料取自《马华新文学大系》《马华文学大系》《马华文学作品选》[①]，当代华语语料取自马来西亚的光华网，早期国语教材语料包括以下几种：

《共和国新国文》第七、八册，1912初版，庄俞、沈颐编，上海商务印书馆出版；《女子国文教科书》（简称《女子国文》）第六册，1915年10月版，沈颐、范源濂编，上海中华书局出版；国民学校《新制中华国文教科书》（简称《中华国文》）第十册，1917年8月322版，陆费逵、沈颐等编，上海中华书局出版；高级小学用《新学制国语教科书》（简称《高小新学制国语》）第三、四册，分别为1928年7月135版、1926年7月70版，庄适、吴研因等编，上海商务印书馆出版；初级小学用《新学制国语教授书》第五册，1924年版，沈圻编，上海商务印书馆出版；初级中学用《新学制国语教科书》（简称《初中新学制国语》）第一册，1930年6月第172版，范祥善、吴研因等编，上海商务印书馆出版；初级中学用《新学制国语教科书》第三册，1932年再版，顾颉刚、叶绍钧，上海商务印书馆出版；初级中学用《新学制国语教科书》第四至六册，均为1923年初版，顾颉刚、叶绍钧，上海商务印书馆出版。[②]

① 由北京师范大学博士朱英姿、卢月丽、周连英整理，特此感谢。

② 这些教材曾多次再版，在标注语料时所标为初版时间。因现存教科书不齐全，为保证一定数目的语料，会依据一套书中的一册而另外搜寻全套书。

## 三、新马华语与早期国语一致性的考察

考察新马华语与早期国语的一致性需要从多个角度进行全面的分析，但限于篇幅，我们仅以词汇为例，从词形和词义两个方面比较早期国语、国语教科书语言与早期新马华文学语言所具有的一致性。

### （一）词形上的一致性

词形方面涉及的问题有很多，这里以表达同一意义时所用形式的不同为立足点，以同素倒序词和异形词为例进行考察。

#### 1. 同素倒序词

万献初（2004：43）认为："'五四'前期双音词增长势头过猛，难免词形重复，同一作家同一作品表达同一的意义，往往用不同的词形，形成该语境中同素异构的同义词。"同素倒序词就是一种"同素异构的同义词"，指一组用字相同而字序颠倒、意义相同或相近的双音词。清末民初是汉语书面语从文言到白话的变革时期，大量词语处于凝定的过程中，词序还不稳定，存有大量的同素倒序词。（北京师范学院中文系汉语教研组，1959：92）这一时期的教材和马华文学语言也有同样的表现。

部分同素倒序词在词义、词性和功能上都完全一致，如"士兵/兵士"，早期国语中，二者的使用频率都比较高，现代汉语中则基本只用"士兵"，这里仅列举"兵士"的用例：

①译者非军界中人，特军界中之幕内举动，兵士之生活，与日中之作为，恒深愿知之。（《东方杂志》，1915年12卷第6期）

②还有许多篇，或写一个妓女被普国兵士掳去的情形，或

写法国内地乡村里面的光棍……（《初中新学制国语》第三册，1923 年）

③ 杀人是无上的威荣，慈悲是无能的退萎，兵士的严威，金钱的势力——他真能移山倒海，震地惊天呵！（《星光》，1925-11-09）

上述三组“兵士”都为“士兵”义，当代新马华语中以“士兵”为主，但“兵士”仍有不少用例，如：

④ 做生意如上战场，除了有将，也要有兵，有将军的领导，还要有兵士上阵，才能打一场漂亮的胜仗。（光华网，2017-01-21）

词义、词性和功能都相同的同素倒序词，除了“士兵 / 兵士”外，再如“救援 / 援救”“雌雄 / 雄雌”和“演讲 / 讲演”等。

此外，还有一些词只在多个义项中的某一义项上相同，如“费用 / 用费”：

⑤ 惟家庭为男女共有之家庭，如家庭用费，但由男子供给之，亦未公允。（《东方杂志》，1918 年 15 卷第 2 期）

⑥ 工商营业，不能有赢而无绌也，他如婚嫁医药丧葬等事，意外之用费实多，使平日毫无蓄积，则其道必穷。（《新国文》第八册，1912 年）

⑦ 当然不可能的，于是由谢书记外赁房子一间，弟弟也住在里面，一切用费由谢负责。（《公共园地》，1931-12-17）

“用费”在当代新马华语中还能看到，例如：

⑧ 他说，卫生部的数据纪录，国民因为吸烟而引发的疾病导致医疗用费高达 70 亿令吉一年。（光华网，2019-01-05）

总之，这一时期的国语、教科书以及马华文学中有大量相同的同素倒序词。

2. 异形词

异形词指读音和意义相同但书写形式不同的词，例如，“一支 / 枝枪”中的“支”和“枝”。早期国语中，用来表示杆状东西时多用量词“枝”，例如：

① 理查拿了一枝笔在身边墨水瓶里，蘸了一蘸。（《东方杂志》，1911 年 8 卷第 2 期）

② 那女子答应着拿枝蜡烛在前引道。（《东方杂志》，1915 年 12 卷第 8 期）

国语教材中，“枝”与“笔、蜡烛”搭配的用例如：

③ 旁有墨一锭，笔数枝，盖作画所用也。（《中华国文》第十册，1912 年）

④ 她开了旧木箱，从一堆汗衫和单衣底下取出一枝蜡烛来，她点着这枝烛，供在圣像前。（《初中新学制国语》第五册，1923 年）

还有其他的搭配，例如：

⑤ 先生之言甚合愚意；但今军中正缺箭用，敢烦先生监造十万枝箭，以为应敌之具。(《高小新学制国语》第三册，1924年)

⑥ 他出去检查田地，手里捏着一枝行杖。(《初中新学制国语》第六册，1924年)

马华文学作品中“枝”的使用情况与国语教材完全一致，与“笔、蜡烛”的组合如：

⑦ 所以个人片断生活，瓢忽的感想，无论它怎样散漫、怎样无系统、无结构，只要有一枝笔一张纸把它写下来时，那就谓之文艺。(《椰林》，1929-07-26)

⑧ 两块颧骨高高突起，两只很高的脚，走起路来，前后颠簸，腰围是瘦得比枯柳更细，那无疑的是一枝蜡烛。(《民国日报》，1932.3.1-15)

用于修饰其他名词的，如：

⑨“亲枝？她将要结婚了。”一枝刺伤心灵的利箭出在惠兰的话里。(《星岛》，1932-04-14)

⑩ 天啊，原来是一枝短手枪。(《国民日报》，1932.3.1-15)

普通话中，上述名词基本只与“支”组合。根据《现代汉语词典》(第7版)(后文简称《现代汉语词典》)，“枝”可以用作量词，指“a) 用于带枝子的花朵：一~梅花。b) 同‘支2’② d”。“支2② d) 用于杆状的东西：一~枪丨三~钢笔丨一~蜡烛。”虽然用于杆状的事物时，二者可以通用，但是通过在人民日报数据库中进行检索，从2000年至今，未见“枝”与“枪、牙刷、弓箭”搭配使用的情况，仅见到个别与“步枪”“蜡烛”和“钢笔”组合使用的用例。当今新马华语中，虽然“支”使用得比较多，但“枝”的这种用法一定程度地保留了下来，例如：

⑪ 英国一名恶作剧男子，以半枝电动牙刷扮 AirPods，再交予路人试戴，并问对方有何感觉。（光华网，2016-09-16）

⑫ 在逾 3 万枝的有问题的燃料棒中，倘有 4070 未使用。（光华网，2018-08-23）

⑬ 更在孙安佐住宿家庭中搜出不少军事用品，包括军式防弹背心、可携带子弹的背包、加装瞄准器的强力十字弓及七枝弓箭。（光华网，2018-03-29）

除了“枝”以外，还有一些异形词在三种语料中也都较为多见，例如“发见 / 现”：

⑭ 一八九六年，发见自然发光力，一八九八年，证明电子之离立。（《东方杂志》，1913 年 10 卷第 7 期）

⑮ 他有时想到，怕被人发见，被人见笑，——想到这里，引起一种深切的惭愧心来。（《初中新学制国语》第四册，1923 年）

⑯ 当他们脱下他的便服穿上寿衣时，他们发见他胸的左部有一块伤痕。（《荒岛》，1927-10-18）

再如“作 / 做工”：

⑰ 工资论件不论日，然不许一日多作工。(《东方杂志》，1914 年 11 卷第 5 期)

⑱ 他笑道："我不能告诉你们。"又低头作工去了。(《初中新学制国语》第一册，1923 年)

⑲ 要使人有吃饭，便要作工，做了工便有饭吃。(《新国民杂志》，1925.5.12–13)

除了以上两个方面外，早期国语与华语的一致性还表现在一些词的音节形式上，例如：

⑳ 既知有人适合于地方之状况，而又迫之使不得受将来之选举。(《东方杂志》，1913 年 10 卷第 5 期)

㉑ 俄人久有并吞满洲之志，见日本之取辽东，不便于己，因约法德二国，迫日本以辽东还中国，日本从之。(《新国文》第七册，1912 年)

㉒ 一个天涯孤客，厄于溽暑的荒岛中，受尽酷毒的空气，黑暗的环境，迫得喘息短促。(《海丝》，1929-03-23)

表达"迫使"义时，三者都使用了单音节的"迫"，具有很高的一致性。

**（二）词义上的一致性**

葛本仪（2001：121）将词义分为词汇意义、语法意义和色彩意义，以下分别从这三个方面分析。

1. 词汇意义的考察

当代汉语和华语中的一些词在理性意义上差异比较明显，但从历史的角度看，它们的部分差异并不是一开始就有的，而是在后来的发展中不断形成的。

《现代汉语词典》中“书记”有两个义项：一是党、团等各级组织中的主要负责人；二是旧时称办理文书及抄写工作的人员。义项二加了“旧时”，这是“书记”的本义，早期国语和国语教材中都有许多这样的用例，如：

① 人格之平等，法律上之平等也，并非部长可与书记平等，师长可与士兵平等。(《东方杂志》，1913 年 10 卷第 7 期)

② 市长曰“足下且有死鸟，吾意当发告谕，禁鸟雀毋得死此。”书记即抽笔志之。(《初中新学制国语》第三册，1923 年)

早期马华文学作品中，这种现象也比较常见，例如：

③ 书记“正正正”的写着，知道明年总理还是依旧，财政也没有变，对于自己的地位，决没有动摇的失望，笔尖在议事录上，更迅速地下去了。(《浩泽》，1927-01)

“性质”也是如此，早期国语中，除了“一种事物区别于其他事物的根本属性”这一义项外，它还有“禀性，气质”义。例如：

④ 而妇女耐劳习苦之性质，更超乎泰西妇女之上。(《东方杂志》，1904 年 1 卷第 8 期)

国语教材和早期马华文学作品中这样的用例也有不少，例如：

⑤ 骆驼的身体，高八九尺，头颈和脚都很长，性质温顺，力气强大，能负重物。(《初小新学制国语教授书》第五册，1924 年)

⑥ 他的性质，是不深入不易动情的性质。若是一个人突然死在他面前，他不过看了看，视为当然如此，冷冷的一眼而已。(《文艺三日刊》，1929 年第 28 期)

以下再以“发生”为例进行说明。《汉语大词典》中该词有七个义项，除了常用的“出现”义外，还有“产生”义，如“发生了兴趣”；《现代汉语词典》的释义为“原来没有的事出现了；产生：~变化｜~事故｜~关系”。由此可见，在后者中“发生”虽然也有“产生”义，但由所举用例可知，这一义项相对而言并不常用。早期国语、国语教材和早期马华文学作品中，表示“产生”的“发生”用得都比较多，例如：

⑦ 考此等学说之发生于法国，实在无政府主义与新地凯利主义相合时而起。(《东方杂志》1911 年 8 卷第 12 期)

⑧ 我现在都笑着，然而在那时竟发生了一种感觉，我们全是一个母亲生出来的小孩子。(《初中新学制国语》第一册，1923 年)

⑨ 他下意识地把手往袋里摸，拿起钱袋来，这悲惨的事实，动起了他热烈的怜悯，对于这还在幽咽的孩子，深深发生了一种援助的意念。(《椰林》，1930.4.8–11)

2. 语法意义的考察

语法意义是词在语言结构中所表现出来的组合能力，主要体现为能与什么类型的词语组合，可以在句子中充当什么成分等。现代汉语中，“恐怖”是形容词，主要充当定语或者受程度副词修饰后做谓语，而早期国语、国语教材和早期马华文学作品中，它还可以用作心理动词，表“害怕、畏惧”义。例如：

⑩ 华人因恐怖武力，不得已而与之交亲者，日本及俄国也。（《东方杂志》，1915 年 12 卷第 5 期）

⑪ 一会儿，只听得荒野中远远的好像有哭声反响。百夫长这时忽然恐怖起来了。为什么恐怖？他自己也莫名其妙。（《高小新学制国语》第四册，1924 年）

⑫ 他恐怖得只是发抖，先前的热火给谁放了一大块冰，冷却了。（《文艺三日刊》，1929 年廿八期）

再如“待遇”，《现代汉语词典》中它有四个义项，义项一为“对待（人）”，现代汉语中，这种粘宾动词的用法非常罕见，而早期国语中，这样的用例有不少，如：

⑬ 欧美各国，其待遇小学教员，可谓委曲周至，以言俸给，则较他职业为优。（《东方杂志》，1912 年 9 卷第 4 期）

国语教材和马华文学作品中也有同样的表现，例如：

⑭ 即不幸两国开战，互相攻伐，然侨寓之商民，宜保护之，被伤之俘虏，宜疗治之，夫两国开战之时，而国人之互相待遇，犹宜如此，则平日可知矣。（《新国文》第八册，1912 年）

⑯ 纵然男界不用平等来待遇女界，我也相信女界必定用力奋

斗，获得平等的地位呢！（《新国民杂志》，1921.11.3–12）

“思想”和“待遇”的情况基本一致，《现代汉语词典》中“思想”的义项之一为“思量”，其这一动词义在现代汉语中并不多见，而在早期国语、国语教材和早期马华文学作品中用得却比较多。例如：

⑰ 现在他们却思想起来了；他们想自己的生活由自己主张，不依靠那老人们的各种懒惰的习惯和恶劣的习俗的一切教训。（《东方杂志》，1922 年 19 卷第 17 期）

⑱ 思想起来，不若奴先死，图得不知他亲死时！（《初中新学制国语》第六册，1923 年）

⑲ 当他看到这封信时，突然放下了钢笔，这样地思想：唉，它的寿命该只有九十岁吧！……（《荔枝》，1929–11–20）

3. 色彩意义的考察

色彩意义依附于词的理性意义，是词义的重要组成部分。刁晏斌（2018：80）指出，早期国语最为明显和突出的特点有两个方面，其中一个方面就是古雅色彩突出，这在词汇上表现得尤为明显。具体而言，这一时期的各种文本中，白话词语夹杂文言词语的情况很常见。以下一组例句中，文言色彩很强的“趋”就与白话色彩浓厚的词语组合使用：

① 金价高而银价低，则人尽趋银，银价必因以增涨。（《东方杂志》，1912 年 9 卷第 5 期）

② 议员恒顺市长意，应声曰：“貌何委琐耶！”皆趋前观之。

(《初中新学制国语》第三册，1923 年)

③ 假若有一对由“父母之命，媒妁之言”，买卖婚姻结合的男女，他们也趋时髦，行着新式结婚礼，你承认他们是有经过恋爱生活的自由婚姻吗？(《新国民杂志》，1925-01-12)

类似的情况还有很多，再如下面例句中的颇具古雅色彩的“颈”：

④ 两个人都怀着一腔心事，不愿坐车子，便一同步行回甘兰庄来，扣上颈边纽扣，点着支雪茄，向东转到泰晤士河堤边。(《东方杂志》，1911 年 8 卷第 2 期)

⑤ 却还有几只老鸦依旧缩着颈，弯着头，将喙放在翅里，安安稳稳地睡着。(《初中新学制国语》第一册，1923 年)

⑥ 她知道时机已至，便取出一把尖刀，用力在他颈下一刺。(《椰林》，1929-08-09)

除了古雅色彩上的一致性，早期国语中还有大量具有时代色彩的词，这些词有的产生时间比较早，如“官厅”(表示处理国家或地方行政事务的机关)；有的是产生于清末民初的新词，例如，随着新式教育的兴起，早期国语中产生了指称新式学校学习场地的新词“课室”。它们在国语教材和早期马华文学作品中也都十分常见，前者如：

⑦ 而任地方官厅之要职者，且达十三人，如屯浮之郡委员。(《东方杂志》，1911 年 8 卷第 10 期)

⑧ 我那时候是二十四岁，官厅把我算在壮丁里头，兵部牒文

里也有我的名字，你想我怎么样？（《初中新学制国语》第一册，1923年）

⑨愈有钱的人是吃人更加厉害，污辱了一个女人也像是没有那么一回事的！法律，“公班署”——官厅——都是他们的呀！（《椰林》，1930.3.21–25）

例⑨中，“官厅”是对“公班署”的解释和说明，由此也能说明早期新马华语中这一形式比较常用。

后者如：

⑩学生亦倍增于前，遂于闸北天保里对面校舍左近，添建课室。（《东方杂志》，1915年12卷第11期）

⑪阿菊坐在课室里了。全室二十几个孩子，都不过五六岁左右。（《初中新学制国语》第三册，1923年）

⑫那医院看护妇的人数很多，每个看护妇服侍病人的时间因之也很少，每天不过四小时，余的皆在课室或实验室里消磨去。（《海丝》，1927年第27–35期）

以上用例之外，早期国语、国语教材和早期马华文学作品中使用的具有时代色彩的词还有很多，再如“仆人”：

⑬他起先把他的两个女儿和仆人训斥了一顿，说他们太迟钝，随后他帮着他们做。（《东方杂志》，1920年17卷第23期）

⑭这时祖父一定是站在门口，眼睛朝上看着礼拜堂的红窗，踩着高靴，与仆人们开玩笑。（《初中新学制国语》第三册，1923年）

⑮ 他们也是一个人，我也是一个人，为什么他们就穿绸戴珠，整天不作正事，打牌、看戏、和呼喝打骂仆人。(《流产》，1929-12-28)

此外，还有“农夫、车夫、渔夫、银子、衙署、巡警、邮差、运动家、练习生”等具有时代色彩的词，不再举例。

通过简要梳理南洋华语教学及教科书的源流情况，我们得出了与前引刁晏斌（2015/2018：161-174）相同的认识，即它们直接促使了新马华语的形成。此外，在对早期国语、国语教材以及早期马华文学作品中一些词语的词形和词义进行考察的基础上，我们发现，三者具有高度的一致性，这也从语言事实层面证明早期国语对南洋华语的形成所产生的直接影响。

就华语的研究而言，以前大多数人主要着眼于共时平面进行分析和描写，与之有所不同，我们在“全球华语史”的框架下，将共时和历时相结合，通过词汇方面的对比，证明早期国语在南洋华语形成过程中起到了极为重要的作用。

## 参考文献

[1] 北京师范学院中文系汉语教研组．五四以来汉语书面语言的变迁和发展．北京：商务印书馆，1959.

[2] 崔贵强．从“中国化”走向“马来亚化”——新加坡华文教科书的嬗变（1946—1965）// 叶钟玲、黄佟葆编．新马印华校教科书发展回顾．新加坡：华裔馆，2005.

[3] 刁晏斌．“港式中文”与早期现代汉语．太原：山西大学学报，2012（1）.

[4] 刁晏斌．论全球华语的基础与内涵．全球华语，2015（创刊号）.

[5] 刁晏斌．全球华语理论建构及实证研究．北京：华语教学出版社，2018.
[6] 葛本仪．现代汉语词汇学．济南：山东人民出版社，2001.
[7] 黎锦熙．新著国语文法．北京：商务印书馆，1958.
[8] 阮阳，罗必明．南洋理工大学王赓武图书馆早期课本特藏的建立、保存和推广应用 // 第二届中美高校图书馆合作发展论坛．http://www.chinalibs.net/Upload/Pusfile/2013/8/23/1807659806.pdf（2013−7−16）.
[9] 商务印书馆．商务印书馆图书目录：1897—1949. 北京：商务印书馆，附录页，1981.
[10] 石鸥，吴小鸥．简明中国教科书史．北京：知识产权出版社，2015.
[11] 万献初．汉语构词论．武汉：湖北人民出版社，2004.
[12] 徐威雄．新马华语的历史考察：从十九世纪末到 1919 年．马来西亚华人研究学刊，2012（15）.
[13] 郑良树．马来西亚华文教育发展史（第一分册）．吉隆坡：马来西亚华校教师会总会，1998.
[14] 周清海．华语研究与华语教学．暨南大学华文学院学报，2008（3）.
[15] Lee Ting Hui. *Chinese Schoots in British Malaya: Policies and Politics*, Singapore: South Seas Society, 2006.

# 阿拉伯联合酋长国公立中学初级中文教学课堂管理研究

关振宇　马鹏程 *

## 一、引言

课堂管理是进行课堂教学的基础，也是保证课堂教学质量的重要前提。课堂管理的好坏，不仅直接影响课堂教学能否顺利开展，也影响学生当前及以后多方面的发展和成长。所谓课堂管理，是指建立有效课堂环境、保持课堂互动、促进课堂生长的历程（陈时见，2003）。由于课堂管理的重要性不言而喻，所以国内外学者对课堂管理都有所研究。例如：古德（C. V. Good, 1973）认为，在课堂教学中，为完成教学任务或者处理课堂活动而采取的措施和行为都称为课堂管理。埃莫（E. T. Emme, 1987）把课堂管理的内容进一步扩充，认为课堂管理不仅包括对课堂物理环境的管理，课堂纪律的维护，还包括学生问题行为的解决，学生情

* 关振宇，西北师范大学国际文化交流学院讲师，主要研究国际中文教育、二语习得；马鹏程，西北师范大学国际文化交流学院讲师，主要研究国际中文教育。

感的培养和知识的传授。莱蒙齐（J. K. Lemlech, 1988）认为，课堂管理还应该包括在课堂教学中的挖掘学生潜力、促进学生成长、使课堂能够呈现最佳效果的活动。

国内学者对课堂管理的研究起步较晚，但也结合国内教学的实际情况，给出了课堂管理的具体定义。例如，华东师范大学施良方（1999）认为，课堂管理是指教师在班级课堂上维护课堂教学秩序、恰当地协调各种因素间关系（如师与生之间、生与生之间及教师、学生与教学环境之间的各种关系），使课堂教学活动能够顺利开展的各种课堂行为。陈俊光（2018）总结了前人的工作，对课堂管理做出了较为全面的定义，他认为：课堂管理既是为顺利完成教学任务而采取的一种方式，又是调节课堂教学中各种关系的一套方法，同时也是正确解决课堂矛盾和冲突的一种策略，更是促进学生全面发展的一种措施。随着海外孔子学院的设立，在国际中文课堂管理方面，也有很多研究成果，例如，北京语言大学的闻亭等人（2013）提出：课堂管理指教师通过对自身、学生、环境、规则等诸多影响教学的因素的管理，保证教学有序、顺利、高效地运行，实现促进学生语言能力及其综合能力发展的教学目标。渤海大学国际交流学院赵彤彤（2017）认为，良好的课堂效果需要良好的课堂秩序，教师是课堂管理的主体，需要从多方面思考，切实考虑语言文化差异，营造良好的课堂氛围，使教学活动顺利进行。项颖（2018）立足于中文教学中的课堂管理问题，以菲律宾的中学生为研究对象，通过问卷调查及教学访谈等基本手段，开展形式多样的教学实践，分析菲律宾中学生在中文课堂中的课堂管理问题，并探寻出现这些问题的原因及对策。湖北工业大学崔晓霞（2020）以案例分析法、问卷调查法为主，记录典型案例并加以分析，找到英国中文教师常见的课堂管理的问题类型。通过研究发现，英国小学中文课堂管理中，主要的问题可以归为四类：话语管理问题、环境管理问题、情感管理问题和纪律管理问题。四类问题的成因可以概括为：教师因素、学生因素、学校因素三个方面。经过文献阅读和资料收集，提出针对英国小学中文课堂的管理策略。随后，关于我国汉语教师在美国（孙培培，2019）、印度尼西亚（岳琪，2019）、韩国（王稼楠，2020）、乌克兰（2020）、缅甸（王玮，2020）、澳大利亚（刘姗，2020）和泰国（高洪月，2021）等国家进行中文教学时的课堂管理的研究成果不断出现。阿拉伯联合酋长国（以下简称阿联酋）一直以来都是共建“一带一路”的拥护者和支持者，也是中文教学拓展最快的地方，但阿联酋中文教学中课堂管理的研究至今尚未出现。

中国文明和阿拉伯文明是世界上举足轻重的两大文明，中阿友谊源远流长。改革开放以来，中国的综合国力与国际地位不断提高，中文受到了阿拉伯人民的热烈欢迎。为弘扬中国博大精深的文化并巩固中阿之间的友谊，阿拉伯国家纷纷建立了孔子学院，并开设了中文系来教授年轻人学习中文。

阿联酋是第一个将中文纳入国民教育体系的阿拉伯国家。阿联酋教育部部长侯赛因·哈马迪（2018）曾提出：亚洲语言的使用，首先是中文的使用，这将提升阿联酋的国民教育水平，有利于《阿联酋愿景 2021》（UAE Vision 2021）的实现。阿联酋政府首先在中小学开展了中文教育，并将汉语教育视为在未来的发展中使其国民直接受益的措施；语言的相互学习必将推动中阿两国文化的相互交融，从而促进两国经济的共同发展，共同繁荣。

随着中阿两国的友好关系和近年来中阿贸易合作的加深，阿联酋政府于 2018 年宣布开启中文“百校项目”，将中文课程纳入阿联酋国民教育体系，从幼儿园到高中均开设中文课。截至 2022 年，阿联酋国内已经有 142 所公立学校相继开设中文课，在岗汉语教师达到了 300 人，在阿联酋公立学校学习中文的学生人数为 45,317 人。随着阿联酋学习中文的人数增多，很多中文教师面临的首要问题，不再是怎样去教，而是在教学过程中的管理。笔者 2019 年 1 月至 2021 年 2 月在阿联酋的阿莱茵 Al Hemma School 公立中学任教。在两年的教学中，笔者充分认识到课堂管理的重要性，并尝试运用有效的课堂管理模式，不断规范强化课堂管理，同时对所在学校中文教学课堂管理之师生关系进行专门研究，提出了相应的解决办法，为中文教学在阿联酋的长期良好发展提供一些参考。

## 二、阿联酋公立中学开展中文的教学现状

阿联酋是由阿布扎比、迪拜、富查伊拉等 7 个酋长国组成的联邦国家，全国共有学校 1262 所，其中公立学校 619 所，私立学校 643 所。HBZ（哈姆丹 · 本 · 扎耶德学校）是阿联酋第一所开设中文课程的公立学校，2021 年末，全国共有 118 所学校开设中文教学。短短 5 年，开设中文课程的学校数量成倍增长，而且主要集中在公立学校。阿联酋国内开设中文的学校在继续增长，有望在 2023 年末达到 200 所。2022 年，在开设中文教学的 118 所学校里，初中是开设中文教学的主要阶段。

阿联酋教育部将每学年的学习时间分为三学期，每年第一学期从 9 月份开始，圣诞节前结束，共计 16 周的教学时间；第二学期从第二年的 1 月份开始，3 月底结束，共计 11 周；春假一周后，第三学期从 4 月初开始，7 月初结束，共计 12 周。

笔者所任教的 Al Hemma School 是一所公立的女子初级中学，全校所有老师和学生都是女生。全校共由 3 个年级组成，每一年级有 6—7 个班级，每个班级约 30 人，学生处于 13—15 岁之间。每个班每周有 2—3 节中文课程。中文课的授课与其他课程一样，即学生在固定教室进行每门课的学习，教室都是活动桌椅，可以依据课程需要随时进行分组。每间教室还配备投影仪和大屏幕供任课教师使用。

学生每周周日至周四上课，周五和周六休息（从 2022 年 1 月 1 日开始，为了更好地与国际接轨，工作日改为每周一至周五，周六周日休息）。每天共 8 节课，早晨 8 点 15 开始第一节课，14 点 35 最后一节课结束，学生放学。具体作息时间表如表 1 所示。

**表 1　Al Hemma School 作息时间表**

| 节数 | 上课时间 |
| --- | --- |
| 第一节课 | 8:15—9:00 |
| 第二节课 | 9:00—9:45 |
| 第三节课 | 9:45—10:30 |
| 课间休息 | 10:30—10:50 |
| 第四节课 | 10:50—11:35 |
| 第五节课 | 11:35—12:20 |
| 第六节课 | 12:20—13:05 |
| 第七节课 | 13:05—13:50 |
| 第八节课 | 13:50—14:35 |

## 三、课堂管理问题产生的原因

笔者通过对 28 位在阿联酋初中部的中文老师讲授中文时用于课堂管理的时间做问卷调查，调查结果如图 1 所示。从图中可以看出，每节课花费在管理课堂的时间在 5—10 分钟的老师比重为 35.20%，用时在 10—15 分钟的老师比重约为 48.30%，用时在 15—20 分钟的老师比重约为 9.23%，需要用时 20 分钟以上的老师的比重有 7.27%。一节课 45 分钟，老师花费近半节课都在管理和维持课堂纪律，顺畅的课堂教学很难进行。阿联酋中学的中文老师大都为课堂管理问题困扰，课堂管理问题成为阿联酋公立中学中文课堂的重要问题，是影响中文课顺利进行的重要因素。

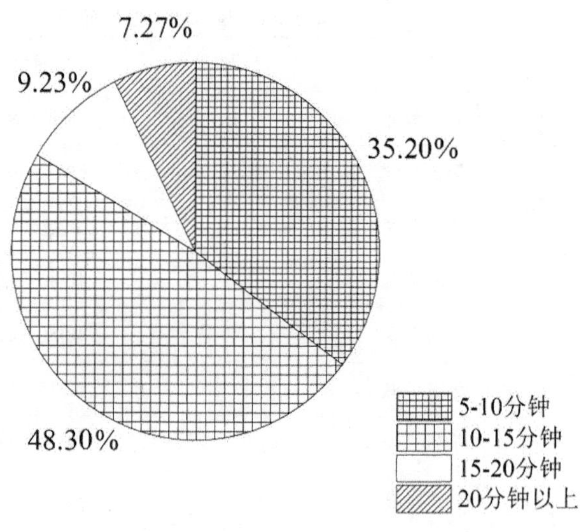


图 1　汉语课堂中管理时长调查结果示意图

笔者结合对老师们的问卷调查、访谈，以及对学生课堂观察和案例的分析，从教师、学生和学校等方面对阿联酋初中课堂管理问题的原因进行综合分析，主要有以下几方面。

### （一）教师方面

首先，在阿联酋中文教师绝大多数是由阿联酋教育部和中国教育部中外语言交流合作中心联合从国内直接招聘的，所有的老师都具有国际中文教育、教育学、语言学等相关专业背景，大多数已经在其他国家担任过国际中文教师，有良好的英文沟通能力。虽然这些老师有丰富的海外教学经历，但是这些教师大部分是第一次来阿联酋任教，对阿拉伯文化、伊斯兰教义及阿拉伯语不够了解，在遇到两国文化差异和冲突时，通常会束手无策。久而久之，中文教师不能使学生信服，学生在课堂上不配合老师。

其次，为了建设良好的沟通渠道，师生必须能用同一种语言交流。阿联酋的母语为阿拉伯语，而大部分中文教师仅会英语，那么在日常的教学中，师生的交流仅仅依靠简单的英语单词、肢体语言或卡通图片，虽然互相知晓对方的意思，但是离熟练交流和教学设计还相差很远，这会让任课教师教得很累，而学生也觉得学习很枯燥和晦涩，很容易放弃学习。

最后，任课教师缺乏科学的方法进行课堂管理，过分依赖国内经验来“管”理学生，即按照自己在国内上学时老师对课堂管理的经验，常常“不允许”学生干什么，“禁止”学生做什么，最后却适得其反，不仅没有处理好课堂管理，还引发学生抵触中文的情绪。

### （二）学生方面

首先，初中阶段的学生正处于生理、心理发展的一个特殊时期，也就是我们常说的青少年的“叛逆期”。虽然笔者所在学校是女子学校，但女孩子同样不易管理。

其次，阿联酋宗教色彩较为浓厚，教学模式偏西化。笔者所在学校不允许学生携带手机、游戏机等电子设备，不得无故旷课，迟到或早退都要履行严格的请假手续，在课堂上学生基本不会出现玩手机和无故旷课的行为。但是，一方面中、阿文化的差异，使得学生对中文教师的课堂管理方式、师生等级制度及权利关系均不习惯，师生冲突尤其表现在文化冲突方面。例如：在中国的初级中学教学中，学生一般都要服从任课教师指令，尤其是不允许顶撞老师，这就是所谓的师道尊严、弭耳受教、唯命是从。而西方文化背景下，学生上课的时候可以随时表达自己的想法。当中文教师要求学生服从自己的时候，必然会导致学生的不满和反感。

另一方面由于中文课是必修课，每位学生都必须学习，可是中文课成绩却不计入学生的总学分，因此学生对中文课缺乏兴趣，认为中文很难，不想学习，并且意志不坚定，在课堂上容易受其他同学影响而肆无忌惮地聊天、吃东西。

笔者通过问卷对学生学习中文的动机做了调查，分析后结果如图 2 所示。由图可以看出，62% 的学生学习中文是因为本国的“百校项目”所要求的；23% 的学生表示喜欢中文，对中国感兴趣；12% 的学生有去中国留学的梦想；3% 的学生学中文的动机是因为中文较难，以此来挑战自己。

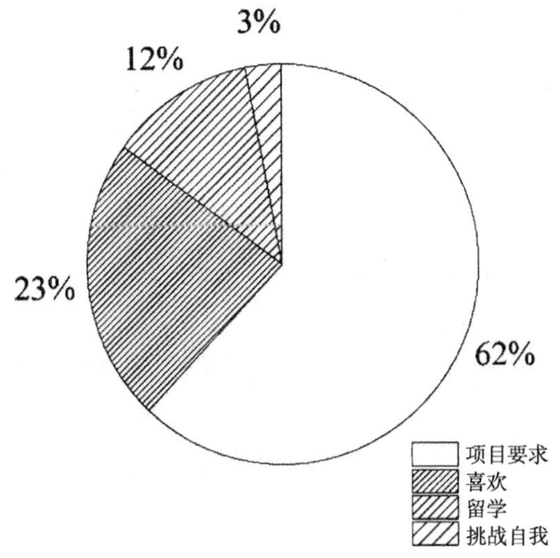


**图 2 “学习中文的动机”问卷结果汇总图**

问卷调查的结果显示，大部分孩子学习中文，都是因为学校的要求；约有 1/3 的学生通过任课教师、父母对中国有所了解，对中国很感兴趣，长大以后想去中国留学，这部分孩子是从内心出发，想学好汉语；还有约 3% 的学生，只是单纯为了好玩，想挑战自己学习汉语的毅力。

最后，我们对 28 位中文教师任教的中学生的课堂行为做了调研，最后结果如表 2 所示。从表中我们可以看出：学生的问题行为中，最常见的行为是聊天、随意离位和打闹，有一半以上的中文教师课堂上存在这些问题行为，聊天人数甚至是达到了 85.7%。其次是制造噪音（例如敲打桌椅等）、吃东西的比重都超过 30%。这些学生行为是中文教学过程中影响课堂管理的主要问题行为。

表 2　学生在汉语课堂上常见的问题行为

| 选项 | 人数（人） | 比例（%） |
| --- | --- | --- |
| 聊天 | 24 | 85.7 |
| 随意离位 | 20 | 71.4 |
| 打闹 | 17 | 60.7 |
| 制造噪音 | 12 | 42.8 |
| 其他（吃东西，睡觉） | 20 | 32.1 |

### （三）学校方面

首先，虽然老师和学生是课堂管理中两个不可或缺的主体，但是学校设置的作息时间对学生在课堂中的表现也有很大影响。笔者所在的 Al Hemma School 每天早上全体师生在操场举行升旗仪式后，8∶15 开始上第一节课。从表 1 的作息时间中可以看出，每节课时长为 45 分钟，这与我国初中生课堂时长相同，但每节课之间无缝衔接，没有课间休息时间，前一节课下课铃响后，老师立刻进教室紧接着开始下一节课。这样的作息时间安排完全没有给学生休息时间，通常第二节的任课老师进入教室，学生桌子上还放着前一节课的书，这种"无缝衔接"的安排，导致学生没有时间换书。上课时，很多学生要求去卫生间或喝水，老师理解学生正常的生理需求，一般会答应学生请求，但一些学生会借机在洗手间不返回，致使老师没办法按时开始课堂教学。有时候，任课教师不得不求助于各年级的社工（social worker）去洗手间找学生。后来，学校为了防止太多学生在上课时间去洗手间，则出具了相关要求，即任课教师手中有不同颜色的三张卡片，一张供学生去洗手间使用，一张是学生喝水使用，另外一张则是学生可以去校医室看医生。老师在上课的同时，还要记住学生的举手次序，根据他们不同需求发放不同颜色卡片，每次只允许一个人出去。只有等前一个学生回教室，第二个学生才能出去，但是这样一来，整堂课会有学生不停地进进出出，甚至有些学生还会争抢下一个去卫生间的名额，所以，作息时间不合理是造成课堂管理困难的直接原因。

再者，学校对中文的态度决定学生对中文的态度。虽然，阿联酋开展中文教学的学校越来越多，但是阿联酋教育部并没有颁布具体的考核要求，这就使得各个学校对待中文的态度各不相同。

## 四、对阿联酋公立中学汉语课堂管理的建议

### （一）对中文教师的建议

教师是整个课堂教学和课堂管理的主体，其个人能力及专业水平直接影响着汉语教学是否顺利开展。

1. 增加中文教师之间的交流和培训

中文教师应利用一切资源来提高自己各个方面的知识和能力。例如：可以举办同一个酋长国的所有中文教师的每周交流和培训，交流中老师们可以总结上一周教学遇到的问题，交流教学经验，分享教学方法及技巧，取长补短；教师职业培训可以敦促中文教师时刻谨记教师职责，经常反省自我，认识自己在教学过

程中的不足之处，培养中文教师汉语知识储备及技能、汉语教学方法；也可以利用慕课平台，自主进行线上学习，阅读与专业相关的书籍，浏览关于教学方法及课堂管理的专业期刊、论文等，不断提高自身教学能力以及与学生沟通的能力，自觉维护师生和谐关系。

2. 树立跨文化教学意识

在国外的中文课堂中，跨文化教学不可避免。文化不同，必然导致教育理念存在差异，甚至有时会发生激烈碰撞。作为一名国际中文教师，首先，需要深入地了解阿联酋及伊斯兰教的教育体系、教育理念；其次需要改变自己固有的教育理念，从外表穿着到行为举止都要符合当地文化，把自己真正融入阿联酋的教育理念中；最后，通过向当地教师虚心请教和学习，以及与同行的交流找到适合当地学生的教学方法。教学方法合适了，文化相互融合了，中文教学的开展自然会顺利很多，课堂管理的问题自然而然会随之减少，甚至消失。例如：Al Hemma School 每个年级都有至少两个专门的社工，向她们寻求课堂管理的经验，中文教师有必要时也可以在上课时请她们来听课。同时，在征得有丰富课堂管理经验的老师同意后，观摩他们的课堂教学艺术，学习课堂管理技巧。

3. 增加教学及管理经验

在阿联酋的中文老师，要大胆求助，不仅要虚心向学校里教学优秀的老师学习，也要常常与当地其他教师学习，并且善于总结好的教学经验，使自己的教学水平和课堂管理水平逐步提高。

4. 科学合理地安排课堂教学

中文教师要多动脑，科学合理地安排每一节课的内容，尽力提高汉语课堂对学生的吸引力，这种吸引并不是督促与控制，而是通过教师提高自己的专业素养和教学能力、技巧，使对外汉语课堂内容丰富、有趣，活动多样，学生参与性强。这样国际中文课堂才能吸引学生，学生才能发自内心地喜欢中文，而不是疲于应付。当学生的内因起作用的时候，学习效率将大大提高，课堂教学效果才会有所提升。同时，教师也应学会树立权威，在平等的基础上，尽量做到公平公正，减少与学生的正面冲突，尊重学生的选择，对有进步的学生要及时表扬，将课堂管理赋予亲和力和感染力。

5. 开展中国文化交流活动

阿联酋学生对中文学习的积极性不高，一方面是由于中文确实比较难，另外一方面是他们没有足够的兴趣。学生通过日本动漫对日语感兴趣，通过韩星、韩剧对韩语感兴趣，这些都是学习语言的兴趣所在。而阿联酋的初中生很少去主动了解中国，只有少部分人因个人喜好通过互联网了解中国美食、音乐、电影等才喜欢中国，从而想学习中文。所以，为了使更多的孩子在学习中文的过程中，能始于兴趣、久于热爱、终于坚持，中文教师应该多开展具有中国元素的文化交流活动，例如编中国结、写春联、制作手工灯笼等，让学生在文化交流活动中了解彼此文化的差异，并通过了解中国文化和知识逐渐地喜欢上中国的语言和文字。当学生有了学习的兴趣，老师再适当地将其内部动力与外部学习相结合，则学生的学习效果就会大大提升。此外，在不断的授课和学习中，让学生们明白：语言是文化的载体，文化是语言的内涵，二者相互联系，密不可分。因此，只有了解了一门语言背后深厚的文化底蕴，才能更好地学习这门语言。

6. 重视师生关系

良好的师生关系，可以有效提升教学效果。Rita Pierson 老师在名为 Every Kid Needs a Champion（《每个孩子都需要一个冠军》）的 TED 演讲（Technology, Entertainment, Design）中谈到：Kids learn from people they like.（孩子们只会跟他们喜欢的人学习）Rita 老师还强调，在知识传授的表面下，教育的本质是人与人之间的心灵互动，所以，老师一定要注重和学生良好关系的培养，要有一份爱心去关心和呵护每一位学生。

**（二）对学校的建议**

1. 合理安排作息时间

从前文可知，阿联酋公立中学的作息时间安排存在不合理的方面。不论从学生的身心、视力健康方面考虑，还是从教学效果、学习效率考虑，学校都应该给予学生一定的放松与休息的时间。例如像国内一样，每节课后有 5—10 分钟的休息时间，学生可以利用这个时间上厕所、喝水、换书，甚至是走出教室呼吸新鲜空气，与好友说笑打闹，从而减轻上节课的疲劳感，调整到最佳状态迎接下一节课的学习。

2. 实行分班教学

笔者所在学校的中文课，都是按照行政班级上课，同一个班级内，学生中文水平参差不齐，这使得老师在开展教学活动时没有充分的时间来因材施教。因此，笔者建议舍弃现有的学生班级的分班标准，按学生现有中文水平进行分班，通过科学的分班测试，根据学生现有中文水平，为学生选择最恰当的班级，进行有针对性的教学，真正实施因材施教。

3. 申请学分，端正态度

虽然目前阿联酋 200 所中文学校项目如火如荼地开展，但是阿联酋教育部及各个学校对中文进入课堂的态度不尽相同。

很多学校只是把中文教学当作选修课，不算学分，致使学生也不重视。所以，建议阿联酋教育部能够颁布相关规定，让中文教学能真正进入学校，并申请相关学分，才能使学生更加重视中文的学习。

4. 延长聘期，待遇留人

中文教师是阿联酋中学汉语教学迅速发展的基本保障，很多有经验的中文教师去阿联酋赴任最主要的原因是工资待遇较好，然而真正到岗后发现，阿联酋生活成本高，每个月的收入扣除房费、生活费后所剩无几，大部分老师在任教一年或两年后就会离职回国，中文教师的流动性很大。这份非正式的工作，一方面会让任课教师持应付态度来讲课，不够用心；另一方面，对于学校而言，中文教师只是“临时工”，中文教师提出的教学、管理建议可不予理睬；对于学生来说，中文教师更换频繁，使得师生之间相处时间不长，感情也不深厚。

因此，建议教育部中外语言交流合作中心及阿联酋教育部，可以适当提高汉语教师的任期时间及工资待遇，在他们解决了自己生活问题后，中文教师本着仁爱之心，将更多精力投入教学工作，学生也能更长时间与汉语老师相处，彼此熟悉，更利于中文教学的开展；以奉献于教育的热情，为中文教育事业的发展尽绵薄之力。

## 五、结论

从阿联酋开始开设中文课程到目前200所学校项目的开展，越来越多的中文教师走进阿联酋，课堂管理是阿联酋中文教学中的重要组成部分之一，如何有效地解决中文课堂教学管理问题，是中文教师能否顺利开展汉语教学的基本前提。本文结合笔者在阿联酋 Al Hemma School 的教学经验，从中文教师方面、学生方面及学校方面，探讨了阿联酋公立中学中文教学中课堂管理方面出现的问题，并从教师方面和学校方面给出了相应的解决办法，供赴任阿联酋及中东其他学校中文教师进行参考，为有需要的汉语教师提供有用的对策建议。

## 参考文献

[1] 陈俊光 . 教学效果取向的中学课堂管理策略研究 . 杭州：浙江工商大学出版社，2018.

[2] 陈时见 . 课堂管理：意义与变革 . 教育科学研究，2003（6）.

[3] 崔晓霞 . 英国小学汉语课堂管理问题与对策研究 . 武汉：湖北工业大学硕士学位论文，2020.

[4] 高宏月 . 赴泰汉语教师志愿者职校课堂管理问题行为研究 . 沈阳：辽宁大学硕士学位论文，2021.

[5] 胡森，李进等，译 . 国际教育百科全书（第六卷）. 22—23 页 . 贵州：贵州教育出版社，1990.

[6] 李珺 . 乌克兰哈尔科夫国立大学孔子学院汉语课堂问题行为调查及对策研究 . 合肥：安徽大学硕士学位论文，2020.

[7] 刘姗 . 澳大利亚初级对外汉语综合课课堂教学技巧研究 . 苏州：苏州大学硕士学位论文，2020.

[8] 施良方 . 教学理论 . 上海：华东师范大学出版社，1999.

[9] 孙培培 . 美国高中对外汉语教学和课堂管理实践对国内高中英语课堂教学的启示 . 安徽教育科研，2019（23）.

[10] 王稼楠 . 韩国高中汉语课堂管理研究 . 西安：西北大学硕士学位论文，2020.

[11] 王玮 . 缅甸云华师范学院师范部汉语课堂管理案例研究 . 长春：吉林外国语大学硕士学位论文，2020.

[12] 闻亭，常爱军，袁绍锋．国际汉语课堂管理．北京：高等教育出版社，2013.

[13] 项颖．菲律宾中学汉语课堂管理问题研究．福州：福建师范大学硕士学位论文，2018.

[14] 岳琪．印尼小学高级阶段汉语课堂管理的问题与启示．广州：广东外语外贸大学硕士学位论文，2019.

[15] 赵彤彤．对外汉语教学课堂管理．山西青年，2017（1）.

[16] 朱志平，兰晓明，陈晨．民族文化传统范式下的外语教学理念与汉语教学——阿联酋汉语教学的本土化进程．国际汉语教学研究，2021（2）.

[17] 阿联酋汉语热：超 45000 名学生在公立学校学习汉语，教汉语的公立学校增至 142 所，《海湾时报》2022 年 4 月 25 日，https://www.sohu.com/a/541015739_121124402.

[18] Good, Carter V. *Dictionary of Education.* 3rd edn. New York: Mc Graw-Hill Book Company, 1973.

# 海外本土中文教师角色隐喻分析*

李　欣　李淑明**

## 一、绪论

作为推进国际中文教育事业发展的主体力量，海外本土中文教师近年来越来越受到研究者关注，调查本土中文教师的自我角色认知有助于进一步完善国际中文教育研究体系。中文教师在开展教学实践时会受到自身实践理论的支配，这些支配教师行为的个人理论会反映教师对教学的个体性知识及自身职业的看法，但这些理论都是缄默的。而隐喻具有重要的认知功能，能够生动地表达人们难以表述的概念，是使教师缄默性知识外显化的重要途径（高维，2016）。以隐喻为立足点，探索海外中文教师对自身角色的隐喻表达，有助于了解海外本土中文教师群体的角色定位和缄默性教学理念，对于改善日后的海外中文教师的师资培养及

* 基金项目：教育部中外语言交流合作中心 2021 年国际中文教育研究课题“‘一带一路’沿线国家中文教师职业生存状态研究”（项目号：21YH01C）。

* 李欣，女，华侨大学华文教育研究院华文教育理论研究中心副教授，教育学博士后，主要研究华文教育政策、华文教师专业发展、国际比较教育；李淑明，女，华侨大学华文学院汉语国际教育硕士研究生。

培训工作、优化中文师资教育课程体系具有实践价值。

### （一）研究对象

海外中文教师按来源大致可以分为外派教师和本土教师两类。外派教师指由中方派出的汉语教师及志愿者，他们主要就职于孔子学院和孔子课堂；本土教师泛指非中方外派的汉语教师，他们通常长期在海外各国生活，就职于各类教育机构。本土中文教师更加了解其所在国国情、更加了解当地社会对待中文教育的政策、更加了解当地教材及学生需求（李东伟，2014），是海外汉语言文字教育及中华文化传播的主体力量，亦是本文的研究对象。

### （二）核心概念界定

1. 隐喻

传统的隐喻理论认为，隐喻（metaphor）是一种语言现象，是修饰话语的一种手段，一个隐喻中必须出现本体和喻体，通过喻体来理解本体，两者的意义存在转换（石中英，1997）。莱考夫和约翰逊（Lakoff & Johnson，1980）认为，隐喻就是通过一类事物去理解并体验另一事物，隐喻不仅仅是对语言的修饰，而是存在于人类深层的认知机制，隐喻影响着我们的思想，影响着我们的概念系统。他们在《我们赖以生存的隐喻》一书中举了“争论是战争”这一例子，与该隐喻相关的阐述有“你的观点无法防御”“他击破了我的所有论点”等。在这两个句子中，“防御”和“击破”都是战争术语，与战争同属于一套概念系统，可见人类的概念系统大部分是隐喻的，人们每天所经历的一切充满了隐喻。莱考夫还指出隐喻包括源域和目标域。源域即人们熟悉的事物，目标域即人们不了解或难以描述的事物，人们在运用隐喻时会将源域的关系、元素等映射到目标域中。例如在“争论是战争”这个隐喻中，“争论”是目标域，“战争”是源域。

2. 教师角色隐喻

“角色”一词由拉丁语 rotula 派生而来，原指戏剧中演员所扮演的人物，为戏剧舞台用语。20 世纪 30 年代，美国社会学家、社会心理学家 George Herbert Mead 把“角色”这一概念正式运用到社会心理学的研究上，并创立了社会角色理论。社会角色是行为规范，是社会或某一团体对特定社会成员作出的义务、权利或行为的规范（李波波，1995）。教师既指以教育为生的职业，也指从事这一职业的教育工作者。社会对教师角色的要求包括对受教育者进行专门的教育，执行各项教育政策，教师对处于发展中的学生能产生巨大影响。但影响教师的教学理论大部分是缄默的，教师自身也难以察觉，而隐喻作为一种人类基本的认知方式，在教育研究领域能够发挥重要作用。学者们将隐喻运用到教师研究当中，借与教师有相似之处的人或事显示教师的内在想法，帮助教师对自身角色产生更清晰的认知，并分析其教育信念（高维，2021）。教师角色隐喻是教师对自我角色的隐喻化表达，即教师在个人经验的基础上，用自己熟悉的事物（源域）来类比教师角色（目标域），以表达自己内在的教学主导意识及教学理念。如苏格拉底认为“教师是产婆”，通过这一隐喻，苏格拉底表达了教师应该成为学生学习的助力者、促进者这样的角色定位。

### （三）文献综述

笔者通过 Web of Science、中国知网、万方数据服务知识平台等途径来检索相关文献，在对目标文献进行初步阅读后，筛选出与本研究相关的文献，并基于此对教师角色隐喻的研究进行文献综述。

国外教师角色隐喻研究较为全面，研究对象、研究方法多样。Ahmet 和 Saban（2006）认为，隐喻是研究教师职业认知和职业思维的有效途径，并总结了教师隐喻的十个功能；Altay 等人（2013）对土耳其不同科目的职前教师进行了横向的教师隐喻研究，调查了包括教师、教学、学习、教学材料及评估概念方面的隐喻研究，还引入了情感领域的概念来解释教师角色隐喻；Alger（2009）采用纵向研究的方法分析了教师的主导意识及教师的心理视角，通过隐喻深入揭示了教师的内在教学心理机制；Mellado（2018）采取了与 Alger 类似的纵向研究方法，引入了心理学理论，对西班牙职前中学教师进行教学实习前后的角色隐喻对比研究，发现教学实践会影响教师的角色隐喻，即教师的角色隐喻具有动态性。

国内关于教师角色隐喻的研究也在逐年升温，国内教师角色隐喻研究始于陈向明（2001），她辩证地分析了“蜡烛论”“工程师论”“园丁论”“桶论”等四类教师角色隐喻；高维（2009）就国外基于隐喻分析的教师角色研究做出概括，总结了教师角色的研究及分析方法，建议探讨不同国家的教师角色隐喻，促进教师反思；陈卓（2017）以生态学视角分析教师隐喻，指出传统的“蜡烛”等教师角色隐喻忽视了教师的现实需求，提出教师个体对教师角色的看法能反映他与群体的关系。国内关于语言教师的隐喻研究以英语教师为主要研究对象，关于国际中文教育教师角色隐喻的文献较少。关彩萍（2013）探讨了汉语国际教育研究生眼中的汉语国际教师的角色隐喻；刘芳芳（2020）调查了汉语国际教育研究生在教学实践前后对语言学习、语言教学、语言教师及学生等四个方面隐喻表达的变化情况。王添淼（2020）对国内外以及第二语言教师、国际中文教师角色隐喻的文献进行了综述，并对一位国际中文教师进行专业发展历程跟踪研究，得出教师角色隐喻与教师专业发展都是动态的、可持续发展的结论。

综上所述，国内外教师角色隐喻研究都在不断深入，但关于国际中文教师角色隐喻的研究较少，且较少引用心理学领域的知识，研究对象多为国内的研究生，面向海外本土中文教师角色隐喻的实证研究较为缺乏。

### （四）研究设计与步骤

1. 研究设计

本研究以参加华侨大学国际中文教师培训的海外本土中文教师为主要研究对象，自 2018 年 5 月始至 2022 年 5 月，通过线下、线上相结合的形式发放问卷。问卷内容包括个人背景信息和隐喻表达两部分，隐喻表达板块通过例句的方式引导教师完成句子“中文教师是，因为……” 2018—2019 年华侨大学举行了多期线下的海外中文教师培训，2020 年以来受全球新冠疫情影响，海外中文教师培训从线下转为线上，教学平台包括 ZOOM、钉钉、腾讯会议等，问卷调查亦从线下发放改为线上收集，总计收集 182 份问卷。

2. 研究步骤

第一，搜索关于教师角色隐喻的文献进行梳理，并编制《海外本土中文教师角色隐喻问卷》，问卷给出“中文教师是蜡烛，因为他们需要奉献自己”例句，引导海外本土中文教师表达自己的教师角色隐喻（中文教师为目标域，被调查者创造的隐喻为源域）。

第二，收集整理问卷并确定中文教师角色隐喻类型。本文结合 Alger（2009）设计的隐喻类型框架对海外本土中文教师角色隐喻分类进行优化。

第三，根据海外本土中文教师的基本情况，使用 Excel 绘制中文教师角色隐喻与教师性别、教龄、任教区域、出生地及教学对象的分析图，揭示不同背景是否会对教师角色隐喻产生影响。

## 二、调查结果和分析

### （一）海外本土中文教师角色隐喻的总体情况

本次调查共回收 182 份问卷，信息填写完整的有效问卷共计 148 份，表 1 为本次调查对象基本信息。

表 1　海外本土中文教师样本基本信息

<table>
<tr><th colspan="2">基本信息</th><th>样本数（份）</th><th>比例（%）</th><th colspan="2">基本信息</th><th>样本数（份）</th><th>比例（%）</th></tr>
<tr><td rowspan="2">性别</td><td>男</td><td>15</td><td>10</td><td rowspan="2">出生地</td><td>中国</td><td>111</td><td>75</td></tr>
<tr><td>女</td><td>133</td><td>90</td><td>非中国</td><td>37</td><td>25</td></tr>
<tr><td rowspan="5">教龄</td><td>1–2 年</td><td>40</td><td>27</td><td rowspan="2">教学对象</td><td>包括未成年人</td><td>132</td><td>89</td></tr>
<tr><td>3–5 年</td><td>51</td><td>34</td><td>仅为成年人</td><td>16</td><td>11</td></tr>
<tr><td>6–10 年</td><td>37</td><td>25</td><td rowspan="3">任教地域</td><td>亚洲</td><td>58</td><td>39</td></tr>
<tr><td rowspan="2">11 年及以上</td><td rowspan="2">20</td><td rowspan="2">14</td><td>欧美</td><td>48</td><td>33</td></tr>
<tr><td>大洋洲</td><td>42</td><td>28</td></tr>
</table>

由表 1 可知，本次调查对象中，海外本土中文教师从业者的男女教师人数比例严重失衡；教龄分布整体较为均衡，但 11 年

以上教龄的资深教师占比较少；这些教师大多出生在中国且教学对象大多包括未成年人。这些样本特征与当前海外本土中文教师的基本情况相吻合。

本论文参照 Alger（2009）的教师角色隐喻分类及隐喻表达的教学主导意识，将教师角色隐喻分为“引导者”“养育者”“艺术家”“传播者”“知识库”与“陪伴者”六类，其中前四类体现了以教师为中心的行为主义心理机制，后两类体现了以学生为中心的认知主义心理机制。148 位教师共计表达了 76 个教师角色隐喻，其具体归类情况详见表 2。

**表 2　海外中文教师角色隐喻分类情况**

| 隐喻类型 | 主要隐喻表达举例 | 教学主导意识 | 教学理念 |
| --- | --- | --- | --- |
| 引导者（45） | 引路者；灯；GPS；舵手；驾驶员等 | 教师中心 | 行为主义 |
| 传播者（43） | 文化传播大使；桥梁；窗户；龙的传人等 | 教师中心 | 行为主义 |
| 养育者（31） | 家长；园丁等 | 教师中心 | 行为主义 |
| 知识库（21） | 书；水；电脑；书包；杂家等 | 学生中心 | 认知主义 |
| 陪伴者（6） | 朋友；社区志愿者 | 学生中心 | 认知主义 |
| 艺术家（2） | 灵魂工程师；画笔 | 教师中心 | 行为主义 |
| 其他（10） | 细胞；青菜；织女等 | —— | —— |

注：上表括号中的数字代表持有该类教师角色隐喻的人数。

由表 2 可知，创造出“引导者”这类隐喻的教师人数最多，其次为“传播者”，而“艺术家”及“陪伴者”两类教师角色隐喻占比较低。参与本次调查的本土中文教师中，89% 的教师教学对象包括未成年人，此年龄段的学生心理及生理年龄尚小，小学及学前阶段的学生尤为需要教师给予生活方面的关怀，因此创造“引导者”“养育者”这两类教师角色隐喻的人数较多；国际中文教育不仅是汉语语言的教学过程，还是文化交流的过程。本次调查有 75% 的中文教师的出生地为中国，其中有中文教师认为自己的角色是“中国的名片”，代表了中国的文化，因此创造出“传播者”这类隐喻的人数也较多。

## （二）教师隐喻具体阐述展示

由表 2 可以看到海外中文教师产出的角色隐喻既有人们熟悉的人或事物，如“父母”“文化使者”“蜡烛”“园丁”等；也有一些比较少见的隐喻，如“梅花”“神”等。因此，本调查还引导中文教师写出教师角色隐喻的形成原因，以便了解不同隐喻与教师自身想法的关联。

**表 3　海外中文教师的教师角色隐喻具体阐述举例**

| 隐喻类型 | 教师角色隐喻及具体阐述举例 |
| --- | --- |
| 引导者 | （1）中文教师是引路者，因为要带领学生去掌握认识他们不认识不知道的东西。<br>（2）中文教师是舵手，因为他们指导学生前行。 |
| 传播者 | （3）中文教师是文化传播使者，因为他们在海外教学过程中传播中国文化，帮助华裔存根。<br>（4）中文教师像风一样，因为传播文化到各个国家。 |
| 养育者 | （5）中文教师是妈妈，因为他们需要耐心认真纠正每个孩子的发音、语法错误。<br>（6）中文教师是园丁，因为他们在播种中华文化的种子，期待它们开出美丽的花朵。 |
| 艺术家 | （7）中文教师是灵魂工程师，因为孩子心灵、性格的发育、培养要很有创意，要设计出有变化、内容丰富的教案，让孩子乐在其中。<br>（8）中文教师是一支画笔，因为他们能把语言演变成一幅图画。 |

续表

| 隐喻类型 | 教师角色隐喻及具体阐述举例 |
|---|---|
| 知识库 | (9)中文教师是一个杂家，因为教师知识面越广，越会带给学生丰富多彩的中国视角。<br>(10)中文教师是字词典，因为需要回答学生的各种问题。 |
| 陪伴者 | (11)中文教师是朋友，因为他很知心。<br>(12)中文教师是朋友，因为可以与学生更多更深更广地沟通。 |

由表3可知，教师角色隐喻的原因表述可以促进教师对其角色表达进行进一步思考和确认。在角色隐喻的思考和表达过程中，每位老师根据自己的个人经历与教学实践，确认自己对于中文教师角色的根本看法。对于同一类型的角色隐喻，教师们的理解侧重也会存在些许差异。如在“引导者”这类隐喻中，有的教师注重引导学生，有的教师则注重激发学生学习中文的兴趣。从本土中文教师给出的角色隐喻及隐喻成因，可以进一步发掘他们进行中文教育实践中的主导教学意识和教学理念。

### （三）海外中文教师角色隐喻的具体分析

Alger（2009）和Mellado（2018）根据隐喻类型将教师教学理念划分为行为主义和认知主义，前者的主导教学意象为教师中心，后者为学生中心。在本次调查所发现的本土中文教师角色隐喻中，属于行为主义的教师角色隐喻有“引导者”“养育者”“艺术家”及“传播者”；属于认知主义的教师角色隐喻有“知识库”及“陪伴者”。

“引导者”一类隐喻以教师为中心，其主要内涵是中文教师能为学生解决问题、提供方向。朱熹认为：“指引者，教师之功也。”亦即是说，指引学生是教师的责任。指引者一类隐喻表达固然诠释了教师“传道授业解惑”的内在要求，但也反映了学生过于依赖教师给出解决方案的弊端。例如对“舵手”这一隐喻进行原因解释时，多数教师表达了“中文教师能指导学生前行”这样的看法。这种角色隐喻揭示了教师是操控学生学习方向的人，学生不能偏离“舵手”确定的航道。在此隐喻中，学生作为学习主体的主观能动性未能得到尊重和发挥。

“传播者”这类隐喻反映了以教师为中心的教学理念。语言是文化的载体，海外中文教师在进行汉语语言教学的工作时必然会伴随着文化输出，中文教师不仅承担着教授中文的责任，还肩负着向当地人展示真实中国的重任。《孔子学院章程》将“开展中外语言文化交流活动”列为孔子学院最主要的服务，现实中许多海外中文教师也确实把自己定位为“文化传播者”。但值得注意的是，“传播”多是教师对学生进行单向度的传授，学生只能被动接受教师传输给他的学习内容，这种做法容易被人诟病。国际中文教育本应是一个交流沟通的过程，海外中文教师既要有向学生介绍中华文化的意识，也应有接受和欣赏所在国语言与文化的意识，因此“文化传播者”这一身份应向“文化交流者”转换。

“养育者”这类隐喻也体现了以教师为中心的教学理念，因为这类隐喻强调中文教师要为学生提供一个适合成长的环境，而学生在成长过程中必然会受到作为“养育者”的教师的影响。养育者这类隐喻反映了教师对学生的关爱，但“父母”这一隐喻还揭示了儒家“一日为师，终身为父”的思想，孩子在成长过程中受到父母权威的压制，很多行动都由父母决定而非自己本意。这反映到中文教学中则是学生由于受到教师权威压制而被动学习。

“艺术家”这类隐喻较上述隐喻更为新颖，如“中文教师就像画笔”，本论文把这一类隐喻归类为以教师为中心的行为主义角色隐喻。“艺术家”隐喻把学生看成是由艺术家塑造的艺术品，他们设计出一幅幅草图，并按步骤把学生塑造为成品。此类隐喻体现了中文教师工作的创造性和崇高性，但也忽视了学生作为生命个体的主体性。正如陈向明（2001）所言，“灵魂工程师”虽然表明了教师的崇高地位，但设计师按照自己的蓝图塑造产品，却把学生看成是“没有生命的钢铁”。

“知识库”这类隐喻属于以学生为中心的认知主义教师角色隐喻。这类隐喻的教师是学生学习工具的提供者，也是拥有丰富资源的知识载体，学生从中获取自己需要的内容，从而构建自己的认知框架。例如，“教师就像字词典，因为他们需要回答学生的各种问题”这一隐喻中，学生主动发现问题、获得新知的能动性得到了体现，教师的角色不再居于主导地位。有学者指出，中文教师的专业知识应包括通识性知识、本体性知识、条件性知识与实践性知识（李欣，2021），由此可见中文教师需要获得多方面的知识，也印证了“中文教师就像一个杂家”的隐喻。陆俭明教授曾提到国外对中文教学的需求呈现多元化，中文教师应力所能及地满足各方面的要求。

在“陪伴者”隐喻中，教师与学生地位平等、并肩而行，突破了“引导者”“养育者”等隐喻中教师作为权威人物而学生作为顺从者的固有意象。语言是人类最重要的交际工具，中文教师作为语言教师更应重视与学生进行平等沟通。在“中文教师就像朋友，因为可以与学生更多更深更广地沟通”这一隐喻中，体现了教师的平等意识以及想要“更多更广更深”了解学生的愿望，师生交流的话题不只局限在语言与文化学习方面，而是拓展到了学生作为独立生命个体与教师如朋友般平等交往的层面，体现了以学生发展为中心的认知主义倾向。

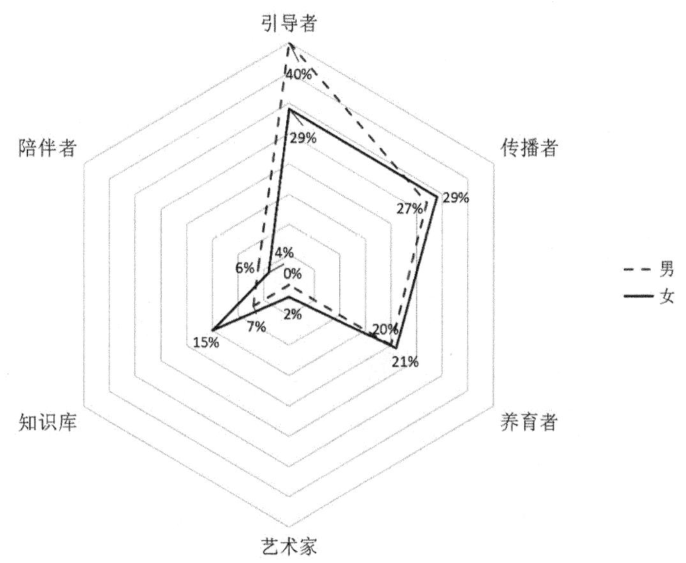


**图 1　基于性别的海外本土中文教师角色隐喻差异分析图**

## （四）海外本土中文教师角色隐喻差异分析

下文将基于调查对象的基本信息对教师角色隐喻进行比较，以期探索海外本土教师角色隐喻的群体差异性。

1. 基于性别的海外本土中文教师角色隐喻分析

由图 1 可知，不同性别的本土中文教师创造的隐喻类型比例趋同，男性及女性教师都是以“引导者”“传播者”及“养育者”三种隐喻类型居多，其次为“知识库”隐喻；而本次调查中男性教师创造的“艺术家”隐喻为 0，说明本次调查对象中的男性中文教师角色隐喻类型较女性教师整体更为单一。

2. 基于教龄的海外本土中文教师角色隐喻分析

参与本次调查的中文教师拥有 1—2 年或 3—5 年教龄的占大

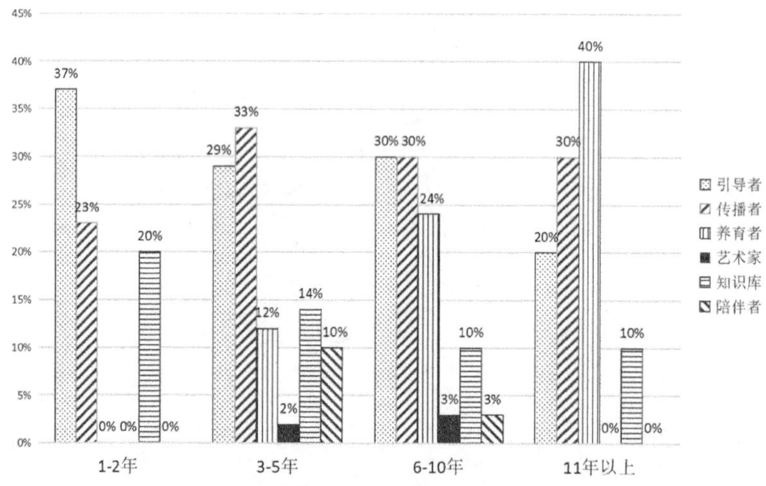


**图 2　基于教龄的海外中文教师角色隐喻差异分析图**

部分，其中拥有 3—5 年教龄的熟手教师人数最多。由图 2 可知，拥有 1—2 年教龄的新手教师大部分创造了“引导者”这类教师角色隐喻。这一阶段的中文教师初入职场，对各方面工作仍处于适应阶段。此阶段教师更关注自身能否在教师职业中生存，因此会迫切希望引导学生按步骤完成既定教学任务，因此“引导者”角色隐喻成为主导。拥有 3—5 年教龄的教师处于熟手阶段，这一阶段的教师开始了解与关注学生的多样性并调整自己在教师这个岗位中的状态，在教学方面也积累了一定经验，基本上能适应手头上的工作。在度过生存期后，本土中文教师开始关注传播汉语语言文化的使命，“传播者”与“引导者”共同成为熟手教师的主导隐喻。拥有 6—10 年教龄的教师对中文教师职能、学生及教学有较为全面的了解，同时也开始反思自己的教学生涯，形成了自己的教学风格。这一阶段的教师角色隐喻亦较为丰富，但“引导

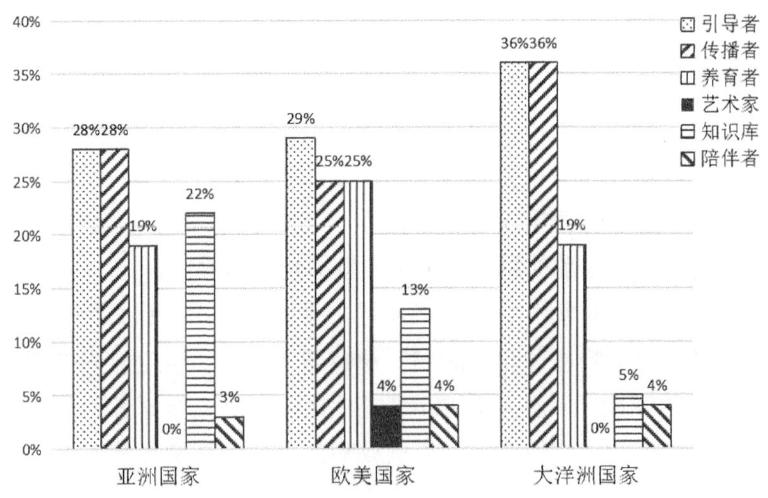


**图 3　基于区域的海外本土中文教师角色隐喻差异分析图**

者”“养育者”和“传播者”隐喻类型仍占大多数。拥有 11 年或以上教龄的中文教师虽然积累了丰富的教学经验，但同时存在知识结构老化的问题，特别是对于当代建构主义视角下的语言教学理论较为缺乏，导致许多本土中文教师仍以“养育者”为主导的教师角色隐喻，也未能形成“艺术家”“陪伴者”等隐喻类型。

3. 基于区域的海外本土中文教师角色隐喻分析

观察图 3 可知，“引导者”和“传播者”隐喻在所有区域任教的中文教师中占比均处于高位，但在各自区域的占比略有不同，二者在大洋洲国家的占比最高，大洋洲远离以中国为中心的儒家文化圈，当地社会文化与中华文化差异较大，因此这些区域的中文教师向当地学生传播中华语言文化、引导其进行中文学习的意愿更为强烈，表达的“传播者”和“引导者”隐喻占比较高；亚洲国家中文教师的“知识库”隐喻占比明显高于其他区域，位于亚洲的新加坡、日本、越南等国与中国同处于儒家文化圈，孔子主张“君子博学于文”“敏而好学”，强调教师只有具备渊博的学识才能给学生传授知识；在隐喻类型方面，在欧美国家任教的中文教师表达的角色更为多样，涵盖所有六种类型，说明欧美国家中文教师的教学理念更为新颖。

4. 基于出生地的海外本土中文教师角色隐喻分析

本次调查对象中 75%的教师的出生地为中国，那么中国成长背景是否会影响教师角色隐喻？观察图 4 可知，出生地为中国的中文教师倾向于产生“传播者”“引导者”及“养育者”等教师角色隐喻；其中“传播者”类型教师角色隐喻比例高达 32%。曾有学者对出生地为中国的外派中文教师做过身份认同调查，发现

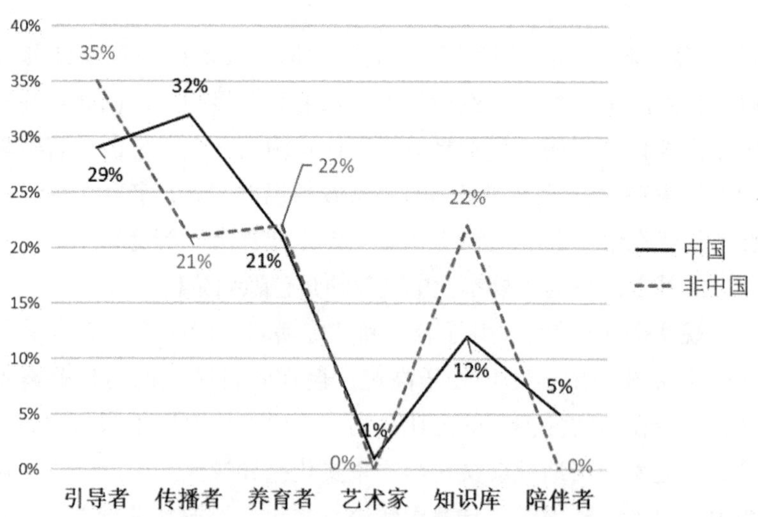


图 4　基于出生地的海外本土中文教师角色隐喻差异分析图

该群体认为在海外进行中文教育是国家为其提供的走向国际的机会，会为自己的身份感到自豪；其次该群体意识到自己作为中文教师除了需要教会学生探索中国的工具——中文，还需要传播中国的文化（李月琳，2021）。本研究发现，此结论也部分适用于出生于中国的本土中文教师，这些教师作为中华语言与文化传播者的使命感强烈，其“传播者”角色隐喻比非中国出生的本上教师高出 11%。而在“知识库”隐喻中，中国出生的本土教师的人数比例比非中国出生的本土教师低 10%，说明出生于海外的教师对于中文教师作为“杂家”的角色感知更为强烈。

5. 基于教学对象的海外本土中文教师角色隐喻分析

本次调查发现，海外本土中文教师的教学对象大多包括未成年人，单纯以成年人为教学对象的教师仅占总数的 11%。那么教

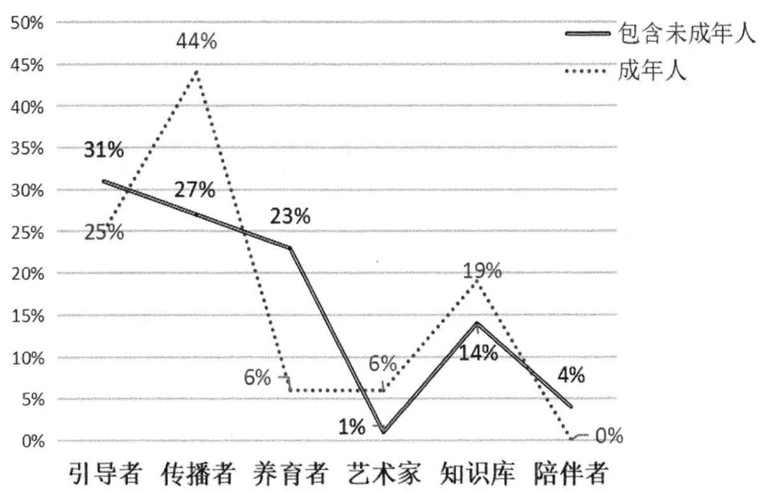


图 5　基于教学对象的海外本土中文教师角色隐喻差异分析图

学对象的不同是否会导致中文教师的角色隐喻产生差异？由图 5 可知，不同教学对象的两类本土中文教师在角色隐喻上的确存在一定差异，教学对象包括未成年人的中文教师占比最高的三个隐喻类型依次为“引导者”“传播者”和“养育者”，而教学对象仅为成年人的中文教师则为“传播者”“引导者”和“知识库”。未成年人需要教师更多的引导和关爱，因此“引导者”和“养育者”的角色隐喻较多；而面对成年教学对象，中文教师作为“养育者”的角色逐渐隐退，其作为“知识库”的角色更为凸显。

## 三、研究结论与建议

本文基于认知隐喻理论的教师角色隐喻分析框架，对 148 位海外本土中文教师的角色隐喻进行分类和深入分析，得到如下启示：

第一，海外本土中文教师角色隐喻种类繁多，反映了中文教师角色的复杂性。本次调查共发现了六个类别共计 76 个角色隐喻，这些隐喻类别从不同角度反映了中文教师工作的多种角色要求。“引导者”隐喻强调了中文教师的示范作用以及指引作用；“传播者”隐喻强调了海外中文教师的语言及文化传播作用；“养育者”隐喻反映了中文教师育人的作用；“艺术家”隐喻体现了中文教师工作的创造性；“知识库”隐喻强调了教师自身知识储备的重要性；“陪伴者”隐喻则反映了中文教师应以平等视角对待学生并陪伴其进行中文学习。这些隐喻揭示了海外本土中文教师多元化的角色观，展示了海外中文教育实践的丰富性以及中文教师工作的艰巨性。

第二，海外本土中文教师的角色隐喻存在群体差异。在性别方面，男性中文教师角色隐喻类型较女性教师整体更为单一；在教龄方面，处在不同教龄段的中文教师在角色隐喻上存在差异，新手教师以“引导者”隐喻为主导，熟手教师最多的两类隐喻依次为“传播者”和“引导者”，资深教师以“养育者”隐喻为主导；在区域方面，亚洲国家中文教师表达的“知识库”隐喻占比较高，欧美国家中文教师表达隐喻类型更为全面，大洋洲国家中文教师的“传播者”和“引导者”隐喻占比较高；在教师成长背景方面，出生在中国的本土教师表达的“传播者”角色隐喻比非中国出生的本土教师高出 11%，说明中国成长背景的教师传播中华语言及文化的使命感更为强烈；在教学对象方面，教学对象包括未成年人的中文教师表达的“引导者”和“养育者”的角色隐喻较多，而仅以成年人为教学对象的中文教师更多产生了“知识库”的角色隐喻。

第三，海外本土中文教师的教学主导意识仍以教师中心为主，教学理念多为行为主义主导。这一现象与国际中文教育提倡的“以学生为中心”以及交际性语言教学理念相悖。认知主义强调以学生为中心，学习者由被动的知识接收者转变为主动建构外部世界知识、发展自身认知结构的主体（何克抗，1997）。在认知主义视角下，学生在教师的帮助下，根据自己已有的经验搭建知识框架，教师起促进作用而不是划定学生的学习范围。认知主义关照下的语言教学理念倡导学生在小组合作、信息沟通的基础上进行学习，教师的角色不再是传统意义上的知识传授者，而是成为学生学习的协调者、组织者、促进者和鼓舞者。但根据本次调查可知，“教师中心”的理念仍然植根于大多数海外本土中文教师的潜意识，其教学理念并未真正实现与时俱进。

综上，建议海内外中文教育机构进一步优化本土中文教师培养及培训工作，引导中文教师重视新型语言教学理论的学习，及时更新其中文教育理念，特别是要做到知行合一，在教学实践中贯彻落实以学生为中心的教学思想，从原来教师中心的“师—生”单向度传授模式，转换为学生中心的“师—生”互动或“生—生”互动的双向度交流模式，并在教学中引入“互助式教学”“支架式教学”等以认知主义为基础的新型教学方法。此外，还应加强对海外本土中文教师进行多学科、多角度的研究，重视隐喻研究与运用，及时掌握中文教师角色定位，并借助隐喻促进海外本土中文教师进行自我教学反思，以期获得可持续的专业发展。

## 参考文献

[1] 曹永国 . 论园丁——对现代教育教师隐喻的反思 . 社会科学论坛，2004（2）.

[2] 陈向明 . 教师的作用是什么——对教师隐喻的分析 . 教育研究与实验，2001（1）.

[3] 陈卓 . 传统教师隐喻及教师角色的转变——基于教育生态学的视角 . 现代教育科学，2017（6）.

[4] 高维 . 基于隐喻的教师缄默知识显性化 . 教育科学研究，2016（7）.

[5] 高维 . 国外教师教育视野下的教学隐喻研究 . 上海教育科研，2009（12）.

[6] 高维，彭文蕊 . 国外基于隐喻分析的教师角色研究及启示 . 教师发展研究，2021（2）.

[7] 关彩萍 . 汉语国际教育硕士眼中的教师角色 . 北京：北京大学硕士学位论文，2013.

[8] 何克抗 . 建构主义的教学模式、教学方法与教学设计 . 北京师范大学学报（社会科学版），1997（5）.

[9] 李波波 . 社会角色理论及其应用 . 桂林市教育学院学报（综合版），

1995（2）.

[10] 李东伟.大力培养本土汉语教师是解决世界各国汉语师资短缺问题的重要战略.民族教育研究，2014（25）.

[11] 李欣.华文教师专业发展概况.北京：社会科学文献出版社，2021.

[12] 李月琳.国际中文教师志愿者的身份认同研究.北京：北京外国语大学硕士学位论文，2021.

[13] 刘芳芳，汲传波.基丁教学隐喻的职前国际汉语教师转化性学习初探.河北师范大学学报（教育科学版），2020（22）.

[14] 莱考夫，约翰逊.我们赖以生存的隐喻.杭州：浙江大学出版社，2015.

[15] 石中英.简论教育学理论中的隐喻.北京师范大学学报（社会科学版），1997（2）.

[16] 王添淼.教师隐喻与国际中文教师专业发展.云南师范大学学报（对外汉语教学与研究版），2020（5）.

[17] 杨薇，郭可冉.亚非国家本土中文教师专业发展现状与对策分析.民族教育研究，2022（1）.

[18] 喻安伦.社会角色理论磋探.理论月刊，1998（12）.

[19] 张博宇，娄开阳.基于扎根理论的缅甸本土华文教师认同问题调查.第十二届东亚汉语教学研究生论坛暨第十五届对外汉语教学研究生学术论坛论文集，2022.

[20] Ahmet, Saban. Functions of Metaphor in Teaching and Teacher Education: A Review Essay. *Teaching Education*, 2006: 299-315.

[21] Altay, Eren&Erkan, Tekinarslan. Prospective Teachers'Metaphors: Teacher, Teaching, Learning, Instructional Material and Evaluation Concepts. *Intertional Journal Social Sciences and Education*, 2013: 435-445.

[22] Christianna L. Alger. Secondary Teachers' Conceptual Metaphors of Teaching and Learning: Changes over the Career Span. *Teaching and Teacher Education*, 2009（5）: 743-751, 957-982.

[23] Mellado, L., de la Montaña, J. Evolution of the Personal Teaching Models of Prospective Secondary School Science Teachers as Expressed Throughmetaphors. *Cult Stud of Sci Educ*13, 2018.

# 当代中国话题课程词汇编排与练习的计量初探*

杨 城**

“坚持总体国家安全观”作为习近平新时代中国特色社会主义思想的突出亮点，高度强调了新时代下国家安全的总体构建。语言安全作为非传统安全领域在当今社会受重视的程度也在明显提升，语言安全涉及政治、经济、文化等多个方面，而语言安全视角下的全球华语研究问题亟待梳理解决的一个很重要的方面就是汉语国际教育的传播问题。汉语国际教育中应如何介绍当代中国，相关教材涉及的词汇能否满足汉语学习者需求，能否有效维护国家语言安全都是值得关注的问题。

---

* 本研究得到2023年国家留学基金管理委员会（202306320528）、2021年教育部中外语言交流合作中心国际中文教育研究课题（21YH15C）、2020年国家社科基金（20BYY123）资助。

** 杨城，浙江大学汉语史研究中心与法国社会科学高等研究院联合培养博士研究生，主要研究现代汉语语法、词汇等。

## 一、当代中国话题课程及研究现状

### （一）当代中国话题课程

1. 课程性质

当代中国话题课程是对外汉语教学中针对高年级学生开设的关于中国报刊阅读和汉语口语表达能力训练相结合的课程。该阶段的学生已经了解了一定的中国文化方面的背景知识，具备了基本的阅读中国报刊和对其进行口语表达的能力。而该课程所选择的话题也都是当代中国社会普遍关注的问题，包括政治、经济、文化各个方面。“它既是一门语言技能课，又是一门重要的文化知识课”①，在课程的学习过程中，还要注意拓展学生的文化视野，使其更加了解中国的社会面貌，加深对中国社会各个方面的理解，从而有助于其毕业后生活工作以及继续深造。

2. 课程目的

当代中国话题课程是在报刊阅读和口语表达两门课程基础上展开的，主要目的是让学生提高阅读原始汉语报刊，特别是议论性文章的能力。同时，学以致用，将课程中学习到的词汇、句型、表达格式运用到日常口语中，通过多种题型进行训练。在学习中国社会的文化背景基础上，能够整体地运用，达到输入和输出的同步发展。

3. 课程重点

当代中国话题课程的教学重点主要包括报刊词语、文化背景知识、议论文文体特点、议论文常见句式、语篇分析、阅读和

① 参见陈田顺：《对外汉语教学中高级阶段课程规范》，北京，北京语言大学出版社，1999。

表达技能训练几个方面。在教学过程中，注意通过话题介绍中国当代的基本国情、历史事件、社会思潮、经济发展、改革开放等社会现实和社会观念。在此基础上，学习基本的报刊词语，“主要包括政治性语汇、成语、四个字词语、惯用语、俗语、新词语等”①，并充分了解议论文的文体特点和常用句式，学会语篇衔接和连贯的规则，通过各类题型的训练，进而最终提高阅读与口语表达的能力。

### （二）研究现状

当代中国话题课程的研究属于社会语言学中语言教育的研究，语言教育是社会语言学研究的一方重地，而社会环境的变化又会对语言教育的内容产生较为迅速的影响，特别是体现在新出现的对外汉语词汇的教学上。在整个对外汉语课程中，最能和新的生词发生关系的一个是报刊阅读课程，一个就是当代中国话题课程。在中国知网，以“报刊阅读”为主题，选择“对外汉语教学”的主题分组，共检索到了 48 篇文献。而以“当代中国话题”为主题进行检索，并没有与“对外汉语教学”相关的分组，内容与对外汉语相关的文献仅 1 篇，即刘谦功的《“发现模式”在“当代中国”话题课中的应用——对外汉语高级阶段教学模式刍议》。该文主要论述的是在当代中国话题课教学过程中运用发现模式的教学方法，并不是专门研究对外汉语词汇中的生词教学。笔者通过变换主题词扩大检索范围，分别检索“当代中国”“中国话题”等，检索到的文献也均未和对外汉语词汇与教学有关。

① 参见陈田顺：《对外汉语教学中高级阶段课程规范》，北京，北京语言大学出版社，1999。

因此可以说在目前搜索到的范围内，尚无针对当代中国话题课程词汇的研究。

有鉴于此，对当代中国话题课程的词汇进行计量研究，首先，有利于从中国语言和社会实际出发，客观理性地促进语言教育特别是汉语国际教育研究的发展。其次，可以进一步完善对当代中国话题课程教材的编写规划，拓展中国社会语言的研究领域。最后，有利于丰富我国语言政策和语言规划研究的内容，从而促进语言安全研究的进一步发展。

## 二、研究对象及研究方法

### （一）研究对象

本文针对汉语国际教育中高级阶段开设的当代中国话题课程教材展开词汇编排和词汇练习的考察，希望通过这个学术热点揭示其中蕴含的国家语言规划和语言安全问题。笔者选取的教材是刘谦功编著的，2004年由北京大学出版社出版的《今日中国话题：高级阅读与表达教程》。

选择该教材作为研究对象，主要有以下几个原因。第一，刘谦功教授是北京语言大学研究汉语国际教育的专家。她长期以来关注当代中国话题课程的建设，参与过多部当代中国话题课程教学大纲和规范的制定，如《对外汉语教学中高级阶段功能大纲》《报刊阅读课程规范》等；同时也编写过多部当代中国话题课程的教材，如《当代中国话题》《话说今日中国》等。刘教授是较早关注当代中国话题课程研究的学者，成果突出，具有较高的学术影响力。第二，当代中国话题各大院校和学习机构开设不统一，尚无全国范围内统一的教材，而《今日中国话题：高级阅读与表达教程》这本教材出版时间较近，比 20 世纪 90 年代出版的《话说今日中国》更能代表新世纪的社会面貌，其新世纪的代表性使其在学界内享有较高的声誉，很多院校都将该教材作为对外汉语教学中高级阶段的必修教材，因此研究该教材具有较强的示范性，能够起到较大范围内的指导作用。第三，该教材以话题为线索编排，共有二十个话题，话题内容涉及当代中国乃至世界的热门话题。其编排顺序从阅读文章的难易程度、口语表达的难易程度、话题表达的严肃与轻松度多方面进行考量，非常有利于本研究进行词汇编排与词汇练习的考察。第四，该教材与 20 世纪 90 年代出版的《报刊语言教材：当代中国话题》等教材相比还有最突出的一个特点，即设置了生词表部分，生词都有明确的释义，题型设置多元化，这为本研究的关键步骤——多角度的计量提供了较大便利。

### （二）研究方法

1. 文献分析法

文献分析法是指通过搜索、鉴别、整理、分析文献的手段来认识事实和科学的方法。通过高校图书馆馆藏资源并结合网络上的优质文献资源，整理有关对外汉语教材资料，确定研究对象为《今日中国话题：高级阅读与表达教程》，并对其词汇编排、词汇练习的内容进行考察，结合相关文献资料开展研究。

2. 计量研究法

计量研究法是计量语言学常用的研究方法，是以言语材料为研究对象，通过量化的手段来探索语言的结构模式的方法。通过对《今日中国话题：高级阅读与表达教程》教材中所有生词的穷尽式分析，考察其分布情况，选编借鉴度，词汇构成和释义情况，并对词汇练习的题型和题量也进行穷尽式的计量考察，通过精确的数据来分析规律。

3. 定性研究法

定性研究法是对研究对象进行“质”的分析，对所研究对象的本质、特征及联系进行概括的方法。依托计量研究得到的数据，可以对教材中的词汇编排和词汇练习情况进行总结和描写，并在此基础上分析优点和缺点，为未来相关教材的编写提出建议，对语言教育、语言政策、语言安全的研究提出展望。

4. 比较分析法

比较分析法是通过研究对象与标准对象某变量的对比进行分析的方法。在进行词汇编排借鉴度的考察时，利用计量研究得到的数据分别与《汉语水平词汇与汉字等级大纲》和《新汉语水平考试大纲 HSK 六级》中的词汇进行对比，考察《今日中国话题：高级阅读与表达教程》中生词与两个大纲词汇的覆盖情况与拟合率。

## 三、《今日中国话题：高级阅读与表达教程》词汇编排考察

### （一）生词的数量及分布

表 1 《今日中国话题：高级阅读与表达教程》生词数量及分布表

| 话题课程 | 一 | 二 | 三 | 四 | 五 | 六 | 七 | 八 | 九 | 十 |
|---|---|---|---|---|---|---|---|---|---|---|
| 生词数量（个） | 21 | 39 | 22 | 18 | 25 | 20 | 18 | 30 | 27 | 17 |
| 话题课程 | 十一 | 十二 | 十三 | 十四 | 十五 | 十六 | 十七 | 十八 | 十九 | 二十 |
| 生词数量（个） | 34 | 23 | 18 | 19 | 18 | 18 | 18 | 26 | 15 | 16 |

据统计，《今日中国话题：高级阅读与表达教程》中生词总数为442个，平均每个话题课程有22.1个生词。在所有话题课程中，最高生词数为39个，最低生词数为15个，生词量差为24个，差距较大，这说明个别课程中学生需要学习的生词较多，学习负担较重，而有些课程则相对轻松。据统计表可知，生词数量在前10个话题课程中占比较多，总体呈下降型趋势，这符合学生的认知规律，随着学习层次不断加深，学生遇到的基本生词数量会逐渐减少。由此可见，《今日中国话题：高级阅读与表达教程》中的生词分配问题处理得总体较好，但在每个话题具体分配或者文章的顺序排列上稍显欠缺。

### （二）生词选编的借鉴度

**表2 《今日中国话题：高级阅读与表达教程》生词对比分析表**

| 对比大纲<br>数量统计 | 词语数量 | | 与《今日中国话题：高级阅读与表达教程》重复词语数量 | |
|---|---|---|---|---|
| | 总词数（个） | 成语数（个） | 总词数（个） | 成语数（个） |
| 《汉语水平词汇与汉字等级大纲》 | 8912 | 143 | 53 | 5 |
| 《新汉语水平考试大纲 HSK 六级》 | 8822 | 113 | 71 | 9 |

据统计，在《今日中国话题：高级阅读与表达教程》的442个生词中，成语有137个，俗语4个，其他词语301个，共计用字782个，其中一用字为546个，占比达到69.82%（保留至小数点后两位，下同）。字频排在前10位的汉字依次是：不、一、大、力、天、无、动、而、富、光、生、心、自（从“动”至“自”字频均为6次）。另外，由于成语是对外汉语教学过程中具有强

烈中华特色的一部分词汇，因此笔者在将所有词汇与《汉语水平词汇与汉字等级大纲》和《新汉语水平考试大纲 HSK 六级》中的词汇进行对比的同时，将涉及的成语单独做了比较。从表 2 中可以得知，无论是重复的总词数还是成语数均处于较低水平，最高拟合率是与《新汉语水平考试大纲 HSK 六级》的成语拟合率为 7.96%，最低拟合率是与《汉语水平词汇与汉字等级大纲》的总词数拟合率为 0.59%。由此可见，教材在选编生词时，较少考虑《汉语水平词汇与汉字等级大纲》和《新汉语水平考试大纲 HSK 六级》，而以实际需要为准，没有“以纲为纲”，这具有一定的创新性，对我们今后进行教材编写具有一定的指导意义。但同时，该编写模式也降低了生词选编或者话题选编的合理度，《汉语水平词汇与汉字等级大纲》和《新汉语水平考试大纲 HSK 六级》是国家认定的对外汉语教学过程中的指导性纲领性文件，与这两个文件词汇，拟合率过低会导致虽然熟悉两个文件的词汇，但仍然读不懂话题文章的情况。因此，该模式值得学界商榷。

### （三）生词的释义

据统计，《今日中国话题：高级阅读与表达教程》全部生词释义方式只运用了目的语法，即用汉语解释汉语，而没有运用媒介语法（学生母语或第三语言解释）、和混合释义法（目的语和媒介语结合）。对外汉语教材中的生词释义的作用是可以帮助学习者更好地掌握词汇意义，生词的释义包括词语的音、义、形、性等几方面，是词汇编排过程中一个重要的组成部分。在具体的解释过程中运用了直译法，如效应：指效果和反应；反译法，如狭隘：不宽广、不宏大；举例法，如殆尽：指完全彻底，例如荼毒殆尽、丧失殆尽；比喻法，如五花八门：比喻花样繁多或变幻多端。由此可见，《今日中国话题：高级阅读与表达教程》的生词释义方式较为单一，但在具体的解释方法上较为多元。另外，该教材只对生词的形进行标注，对生词的义进行了解释，而忽略了音和性的解释，即没有读音标注、没有词性的标注，解释力较为单薄，是我们在编写类似相关教材时应值得注意的问题。对于中高级阶段的汉语学习者来说，他们面临的生词已经是较为高级的汉语词汇，简单的初级词汇释义方式往往功能不足，因此在中高级对外汉语教材中，生词释义的要求应更为严格和多元。

## 四、《今日中国话题：高级阅读与表达教程》词汇练习考察

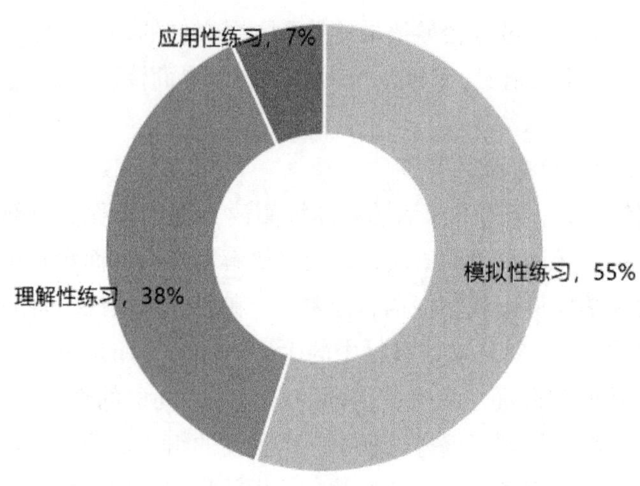


图 1 《今日中国话题：高级阅读与表达教程》词汇练习题型比重图

### （一）练习的题型

据统计，《今日中国话题：高级阅读与表达教程》中的练习题型一共有 8 种，分别是造句、阅读检查、词语释义、提示讨论、用所给词语完成讨论、表达交流、回答问题、主题讨论。我们知道，"词汇练习分为感知性练习、理解性练习、模仿性练习、记忆性练习和应用性练习"[①]。根据这个分类标准，《今日中国话题：高级阅读与表达教程》中的词汇练习涉及理解性练习、模仿性练习、应用性练习三个部分。分别对应的具体题型为词语释义、造句、用所给词语完成讨论。结合表 3 及题型统计可以得知，理解性练习和模仿性练习占据所有词汇练习题型比重的 93%，而应用性练习只有 7%，这并不意味着该教材不注重词汇的应用性练习，这部分对应的题目为每个话题课程固定的题型，下面列有多个词语，统计时只统计一次，所以导致应用性练习占比较少。由以上统计结果分析得知，该教材词汇练习题型设置较为简单，甚至有两个大类题型完全没有涉及；在涉及的题型上，设置题目形式也各自只有一种，词汇练习多元化程度不高。

### （二）练习的题量

表 3 《今日中国话题：高级阅读与表达教程》词汇练习题量分布表

| 话题课程 | 一 | 二 | 三 | 四 | 五 | 六 | 七 | 八 | 九 | 十 |
|---|---|---|---|---|---|---|---|---|---|---|
| 词汇练习数量（个） | 11 | 18 | 7 | 13 | 40 | 1 | 1 | 45 | 13 | 1 |
| 话题课程 | 十一 | 十二 | 十三 | 十四 | 十五 | 十六 | 十七 | 十八 | 十九 | 二十 |
| 词汇练习数量（个） | 13 | 41 | 1 | 19 | 24 | 10 | 1 | 16 | 1 | 21 |

① 参见周小兵编著：《对外汉语教学导论》，北京，商务印书馆，2009。

据统计，《今日中国话题：高级阅读与表达教程》中词汇练习总题量为297个，平均每个话题课程14.85个。最高题量为45个，最低题量为1个，题量差为44个，差距较大，题量的设置呈波动型，无明显规律。这说明个别课程中学生需要处理的词汇练习较多，学习负担较重，而有些课程则相对轻松。结合题型统计，在所有话题课程中，理解性练习题量为114个、模仿性练习题量为163个、应用性练习题量为20个。练习题量强度是衡量教材练习题量合理度的一个标准，即每个课时平均的练习题量。通过计算可得，该教材总的词汇练习题量强度为14.85，理解性练习题量强度为5.7，模仿性练习题量强度为8.15，应用性练习题量强度为1，应用性练习题量强度偏低的原因仍与上文提到的题型统计归一有关。分析得知，《今日中国话题：高级阅读与表达教程》中的词汇练习题量总体适中，词汇练习总体题量强度也较为合理。但在具体的分配上存在一些问题，第一是各类练习题型的题量设置不均衡，模仿性练习题量较大，题量强度也较高，而感知性练习和记忆性练习题量和题量强度均为0。第二是词汇练习的题量在每个话题课程的分配上也有较大差异，个别话题课程无法充分考查学生是否全方位掌握了生词。在今后的相关教材编写过程中，要对该教材的词汇练习模式进行扬弃。

## 五、当代中国话题课程教材词汇编排及练习建议

### （一）生词分布应循序渐进

在编写当代中国话题课程教材的生词时，应该将总生词量和每个课时分布的生词量进行人为地干预和控制，不可过多也不可过少。生词数量应遵循学生学习认知的规律，根据学习的不同阶

段可以采取从少到多、从多到少的方式，避免漫无目的的波动型生词分配模式。鉴于此，可以从文章难度出发，对较难文章的学习顺序进行人为干预。这不仅体现在编写过程中，还可以运用到实际教学过程中。

### （二）生词选编应注重更新

在编写当代中国话题课程教材的生词时，应该充分考虑《汉语水平词汇与汉字等级大纲》和《新汉语水平考试大纲 HSK 六级》的收词情况，因为这是对外汉语教学过程中的指导性纲领性文件，如果教材收词与这两个文件词汇拟合率过低会导致虽然熟悉两个文件的词汇，但仍然读不懂话题文章的情况。但同时我们更应该注意到这两个文件的收词情况和编写再版速度远远跟不上中国社会的迅速发展，导致很多新词新语未收录到其中。当代中国话题课程教材编写本身已经存在着编写严重滞后的问题，如果在编写新教材的过程中，不顾中国社会发展的实际情况，生搬硬套《汉语水平词汇与汉字等级大纲》和《新汉语水平考试大纲 HSK 六级》的收词，也是不可取的，但对于基本词汇这两个文件仍具有较高的权威性。

### （三）生词释义应严格全面

在编写当代中国话题课程教材的生词时，应该注重生词释义的音、义、形、性等几方面的解释。采取读音标注、词形标注、词义解释、词性标注相结合的完整释义方式，提高生词的解释力。另外，生词的释义应具有唯一性。汉语存在较多同形多义词，多音词等，但在每一个话题课程后的生词释义，应只考虑文中的释义，尽量避免解释其他释义，徒增学习者负担。针对不同阶段的汉语学习者，可以变换生词释义模式，初级可以多用媒介语法和混合释义法，对于中高级阶段的当代中国话题课程来说，则应多采取目的语法。

### （四）练习题型应多元综合

在编写当代中国话题课程教材的词汇练习时，应该综合考虑运用多种题型训练考查学生。充分利用感知性练习、理解性练习、模仿性练习、记忆性练习和应用性练习五大基本题型，还要注意每一种题型下的具体题型运用多元。题型的单一会导致学习者感到枯燥，而多元化的题型可以激发学习者的学习兴趣，更可以全面调动其学习感官，促进学习能力提高和学习成绩的进步。

### （五）练习题量应均衡分配

在编写当代中国话题课程教材的词汇练习时，应该将总题量和每个课时分布的题量进行人为地干预和控制，不可过多也不可过少。词汇练习量应遵循学生学习认知的规律，根据学习的不同阶段可以采取从少到多、从多到少的方式，避免漫无目的的波动型题量分配模式。每个题型的题量和题量强度要全盘考虑，尽量均衡分配。

通过当代中国话题课程教材词汇编排和词汇练习的计量考察，可以发现，立足新时代，编写具有中国时代特色的本土化的对外汉语教材是当务之急。目前的相关教材在编写内容、编写理念、编写时间等方面都存在着不同程度的滞后。

汉语作为第二语言教学近年来发展迅速，但相关的完善的学科体系仍未形成。目前中国的对外汉语教学方法理论还相当大程度上依赖西方的二语习得的语言学理论，不单是缺乏本土语言理论的指导，在利用西方语言学理论的同时还比较分散，不成体系。

所以，汉语作为第二语言教学要发展，不但要引介西方语言学理论，还要学习西方语言学理论体系，进而形成具有中国特色的二语习得理论体系。创造既有理论创新，又有应用研究的新局面，完成汉语教学对内对外研究从点到面，从分散到系统的理论建设。整个社会都期待着更为成熟、更能展现当代中国社会风貌的当代中国话题课程教材的面世。这不仅对中国社会语言学和汉语国际教育的发展具有理论指导意义，还对国家语言政策的规划、国家语言安全的保护都具有实践转化意义，对习总书记提出的更高层次的中国社会科学话语体系建设有着更为积极的开创意义。

## 参考文献

[1] 池昌海，杨城．“V 什么 X”的驳难语力及其心理参量．华文教学与研究，2023（1）．

[2] 郭龙生．对外汉语教学的语言规划价值及其中的问题与对策．当代修辞学，2006（3）．

[3] 柯丽芸．汉语第二语言教材词汇的义类分布研究．厦门：厦门大学硕士论文，2008.

[4] 楼敏艳．《发展汉语》与《成功之路》高级综合教材对比．武汉：华中师范大学硕士学位论文，2015.

[5] 牛书田．对外汉语教材中的词汇处理分析研究，济南：山东大学硕士学位论文，2008.

[6] 汪倩倩．二战美军专用教材《汉语口语入门》与《汉语词汇手册》研究．广州：中山大学硕士学位论文，2016.

[7] 杨惠中．语言测试与语言教学．外语界，1999（1）．

[8] 杨寄洲．编写初级汉语教材的几个问题．语言教学与研究，2003（4）．

[9] 袁博 . 对外汉语教材动词选用研究 . 长春：吉林大学硕士学位论文，2007.

[10] 赵云 . 澳大利亚汉语教材《你好》与《成长》的比较研究 . 长春：吉林大学硕士学位论文，2016.

[11] 周丽娟 . 对外汉语初级综合课教材练习设置的考察与分析 . 上海：复旦大学硕士学位论文，2010.

[12] 周明朗 . 语言识别：民族国家建设与全球化 . 语言战略研究，2018（2）.

# 假设复句中“要是”“如果”之差异辨析

丁瑞阳 *

## 一、前言

在翻阅华语教材《时代华语》第一册时，笔者发现第十课的某一语法点为“要是 / 如果……就……”，该处将“要是”“如果”相提并论的做法，让人不禁开始思考，如此一视同仁真妥否？这两者之间又有什么不同？为了厘清两者间的差异，本文将以“要是……就……”及“如果……就……”为根本，探讨假设复句中“要是”与“如果”的异同。

## 二、文献探讨

### （一）何谓复句

在华语中，复句相对于简单句而言为复合的句子，由两个或两个以上语义相关且具有逻辑意义上的关联性的分句所组成，分

* 丁瑞阳，台湾“清华大学”跨院国际硕士学位学程在读硕士生，主要研究领域为汉语语法及华语教学。

句之间彼此独立，不是其他分句的成分，分句彼此间也相互依存，具语义关系（吕叔湘、朱德熙，1952；范晓，1998）。

分句是结构上类似的单句而没有完整句调的语法单位。复句中的各个分句之间一般有停顿，书面上用逗号、分号或冒号表示；复句前后有隔离性语音停顿，书面上用句号或问号、叹号表示。常见的复句类型有并列复句、承接复句、选择复句、递进复句、因果复句、转折复句、假设复句、条件复句等。

“如果”和“要是”为假设复句常用的关联词语，“如果”和“要是”所领导的假设分句多是用来陪衬结果分句，分句与分句之间有主从的关系（齐元涛，2000；刘月华等，2001）。

### （二）假设复句的定义

给假设复句下定义的时候，如何区分假设、条件、因果是一大难点，关于其归属问题，各家各派说法不一，至今仍没有定论，赖姿容（2015）整理了部分学者对这三类复句的分类，列表如下：

**表1　各家学者对于假设复句、条件复句、因果复句的分类**

| 著作 | 假设复句 | 条件复句 | 因果复句 |
| --- | --- | --- | --- |
| 黎锦熙（1924/1992） | X | X | 假定的原因 |
| | | | 确定的因果 |
| | | | 虚拟的条件 |

续表

<table>
<tr><th>著作</th><th>假设复句</th><th>条件复句</th><th>因果复句</th></tr>
<tr><td rowspan="5">胡裕树（1992/2008）</td><td rowspan="5">X</td><td>假设的条件</td><td>原因→结果</td></tr>
<tr><td>特定的条件</td><td>结果→原因</td></tr>
<tr><td rowspan="3">无条件</td><td>理由→结果</td></tr>
<tr><td>结果→理由</td></tr>
<tr></tr>
<tr><td rowspan="5">马林可（1994）</td><td>未成事实</td><td>未成事实</td><td>已成事实</td></tr>
<tr><td>由未然因推未然果</td><td>由必然果推未然因</td><td></td></tr>
<tr><td>关注结果如何</td><td>关注条件具备与否</td><td></td></tr>
<tr><td>虚拟情况多项可选</td><td>条件式单向可选</td><td></td></tr>
<tr><td>推论结果是种可能</td><td>目的结果确定无误</td><td></td></tr>
<tr><td rowspan="2">刘月华等（2001）</td><td>侧重假设</td><td>侧重条件</td><td>说明因果句</td></tr>
<tr><td></td><td></td><td>推断因果句</td></tr>
<tr><td>邢福义（2001）</td><td>假设性因果推断句</td><td>条件性因果推断句</td><td>说明性因果推断句</td></tr>
<tr><td rowspan="5">房玉清（2008）</td><td rowspan="5">X</td><td rowspan="5">X</td><td>一般性因果关系</td></tr>
<tr><td>条件性因果关系</td></tr>
<tr><td>假设性因果关系</td></tr>
<tr><td>推断性因果关系</td></tr>
<tr><td>目的性因果关系</td></tr>
</table>

由表 1 可知，关于假设句、条件句、因果句三者的分类，目前学界说法依然众说纷纭，对于此般纷乱的界定，应返璞归真，回到三者语意本身界定其中差别。根据台湾《重编国语辞典修订

本》所述，“假设”通如果，属于凭空的构想；“条件”为应具备的要项；“因果”即原因和结果，指事情演化的前后关联。三者关注的焦点不一，故笔者认为假设句、条件句、因果句三者应各自独立。

因果句表明了事件发生的先后顺序及缘由，在时间轴中真实存在，着重事物间的因果关系；假设句和条件句则不同，它并不真实存在于时间轴中，而是一种虚拟性的想象。虽说假设句和条件句有虚拟这一共同特点，但是两者的指向却有所不同。假设句着重虚拟性的假设，条件句强调虚拟的原因是条件，且假设句与条件句有多种不同，这将在下文做进一步的探讨。

### （三）假设复句与条件复句

假设复句与条件复句有某些相同之处，即其中一个分句都表示“条件”，另一个分句表示结果，这给正确理解和区分两种复句带来了一定困难，可若能弄清这两种复句的特点，问题就会迎刃而解。

假设复句在偏句提出假设，在正句表示假设实现后所产生的结果。如果假设成立，结果就能出现，即假设与结果是一致的。在假设复句中，依据关联词的不同，又可细分成两类。第一类是以“如果”领导的一致关系，主要有“如果、假如、假使、假若、若是、倘若、要是”等，经常和它们搭配使用的副词有“就、便、也”等；第二类是“即使”为首的相背关系，常用的主要有“即使、纵然、哪怕、就算”等，与之搭配的副词主要是“也”。前者一看便知，后者就容易混淆。例句如下：

①要是你去，我也去。

② 即使你不去，我也去。

例 ① 一看便知属于假设复句，而例句 ② 比较特殊，假设中含有转折的意味，前一分句说出假设的某种情况，并退一步，肯定这种情况是事实，后一个分句在意思上来一个转折，说出一个与假设情况不相应的结果。这就很容易与表示转折关系的句型“尽管……还是”相混，如，尽管你不去，我还是去。需特别注意。

下面再看条件复句，条件复句在偏句提出条件，在正句表示在满足条件的情况下所产生的结果。条件关系分有条件和无条件两类。无条件常用的关联词有“无论、不论、不管”等，经常与其搭配的副词主要是“都”。

有条件又分充足条件和必要条件两类。用充足条件关联词语，表示偏句是正句的充足条件，正句表示在具备这种条件下就能产生相应的结果，语气和缓。“只要……就……”为其常用的关联词语；用必要条件关联词语，则表示偏句是必要条件，缺少了这个条件，就不能产生正句提出的结果，语气坚定。常用的关联词有“只有、除非”等，经常与其搭配的副词有“才、便”等。

这两类的不同在于前者表示具备什么条件，就可能产生某种结果。而后者则说不论在什么条件下，都会产生相同的结果。如：

③ 只要你去，我就去。

④ 无论你去还是不去，我都去。

例③表示“我去”的条件是“你去”，而例④则点出“我去”是无条件的，与你去不去无关，这是一种“无条件”的条件复句。

熟悉假设复句和条件复句的关联词，是从形式方面区分两种复句的手段，同时也可以增强从语感方面区分条件复句和假设复句的能力。

上面谈了两种复句的分类及常用的关联词，也是区别它们的一般方法，即形式区别法，接着再谈一下意义区别法。请看例句：

⑤天气冷的话，不去也行。

⑥你再加把劲，成绩会上去的。

要正确判别它们两句分别是哪种复句，就得弄清两种复句所表示的不同的意义关系。从意义角度着手，假设复句表示要产生某种结果，未必一定要某一条件，例如：“穿得花哨一点，就表示自己的心永远是年轻的。”[①]要产生“表示自己的心永远年轻”这一结果，不一定非要“穿得花哨”，做其他事来表示也可以。而条件复句则表示要产生某种结果，必须得具备某一条件，例如：“有了读书的教室，就可以不断地教育下一代。”[②]要产生“不断地教育下一代”这一结果，就一定得具备“有读书的教室”这一条件，至此，上面例⑤例⑥两复句的差别就不言自明了。

这种方法对区分那些没有关联词或关联词不明显的复句是很

① 例句取自：台湾研究院现代汉语标记语料库 4.0 版。

② 例句取自：台湾研究院现代汉语标记语料库 4.0 版。

有效的，对准确理解这两种复句的意思也很有帮助。从另一个角度看，这对正确使用关联词也不无裨益。像上面例⑤例⑥两句要加上关联词表达的话，就可以这样说："如果天气冷的话，不去也行。""只要你再加把劲，成绩就会上去的。"但也有例外，在没有关联词的情况下，有的句子既可以是假设复句，也可以是条件复句，例句如下：

⑦一个三角形三角相等，它一定是等边三角形。

⑧老头坐在山坡的麦田旁说："下上一场透雨，苗啊，你就不渴了。"

这类句子的特点是有其条件，必有某果。要有其果，定有其条件，这和前面讲的两种情况有明显的不同，这类句子在判别时，理解成假设复句或条件复句都是可以的。

总而言之，假设复句说的是在某一假设情况下可能会出现的结果或必然结果，故假设的条件和结果之间是一种外在的逻辑联系，在结果不变的情况下，假设复句的情况条件是可以取代的；而条件复句着眼于某一必然结果或可能结果的出现，必须要具备某一条件，故条件与结果之间是一种内在的逻辑联系，在结果不变的情况下，应有的条件是不可少也不能取代的。如果弄清了条件复句和假设复句所表示的不同的意义关系，又熟悉两类复句的关联词，这两种复句的区别就不难了。

### （四）假设复句的标记

假设复句有许多假设标记，但在全部的假设标记中，只有"如果"和"要是"在《华语八千词》中被归类于基础级，显示假设关联词语为华语学习者在初级阶段到中级阶段就会接触到的内容。由此可知“如果”和“要是”在华语教学中有其必要性。假设关联词语“如果”“要是”等多出现在前分句，因此可称为前分句标记；“就”多出现在后分句，因此可称为后分句标记。

吕叔湘（1999）把假设标记定义为连词，“要是、如果”与“就”搭配使用是十分典型的情况；“如果”和“要是”都是假设关联词语，但在用法上稍有不同，卢福波（2000）指出“如果”可出现在口语和书面语中，使用的频率最高，而“要是”只能用于口语。关于这点笔者持保留态度，待下文语料分析再做进一步的确认。

在“就”担任关联词方面，吕叔湘和刘月华有共同之处，吕叔湘（1999）相信“就”表示承接上下文并得出结论，可归纳为“如果……就……”及“不A就A”两类；刘月华（1996）注意到“就”常和一些表示条件的连词搭配使用，连词用在第一分句“就”用在第二分句，起关联作用；屈承熹（2010）则认为，“就”前面的条件是唯一必要条件。

### （五）小结

就性质来看，条件复句中分句之间的关系是条件和结果的关系，偏句提出一种真实或假设的条件，在这个条件下，主句解释结果；假设复句则由两个假设性从句组成，前一条款假定存在或发生某种情况，后一条款解释假设情形的结果。他们大多数在两个句子中都有连词。有些只在解释条件的句子中使用连词。

## 三、语料分析

从上文前人的研究及归纳中我们可以得知，“要是……就……”和“如果……就……”皆为假设复句，其中包括正句和偏句两个部分，前面的偏句提出一个假设情况，后面的主句说出假设情况一旦实现时所产生的结果（杨玉玲、吴中伟，2013）。《新华字典》标明“就”用在动词前面，表示在某种条件或情况下自然怎么，这点在上述两种假设复句中是相同的。故笔者将目光投向“要是”及“如果”，决定先从词意下手，发现在《中文词汇网络》中，两者都被标示为关联连接词，目的在于连接假设条件；而在《重编国语辞典修订本》中，“要是”有“如果＋是”的含义，“如果”则和假使、倘若相当。同时也能发现，两者所列的例句，“要是”和“如果”似乎可以互换而不影响其义。

**表2 “要是”及“如果”之辞典释义**

| | 中文词汇网络 | | | 重编国语辞典修订本 |
|---|---|---|---|---|
| | 释义 | 词性 | 例句 | 释义 |
| 要是 | 关联连接词<br>连接假设条件 | 连接词（Cbb） | 你要是太饿，就先吃些口粮吧！ | 若是、如果是。 |
| 如果 | 关联连接词<br>连接假设条件 | 连接词（Cbb） | 爸爸常吓唬我们，如果你们不乖，就会被关到少年管护所！ | 假使、倘若。 |

为了更近一步探究“要是”和“如果”的不同，笔者追本溯源，将词拆开来，以字义的角度细看两者的区别。根据《新华字典》的描述，“要”最初为能愿动词，具主观性和非现实性，“是”则表判断或指示，“要是”的语义便由说者的意愿、估计，语法化形成带有假设义的关联连接词；“如”和“果”本身即为

表假设条件的单音节连接词，同义复合词“如果”的原始语义为如果真的，同时包含了假设与确认，之后逐渐惯例化形成假设关联连接词。

而在台湾“华语教学体系应用查询系统”之“词语分级标准检索系统”中，能够发现“如果”在书面的使用低于口语，“要是”在书面的使用则高于口语。值得注意的是，不管书面词频或口语词频，“如果”都远高于“要是”。

**表3 “要是”及“如果”之词频比较**

| 词语 | 等别 | 级别 | 情境 | 书面词频（每百万词） | 口语词频（每百万词） |
|---|---|---|---|---|---|
| 要是 | 基础 | 第2级 | 核心词 | 123 | 54 |
| 如果 | 基础 | 第2级 | 核心词 | 1392 | 1604 |

利用《BCC语料库》进阶搜寻，亦能发现在限定为对话的语料中，单以惊叹号做结的感叹句来说，“要是……就……”的使用频率高于“如果……就……”。因此笔者大胆假定“要是”的情感表达应比“如果”更强烈且更为主观。

此一现象可能与礼貌原则（Leech，1983）有关，人们在对话时倾向使用委婉语来维护交际双方消极或积极的面子，故“要是”和“如果”虽然都能表达跟现实状况不一样的假设，但是一般情况下我们偏好使用仅为单纯假设的“如果”而非含有主观意愿的“要是”。可也因“要是”比“如果”多了种加强语气的感觉，若欲表示强烈的愿望，责备或警告某人时，“要是”会比“如果”更合适。以下为《COCT书面语料库》中的例子：

①要是得吃一顿雷公肉，那就好了。

② 要是不交罚银，就剜你的眼睛。

③ 要是你听我说，就不挨捉啰！

接下来笔者从《CCL语料库》搜寻相关语料，比较“如果”“要是”在句构上的差异。而为确保所采用之语料皆为有效语料，此处不会列入语意不完整或缺少主要子句等的语料。层层筛选之下，发现差别主要有二：

其一，“要是”能受副词修饰，“如果”不能。

④ a. 真要是走不了，就还回来！

b. * 真如果走不了，就还回来！

c. 如果走不了，就还回来！

⑤ a. 只要是尽了力，就是对得起自己。

b. * 只如果尽了力，就是对得起自己。

c. 如果尽了力，就是对得起自己。

虽说“要是”能受副词修饰，可除了例④a、例⑤a中，已与“要”结合多时并自成惯例的“真”和“只”外，似乎亦无其他能修饰要是的副词。但能肯定的是“如果”无法直接受任何副词修饰。若强行添加，就会造成类似例④b、例⑤b的病句。

其二，“要是”不需再跟“是”合用，“如果”则否。

⑥ a. 要是我，就不会这么干。

b. * 如果我，就不会这么干。

c. 如果是我，就不会这么干。

⑦ a. 我要是您，就不跟她浪掷光阴啦。

b. * 我如果您，就不跟她浪掷光阴啦。

c. 我如果是您，就不跟她浪掷光阴啦。

从例⑥、例⑦中可以发现，“如果”需与“是”合用的原因在于其只能出现在完整的句子中，若如例⑥b、例⑦b一般，后面接的仅是名词短语，单靠“如果”本身并不能组成完整的句子，必须像例⑥c、例⑦c一样，在中间加上“是”才行；而“要是”因其中已包含“是”，在构句方面的能力远高于“如果”，后面只接单一名词亦能成句。

## 四、教学设计

根据邓守信（2018）在《对外汉语教学语法》中对语法点教学排序的看法，语法的排序分别受到情境、词汇和句构这三个因素的影响。因此，虽然“要是”约等于“如果是”，但是为避免学生混淆，笔者认为应将“要是”和“如果”分开教授。其中，使用频率高的“如果”要先于“要是”教授，再者，以英语系国家的学生为例，“如果”的概念能直接对应英文的“ if”，考虑到跨语言距离，正迁移越大的内容越应该先教授，学生能将旧有经验带入，举一反三。待到学生能将“如果……就……”熟悉运用时，“要是”的带入便水到渠成。首先必须让学生理解“要是”和“如果”可以相互替换，且“要是”和“如果”可以作为假设关联词语存在于主语前或后，可以连接动词、短语、句子。而“要是”后面可以直接放置名词，但是“如果”不行。同时强调两者在句构上的差异。其次，依照第三部分所述，虽然“要是”和“如果”都能表达和现实情况不同的假设语气，但是当口语对话中，语气强烈或是想表达较为主观或强烈意愿、警告或告诫的情况时，提醒学生用“要是”较为口语且贴近语气。最后带入语用，搭配各种情境提示，借由语境带出并且比较“要是”和“如果”两者的不同之处，让学生练习使用并且判断。比如：别人／说不出来、学生／免费、有车／开车去上学、天气不好／不去游泳、不听话／妈妈会生气、有钱／买、太辛苦／辞职、不付钱／报警、付钱／能解决、勤奋努力／拥有美好未来、告别阴影／迎向光明……利用这类型的句子，让学生们去依照已经学过的句子元素判断是否两者都可以，或是想要强调的时候，可以用什么？如果开头是名词，那该怎么搭配？或是该怎么改写？借此方式让学生了解两者的异同，体会“如果”和“要是”在不同场合的使用时机。

## 五、结论

依照台湾“华语教学体系应用查询系统”所提供的“词语分级标准检索系统”，我们可以知道，“如果”在书面的使用频率相较于“要是”高；而不论是在书面或口语词频中，“如果”的出现频率都远高于“要是”。在感叹句的使用上，“要是”的使用频率亦高于“如果”。因此“要是”较“如果”更口语，可能也更具备主观看法与强烈语气。而且“要是”可以后面直接搭配名词，“如果”不行。

五千年中华文化博大精深，对于母语者来说习以为常、下意识的字词使用、语用习惯，对于语言学习者来说却是雾里看花、盲人摸象。更有甚者，于模糊容忍度低的学生而言，近义词、相似词的区辨尤其重要。“要是”和“如果”是中文学习者在语言学习前期容易接触的两个近似关联词，通过语料库作为材料观察并且整理，相信较能让华语学习者理解“要是”和“如果”这两者的使用时机、用法与两者之间的表现差异。

## 参考文献

[1] 台湾华语教学体系应用查询系统网站，https://coct.naer.edu.tw/standsys/.

[2] 北京大学中国语言学研究中心 . 北京大学 CCL 语料库网站，http://ccl.pku.edu.cn:8080/ccl_corpus/. 2003.

[3] 北京语言大学语言智能研究院 . BCC 语料库网站，http://bcc.blcu.edu.cn/. 2019.

[4] 邓守信 . 对外汉语教学语法（修订二版）. 台北：文鹤出版社，2018.

[5] 范晓 . 汉语的句子类型 . 太原：书海出版社，1998.

[6] 柯灌耘 . 副词“才”、“就”分析语教学应用：以语料库为本 . 台北：台中教育大学语文教育学系华语文教学硕士班硕士学位论文，2017.

[7] 赖姿容 . 华语假设句的功能研究及其教学——以“如果”、“要是”为例 . 新竹：新竹教育大学中国语文学系硕士学位论文，2015.

[8] 刘月华，潘文娱，故桦 . 实用现代汉语语法 . 台北：师大书苑有限公司，1996.

[9] 刘月华，潘文娱，故桦 . 实用现代汉语语法增订版 . 北京：商务印书馆，2001.

[10] 卢福波 . 对外汉语常用词语对比例释 . 北京：北京语言大学出版社，2000.

[11] 吕叔湘，朱德熙 . 语法修辞讲话 . 上海：开明书店，1952.

[12] 吕叔湘 . 现代汉语八百词增订本 . 北京：商务印书馆，1999.

[13] 齐元涛 . 篇章 . 香港：海峰出版社，2000.

[14] 屈承熹 . 汉语功能篇章语法：从认知、功能到篇章结构 . 台北：文鹤出版社，2010.

[15] 台湾教育研究院 . COCT 书面语料库网站，https://coct.naer.edu.tw/

cqpweb/yl2019v3/index.php. 2019

[16] 台湾研究院. 现代汉语平衡语料库网站，http://asbc.iis.sinica.edu.tw/. 2013.

[17] 魏建功. 新华字典. 北京：商务印书馆，1953.

[18] 杨玉玲，吴中伟. 国际汉语语法与语法教学. 北京：高等教育出版社，2013.

[19] 杨之绫. 条件关联连接词“只要”与“只有”和假设关联连接词“如果”与“要是”之语义、语法及语用探究. 台北：台湾师范大学华语文教学系硕士学位论文，2021.

[20] 张莉萍. 华语八千词. 台北：台湾师范大学，2003—2004.

[21] Huang, Chu-Ren and Shu-Kai Hsieh. *Infrastructure for Cross-lingual Knowledge Representation—Towards Multilingualism in Linguistic Studies.* Taiwan NSC-granted Research Project（NSC 96-2411-H-003-061-MY3），2010.

[22] Leech, G. *Principles of Pragmatics.* London: Longman, 1983.

# 国际中文教育视域下的孔子学院语言景观研究*

付文莉　张敬昀**

## 一、引言

当下，一个困扰汉语国际传播的重要问题是，如何让更多非正式汉语学习者转换为正式汉语学习者。在进入正式学习阶段之前，学习者必然已经通过某种形式对汉语进行了有效的接触，而与汉语进行非正式接触的人群正是汉语学习者的主要来源。不同于与正式学习同时并行的非正式学习，这种预备性的非正式接触作为正式学习的预备阶段，与正式学习形成了一个时间上的递进

* 基金资助：本文系 2022 年度国际中文教育研究课题青年项目资助"多模态话语视域下国际中文教育教材建设研究"（项目编号：22YH16D）、甘肃省哲学社会科学规划一般项目"中亚华裔留学生中华文化认同及华文教育研究"（项目编号：20YB033）、2022 年度国际中文教育研究课题重点项目资助"全息论视角下国际中文教育在线教学研究"(项目编号：22YH48B) 的阶段性研究成果。本文观点受到北京语言大学语言学系卢德平教授启发，特此致谢！

** 付文莉，北京语言大学应用语言学博士，西北师范大学国际文化交流学院讲师，研究方向为社会语言学、国际中文教育。张敬昀，北京语言大学语言学系在读硕士研究生，研究方向为语言符号学、汉语国际传播。

序列。在这一阶段，学习者并不学习具体的语言知识，而是试图与一个社会环境建立可靠的关系（Lee et al，2009）。

孔子学院语言景观在这一过程中扮演着重要角色。在作为汉语学习与传播空间的孔子学院中，人们可以通过语言景观从直观上对其空间性质进行符号化的把握。同时，孔子学院语言景观还会通过自身的文字、图像等元素为作为学习空间的孔子学院提供适宜的要素，进一步将其空间性质转化为学习环境，从而形成一种增性的补充。这样，处于预备阶段的学习者，通过语言景观的阅读，得以将自身定位转化到下一步的正式学习阶段中。基于此，本文需要回答的问题是：这种转化的发生何以可能？基于何种条件？又有哪些可能的途径？

这一过程的发生至少要满足两个基本条件。第一，孔子学院语言景观作为占据了一定视觉空间的外部刺激因素，对学习者而言是一种输入，是包括了汉字、汉语形象、汉语文化等一系列内容的语料的刺激。这种输入要有效，必然首先要具有可理解性，且同时为读者预先提供超过现阶段的内容元素（Krashen，1982）。换言之，孔子学院语言景观的输入既要融入正式学习阶段才会接触到的知识内容，又要简化为预备阶段可理解的形态。第二，面对语言景观所提供的外部刺激，读者要接受并参与其中。这意味着，读者要在对语言景观文本的阐释、对汉语形象和文化的理解、对语言景观所指涉活动的加入过程中，得以发挥自身的自主性。这样，在从预备阶段转入正式学习阶段的过程中，更强的自主性更有助于参与者对于汉语学习共同体的融入性动机，从而在社群中促进汉语学习的发展。

这样看来，在将预备阶段转化为正式学习阶段的过程当中，孔子学院语言景观承担了一种中介性的功能。它为学习者提供了适宜的可理解性输入以及相应程度的自主性参与。总体而言，它为读者从预备阶段进入正式语言学习阶段提供了一个可供凭借的中介性工具，以便学习者进入其临近发展区间（zone of proximal development）（Vygotsky，1978）。下文将讨论这种中介性功能有哪些可能的实现路径。

## 二、作为输入机制的孔子学院语言景观

孔子学院语言景观所营造的公共空间作为中介系统（中观环境），为正式课堂学习提供了一个预备参与阶段，即学习者作为参与者从一个环境到另一个环境的过渡和适应，预备阶段与正式阶段的汉语学习互为补充、相互连接，促进了外国大学生学习汉语及汉语国际传播的程度。一方面，外国大学生从预备阶段进入正式学习阶段，存在从一个环境过渡到另一个环境中的相关信息或相关体验（Bronfenbrenner，1979），从汉语学习的非正式（孔院景观）环境到正式（课堂教学）环境，孔院汉语景观其实是在无形之中切入课堂教学环境中的，即外国大学生在接受课堂汉语教学、参与课堂讨论或活动时会运用在孔院景观中预先了解的一些信息或参加的相关活动而获得的体验来配合完成相关课堂汉语教学。另一方面，语言景观的设置需要创设者和读者共同协商（尚国文、赵守辉，2014b）。就外国大学生（与汉语进行非正式接触的人群）学习汉语来讲，首先是从外部环境中获得相关知识，即孔院汉语景观。而在他们进入课堂并接受课堂的学习中，也在学习与汉语相关的知识，较之外部环境获得的非正式印象更系统化、具体化和复杂化，但两者之间存在重叠性知识，即外国大学生在预备阶段通过孔院景观输入的对汉语可理解性的非正式

学习与他们进入课堂接收的正式汉语学习之间的知识是有交叉、相同的知识出现的。例如当他们学习与中国传统节日相关的章节知识时，必然会接触到描述中国传统节日的词语“中秋”以及“诗歌”等，而外国大学生对这些知识在汉语学习的预备阶段就有预先认识与初步了解。这在一定程度上说明，孔院汉语景观作为前一个阶段预先出现后一个阶段的元素，为外国大学生学习汉语提供了夯实的预备性基础。至此，我们认为，作为输入机制的孔院汉语景观，其结构和功能主要从能指（多模态、关键词）和所指（汉文化、汉字形象）两个层面帮助学习者从预备阶段进入正式阶段。

### （一）能指层面

1. 能指层面的第一个维度是“多模态”要素

一方面，语言景观中的图像作为多模态元素之一，是呈现增补性、注释性内容的主要方式和手段（尚国文、赵守辉，2014a），视觉图像在说明、插图、例证、图解、装饰以及信息等方面变换着其功能（Kress & van Leeuween，2006）。另一方面，在课堂之外的本土化孔院空间中，汉语景观中的图像元素并没有扮演“教学”或“教导”等方面的角色，而是作为一种辅助汉语的多模态要素存在并分布于可视化的孔院空间中，便于外国大学生在进入课堂之前的预备阶段对于汉语有一定的输入性理解和认识，且在接受课堂汉语教学后对汉语相关的语言知识及其他相关的文化要素加以巩固。除此之外，书面语体 / 文本本身为视觉交际 / 互动的一种形式。对于预备阶段学习汉语的外国大学生来讲，他们在无形之中把汉语景观中的语言视为预备阶段非正式学习过程中的识字视觉媒介，即他们看到标牌上的汉语时不会张嘴表达，不会发声，但可以借助汉语景观上的图像等其他多模态要素、视觉设计以及作为注解的本土化官方语言来辅助理解、感知标牌上汉语的大概内容（Kress &van Leeuween，2006），从而对汉语有一个初步的认识和了解。

基于上述分析，就外国大学生学习汉语这一过程而言，从预备阶段到正式学习阶段，汉语景观作为可视化的公共标牌出现在本土化的孔院空间中，遍布大量相关的汉字元素，为其塑造了典型的汉字形象。

**2. 能指层面的第二个维度是主题词 / 关键词（keywords）对中国文化背景、活动等的索引**

在这里，学生并不以学习语言本身为目的，而是以语言的意义理解和应用为目的。这种学习机制有助于培养其对语言的综合运用能力（姜丽萍，2013）。语言景观中的图像作为言语符号之外的其他符号，所表征的意义在很大程度上依存于语言符号文本，语言符号文本又在一定程度上延伸了图像的意义（Barthes，1977）。图像元素具有“一词多义”（polysemous）的性质，能够开拓一系列可能的无限度意义。为明确确切的内容和意义，需要切合主题的主题词来辅助锁定图像的主旨内容，旨在实现能够使得接收者理解其真正的内容和含义这一目标。孔子学院汉语景观不是合乎语法的句子构成，也不是复杂的语句组合，而是带有主题词色彩的简化关键词陈列。关键词不是清晰的分解，也无规则可循，外国大学生通过对非清晰的关键词的学习是一个正式接受规则学习之前的预备性过程。

### （二）所指层面

#### 1. 汉文化为所指层面的第一个维度

汉语作为外国大学生第二语言习得的语言，学习者首先要理解语言输入（Karashen，1982）。当下普遍存在的一种形式是，通过母语使用者针对目标语言的非母语使用者的语言修饰，输入才能变得可理解。然而，有关母语人士 / 非母语人士对话的研究表明，在这方面，对话交互结构的重要性比输入修饰更广泛（Long，1983）。基于这一观点，孔院汉语景观中的交互结构可以体现为汉语景观中的汉语旁都有本土化的母语英语等作为注解，非母语和母语之间形成交互，从而达到可理解性输入。而外国大学生在对话阶段学习的汉语很大程度上是非语法化的、碎片化的，他们在初始阶段虽然通过汉语景观对汉语有了一定的认识，但汲取的可理解性语言输入也是有限的，一般没有复杂的句法出现，单独简化的语言交互 / 修饰对于外国大学生在预备阶段学习汉语就已足够，因为在尚未正式学习之前，过于复杂化的知识不能够很好地进行可理解性输入，与此同时，这又印证了孔院汉语景观为什么是以主题词 / 关键词的形式呈现的。

#### 2. 汉字形象为所指层面的第二个维度

一方面，语言景观以书面文本的形式呈现于可视化的公共空间中，与第二语言识字技能的发展息息相关，而孔院汉语景观有助于提升外国学生在预备阶段学习汉语的识字技能。正如 Moss（2003：76）所言，当今的聚焦视角在于“事件本身，即阅读发生时的社会结构性时刻……在识字过程中参与者之间的互动将确定并指向文本的内容。”另一方面，从心理语言学的角度来看，在阅读过程中具有一些诸如单词识别、文本呈现等关键性的组成元素（Tokowicz & Perfetti，2005），而识字方法的最基本特征是多模态，孔院汉语景观同样从这一维度印证了通过多模态元素而识别汉字、塑造汉字形象的特征。在多模态识字方法中，仅仅通过语言的方式和手段是不可能实现充分的交流和互动的。在孔院汉语景观中，外国学生通过同时阅读语言文本和附带的图像来感知汉字形象、识别中文信息（Goddard，2001）。语言景观中所呈现的所有元素都是反映多模态现实的一部分，汉语作为孔院汉语景观中符号系统的一部分，能够为外国学生提供识字的机会（Cenoz & Gorter，2008）。

综上所述，在学习汉语过程中孔院汉语景观作为前一个阶段预先出现后一个阶段的元素，通过多模态、非线性的关键词、汉文化以及塑造汉字形象帮助外国学生学习汉语从预备阶段进入了正式学习的阶段，由于孔院汉语景观本身多模态且多语的特性，从而决定了孔院汉语景观中的语言不孤立于图像、色彩及标志等各种多模态元素的性质。因此，孔院汉语景观中的多模态、主题词、汉文化以及汉字形象四者之间相互依存、互为补充，为外国学生提供了预先学习汉语且识别汉字形象的机会。

## 三、作为空间构成的孔子学院景观

汉语景观不仅作为输入机制为学习者提供了多模态的语料刺激，同时还从更深一层构成了作为汉语学习空间的孔子学院。孔院空间首先是东道国的本土空间。基于汉语景观符号，这个本土空间被赋予了汉语文化意义，从而形成了汉语学习空间的基本性质。在这个过程中，原本无差别的本土空间在汉语景观符号提供的“异质性”中被分化为了汉语学习空间。通过异质性要素的整合，不同的符号系统在一个统一的“符号域”中相互协商

（Lotman，1990），从而形成多种语言文字和文化系统共同作用的孔院汉语学习空间。

如 Landry & Bourhis（1997：27）所言，语言景观作为空间中的视觉符号具有象征功能。一方面，空间中的符号会索引到空间本身的性质（Scollon & Scollon，2003）。汉语景观所呈现出的异质性特征，恰恰索引出了孔院学习空间的异质性特征。另一方面，符号的异质性又通过对互动规则的规定而影响了空间中发生的人际互动（Scollon & Scollon, 2003）。汉语景观同样在这一层面规定了空间中的一些基本的互动规则。这样，我们至少可以从汉语景观的象征功能中得到三种层面的异质性特征：景观元素的、空间功能的和互动规则的。

语言景观元素的异质性是最表层的特征。语言景观反映着社会的全球化进程（田飞洋、张维佳，2014），更反映了语言的全球流通情况。语言景观通过异于本土文字的汉字，呈现出一种"文化他者"的"声音"，从而在孔院空间中将异质的汉语文化融入了本土空间之中，形成"一个多种语言彼此激荡的开放的……语言世界"（Bakhtin，1981）。

通过对这些空间关系和语言使用的阅读，读者得以将注意力投射到汉语上，对汉语形成一种语言意识。一方面，语言意识为进一步的学习参与提供了基于注意和主动性的必要条件（van Lier，2004）。另一方面，它又通过对读者的"外部中心的语言活力信念"的激发提高其语言表现（Landry & Bourhis，1997）。换言之，在语言景观大量使用的环境中，读者认识到汉语是作为一种得到了活跃使用的语言；而这有助于读者建立起汉语群体中的成员身份认同（Giles & Byrne，1982）。

第二种异质性特征是空间功能层面的。事实上，在孔院语言景观中，汉语和本土语言之间具有一种功能性的互补关系。在汉语景观赋予了孔院以汉语学习空间的同时，本土语言并未缺位，反而同样强调着孔院作为本土文化教育事业的一环而构成的本土文化空间的功能。这两种空间功能在不同的场合下形成一种动态的平衡。通常在宣告身份认同、开展娱乐活动的语境下，孔院发挥汉语学习空间的功能，汉语得以占据主导地位；而在重要通知、正式公告的语境下，孔院发挥本土文化空间的功能，因而本土语言占据主导地位。特别是对学生下达的正式、重要的通知和布告，往往是以本土语言为主导的。

第三种特征是互动规则的异质性。任何空间功能的实现，都要基于具体的社会互动；而任何社会互动，都是在一定的秩序和规则之下被规约的。汉语景观作为孔院语言实践的规约者，提供了异质于本土规则的元语言。正是基于这种规律，语言景观影响着人们的思考和行动的内容（张天伟，2020）。

异质性的景观同时具有自反性，汉语景观自身规定了自身的元语言地位，进而规定了汉语在空间互动中的主导性地位。元语言“自始就内在于我们对自己语言使用的理解中”（Harris，1997），而这决定了任何语言及其表达都始终具有自反性。汉语景观这种对汉语主导地位的强调，本身就是一种对语言使用规则的规约。而孔院作为汉语学习空间，自然是这一规则的生效范围。这样，汉语景观就为孔院学习空间提供了一种异质性的元语言规则。在这一空间内，学生应当尽量用汉语表达、思考和理解他人，并尽量理解汉语及其所代表的汉语文化的价值。而这种元语言规则则进一步提高了学生的语言意识，为学生进入正式阶段的语言学习做了预备性的准备（van Lier，2004）。

至此，我们梳理了孔院作为汉语学习空间，其汉语景观构成的基本异质性特征。学生对异质性语言文化的预先适应是预备阶段的重要职能。通过对汉语景观的阅读，学生具有了初步的语言意识，对汉字的基本特征有了直观的了解，并对孔院汉语学习环境的互动规则有了基本的认识。至此，学生通过语言景观所构成的语言学习环境，得到了适应目的语社群的机会。这一“社会文化适应”的过程，亦即是“学生从社会和心理两个维度融入目的语语言社群”的过程（Schumann，1978）。我们可以从这两个方面对语言景观的预备性功能进行考察。

一方面，汉语景观拉近了汉语群体和本土语言群体之间的社会距离。如前所述，语言景观界定了互补于本土空间的汉语学习功能。两种文化空间共用同一套基础设施，而兼具两种文化身份的汉语学生则在同一个物理空间中根据场合的不同调整自己的认同。这就形成了一种不同文化社群在物理空间上的重合局面。“共享这些社会设施应该说会进而造成圈限程度的降低，……目的语的习得得到促进。”（Schumann，1978）

语言景观还会指涉到空间中发生的汉语文化活动，这也拉近了双方的社会距离。这种景观与汉语文化活动之间的同构，为读者提供了参与和接受汉语文化的机会，提高了汉语文化的适应性，从而有助于进一步的语言学习。

另一方面，语言景观拉近了学习者同汉语群体的心理距离。如前所述，语言景观提供了视觉空间中的异质性元素，初步形成了学习者自觉的语言意识。而这种对语言他者的自觉意识，一方面帮助学习者确立了语言自我边界，另一方面又通过本土语言和英语的注解提高了汉语的可及性，拓宽了这种自我边界（Guiora，1972）。这种对自我边界的确立和拓展，也为学生进入正式学习打下了基础（Schumann，1978）。语言景观对元语言规则的确立也帮助拉近了学习者同汉语群体的心理距离。这些元语言规则规定了汉语的地位，同时也规定了学生对汉语的理想态度，即认同汉语和汉语文化。事实上，语言景观本身就是重要的社会身份的标志（王克非、叶洪，2016）。积极态度的确立对学生进一步的语言学习也起着重要作用（Schumann，1978）。综上所述，语言景观通过三个层面的异质性特征建构出了一个不同于本土文化空间的汉语学习空间；这一空间又通过拉近学生与汉语群体的社会和心理距离，促进学生对汉语学习进行社会文化适应，从而为进入汉语正式学习做好准备。

## 四、结语

本研究重点聚焦于孔子学院语言景观的先导性功能，试图探讨孔子学院语言景观的先导性功能对于汉语国际传播所发挥的机制和作用，并尝试分析实现其功能的路径和方式，对于优化汉语的国际传播理应有一定的应用价值。在后续的研究中，还应关注到孔子学院语言景观中汉语关键词的造字用意，结合中国本土国情，进一步形成更具中国特色的语言景观研究范式。

## 参考文献

[1] 姜丽萍 .“任务—活动”型汉语课堂教学模式的构架 . 语言教学与研究，2013（6）.

[2] 彭志平 .“言内语境”在汉语课堂教学中的设置与利用 . 世界汉语教学，2012（1）.

[3] 尚国文，赵守辉 . 语言景观研究的视角、理论与方法 . 外语教学与研究，2014（2）.

[4] 尚国文，赵守辉．语言景观的分析维度与理论构建．外国语，2014（6）．

[5] 田飞洋，张维佳．全球化社会语言学：语言景观研究的新理论——以北京学院路双语公示语为例．语言文字应用，2014（2）．

[6] 王克非，叶洪．都市多语景观——北京的多语生态考察与分析．语言政策与规划研究，2016（1）．

[7] 张天伟．语言景观研究的新路径、新方法与理论进展．语言战略与研究，2020（4）．

[8] Androutsopoulos, Jannis. Bilingualism in the Mass Media and on the Internet. In Monica Heller (eds.), *Bilingualism: A Social Approach,* 207-230. New York: Palgrave Macmillan, 2007.

[9] Bakhtin, Mikhail M. *The Dialogic Imagination.* 1st edn. Austin: University of Texas Press, 1981.

[10] Barthes, Roland. *Image Music Text.* 1st edn. London: Fontana Press, 1977.

[11] Bronfenbrenner, Urie. *The Ecology of Human Development.* 1st edn. NewYork: Harvard University Press, 1979.

[12] Cenoz, Jasone, Durk Gorter. The Linguistic Landscape as an Additional Source of Input in Second Language Acquisition. *International Review of Applied Linguistics in Language Teaching*, 2008 (46): 267-287.

[13] Giles, Howard, Jane L. Byrne. An Intergroup Approach to Second Language Acquisition. *Journal of Multilingual and Multicultural Development*, 1982 (3): 17-40.

[14] Goddard, Angela. *The Language of Advertising: Written Texts.* 2nd edn. London: Routledge, 2001.

[15] Guiora, Alexander Z. Construct Validity and Transpositional Research: Toward an Empirical Study of Phychoanalytic Concepts. *Comprehensive Psychiatry*, 1972 (13): 139-150.

[16] Harris, Roy. *Linguistics Inside Out: Roy Harris and His Critics.* 1st edn. Amsterdam: John Benjamins Publishing Co, 1997.

[17] Kramsch, Claire, Anne Whiteside. Language Ecology in Multilingual Settings: Towards a Theory of Symbolic Competence. *Applied Linguistics*,

2008(4): 645-671.

[18] Krashen, Stephen D. *Principles and Practice in Second Language Acquisition*. 1st edn. Oxford: Pergamon Press, 1982.

[19] Kress, Gunther & Theo van Leewen. *Reading Images: The Grammar of Visual Design*. 2nd edn. London & New York: Routledge, 2006.

[20] Landry, Rodrigue. & Richard Y. Bourhis. Linguistic Landscape and Ethnolinguistic Vitality: An Empirical Study. *Journal of Language and Social Psychology*, 1997 (16): 23-49.

[21] Lee, Namhee, Lisa Mikesell, Anna Dina L. Joaquin, Andrea W. Mates & John H. Schumann. *The Interactional Instinct: The Evolution and Acquisition of Language*. 1st edn. Oxford: Oxford University Press, 2009.

[22] Long, Michael H. Native Speaker/Non-native Speaker Conversation and the Negotiation of Comprehensible Input. *Applied Linguistics*, 1983(4): 126-141.

[23] Lotman, Yuri M. *Universe of the Mind: A Semiotic Theory of Culture*. 1st edn. London: I.B. Tauris & Co. LTD Publishers, 1990.

[24] Moss, Gemma. Putting the Text Back into Practice. In Carey Jewitt and Gunther Kress (eds.), *Multimodal Literacy*, 73-87. New York: Peter Lang, 2003.

[25] Reh, Mechthild. Multilingual Writing: A Reader-oriented Typology – with Examples from Lira Municipality (Uganda). *International Journal of the Sociology of Language*, 2004 (170): 1-41.

[26] Scollon, Ron. & Suzie W. Scollon. *Discourses in Place: Language in the material world*. 1st edn. London and NewYork: Routledge, 2003.

[27] Schumann, John H. The Relationship of Pidginization, Creolization and Decreolization to Second Language Acquisition. *Language Learning*, 1978 (28): 367-379.

[28] Tokowicz, Natasha and Charles Perfetti. Introduction to Part II. Comprehension. In Judith F. Kroll and Annette M. B. De Groot (eds.), *Handbook of Bilingualism*, 173-177. Oxford: Oxford University Press, 2005.

[29] Van Lier, Leo. *The Ecology and Semiotics of Language Learning: A Sociocultural Perspective*. 1st edn. New York, Boston, Dordrecht, London & Moscow: Kluwer Academic Publishers, 2004.

[30] Vygotsky, Lev S. *Mind in Society*. 1st edn. Cambridge: Harvard University Press, 1978.

# 二语学习者“功用 + 名”式定中复合词习得情况考察

黄悦宏 *

## 一、引言

提高词汇教学效率在促进二语学习者语言交际能力和语言交际技能方面起着关键作用，是汉语教师、汉语作为第二语言习得的研究者所关心的一大问题。目前，词汇偏误研究大多集中于词汇的运用方面，近年来，针对某一具体母语背景的词汇偏误研究有了新的语料和进展（周玲，2014），但从词语构造方面探讨词语偏误的研究还较少。

功用义对汉语名词的构词、词义引申和词汇化具有一定的影响，在名词的物性角色中居于核心地位。同时，“功用 + 名”是汉语中常见而能产的复合词构造方式（宋作艳，2016）。但复合词内部功用义实现方式和选择规则有所不同（孟凯，2020），如“图书馆”“商店”等词合法，而“读书馆”“购买店”等词不合

* 黄悦宏，云南民族大学汉语国际教育专业硕士研究生，主要研究二语词汇习得。

法，这说明定中式复合词内部功用义的实现方式有其特殊性及规律性，学习者心理词典里没有这些隐性知识，那么学会其中一类“功用＋名”式定中复合词，是否会类推到其他类型的“功用＋名”式定中复合词的习得，甚至产出如“吃堂”“吃桌”这样的词呢？另外，在这几类构词中，哪一类是学习者容易习得的？弄清这些问题将对复合词的教学和习得研究有所启发。

对外汉语教学不仅要讲求最终达到培养二语学习者听、说、读、写四项言语技能和言语交际能力的目标，更要讲求教学效率，即在较短的时间内使学习者习得更多词汇，理解运用已学词汇进行适当交际。学习者在学习不同“功用＋名”式定中复合词的过程中，由于认知不同，所花时间长短不一，会出现不同程度的偏误。分析学习者在词汇学习过程中出现的重难点，并对汉语学习者在习得不同“功用＋名”式定中复合词时出现的认知偏差进行说明，希望借此能丰富第二语言教学理论的宝库，为对外汉语教学提供一些参考，从而提高词汇教学的效率，实现二语学习者词汇习得效率最大化。

## 二、研究内容

本文主要考察《汉语水平词汇与汉字等级大纲》（以下简称“大纲”）中出现的所有“功用＋名”式定中复合词的习得情况，其中包括出现频率较高的“馆、房、院、园、场、机、店、室、所、库”等定位语素构成的“功用＋名”式定中复合词。具体考察以下几个方面的内容：

第一，“馆、房、院、园、场、机、店、室、所、库”等定位语素构成的“功用＋名”式定中复合词的分类。

第二，不同类型“功用+名”式定中复合词的习得难度分析。

第三，探讨“功用+名”式定中复合词的教学。

## 三、“功用+名”式定中复合词的分布和分类

### （一）“大纲”中“功用+名”式定中复合词的分布

将“大纲”中的所有词汇进行穷尽式梳理，整理出102个“功用+名”式定中复合词，具体情况如下：甲级“功用+名”式定中复合词10个，乙级“功用+名”式定中复合词35个，丙级“功用+名”式定中复合词32个，丁级“功用+名”式定中复合词25个。

表1 “大纲”中“功用+名”定中式复合词的分布

| 类型 | 词汇 |
| --- | --- |
| 甲级词 | 图书馆、操场、机场、饭店、商店、办公室、教室、飞机、邮局、邮票 |
| 乙级词 | 宾馆、大使馆、体育馆、病房、厨房、花园、动物园、剧场、球场、商场、体育场、书店、医务室、阅览室、运动会、展览会、招待会、餐厅、电冰箱、电风扇、电视台、热水瓶（暖水瓶）、书包、书店、书架、雨衣、游泳池、报纸、画报、奖学金、教材、试卷、研究所、答卷、食品 |
| 丙级词 | 报社、背包、病床、博物馆、餐车、茶馆、茶话会、地板、地毯、电线、法院、饭馆、国务院、教研室、酒店、剧院、客厅、乐器、牧场、农场、农具、农田、农药、水库、托儿所、拖拉机、围巾、血管、幼儿园、浴室、照相机、指南针 |
| 丁级词 | 宝库、绷带、博览会、菜单、参议院、饭碗、稿纸、剪刀、客车、脸盆、旅店、跑道、算盘、通讯社、望远镜、围棋、温度计、舞厅、显微镜、炸弹、炸药、指针、众议院、住房、租金 |

通过对102个“功用+名”式定中复合词的统计分析发现，学习者在使用这些词进行写作时产生了不同类型的生造词，其中甲级词、乙级词、丙级词的生造词偏误比例大致相同，而丁

级词的生造词偏误比例相对较低。同时，有 27 个“功用＋名”式定中复合词没有使用过，其中丁级词的未使用率最高，乙级词和丙级词的比例相当，甲级词的“功用＋名”式定中复合词使用率最高。

**表2　按中心语素分出的“功用＋名”定中式复合词群**

| 中心语素 | 词汇 |
| --- | --- |
| 馆 | 宾馆、大使馆、体育馆、图书馆、博物馆、茶馆、饭馆 |
| 房 | 病房，厨房、住房 |
| 园 | 花园、动物园、幼儿园 |
| 场 | 剧场、球场、商场、体育场、操场、机场、牧场、农场 |
| 店 | 书店、饭店、商店、酒店、旅店 |
| 室 | 医务室、阅览室、办公室、教室、教研室、浴室 |
| 会 | 运动会、展览会、招待会、茶话会、博览会 |
| 院 | 剧院、国务院、法院、参议院，众议院 |
| 所 | 托儿所、派出所 |
| 库 | 宝库、水库 |

表 2 是“大纲”中出现频率较高的“馆、房、院、园、场、店、室、所、库”等定位语素构成的“功用＋名”式定中复合词，此类词在学习者的使用过程中也会出现生造词的情况，如“教室”“住房”这两个词，学习者在进行写作时会生造出诸如“教屋”“住屋”这样的词，由此汉语教师就可根据学生出现的偏误情况有针对性地进行教学，着重讲解“室”“屋”“房”这三个语素的区别，帮助学习者更好地理解汉语词汇，树立正确的构词

意识，降低词汇偏误率，进而提高词汇教学效率。

### （二）"功用＋名"式定中复合词分类情况

根据孟凯（2020）对定中式复合词内部功用义实现方式的选择规则对102个"功用＋名"式定中复合词进行分类，具体分类情况如表3所示：

表3 "功用＋名"式定中复合词分类情况

| 实现方式 | 词汇 |
| --- | --- |
| 组构双音节词时，一般表达常规功用义，V常常隐含，优先提取V的客体或结果组构NN定中式 | 病床、餐车、茶馆、法院、饭馆、菜单、客车、宾馆、大使馆、花园、病房、图书馆、机场、电冰箱、电风扇、电视台、热水瓶（暖水瓶）、书包、书店、书架、雨衣、博物馆、地板、地毯、血管、电线、农具、农药、乐器、水库、宝库、饭碗、稿纸、脸盆、温度计、体育馆、商场、剧场、体育场、饭店、商店、幼儿园、动物园、医务室、茶话会、球场、剧院、农场、牧场、餐厅、国务院、农田、酒店、客厅 |
| 组构双音节词时，若需凸显功用义，会选择V（主要是Vi）组构VN定中式 | 报纸、跑道、画报、教材、试卷、飞机、邮局、邮票、答卷、旅店、围棋、住房、租金、报社、围巾、背包、食品、浴室、舞厅、炸弹、炸药、指针、绷带、剪刀、算盘、操场、厨房、教室 |
| 组构多音词时，优先选择V双组构VN定中式 | 游泳池、研究所、托儿所、众议院、参议院、运动会、展览会、奖学金、照相机、指南针、教研室、拖拉机、显微镜、博览会、通讯社、望远镜、招待会、阅览室、办公室 |

## 四、从学习者生造词看其"功用＋名"式定中复合词习得情况

### （一）生造词的相关定义及标准

生造词是二语学习者在习得汉语的过程中最容易出现的词汇偏误之一。本文结合沈怀兴（1990）和邢红兵（2003）对新造词

和生造词的区别标准，再综合侯志国（2019）及李捍华（2016）对生造词的界定，将生造词定义为：二语学习者在运用汉语进行口头表达和书面表达时出现的语义不清晰，无法实现交际，没有被专业权威字典收录的，未被社会全体成员所承认的词。

通过 HSK 动态作文语料库对 102 个“功用＋名”式定中复合词进行穷尽式梳理，整理出了 17 个生造词，其中 102 个“功用＋名”式定中复合词未被使用过的有 27 个，无偏误的有 40 个，使用频率相对来说较少，这说明学习者在写作过程中并未想起使用这些词，因此出现了上述情况，这在一定程度上反映了学习者实际上有可能并未完全掌握这些词。

### （二）生造词的偏误类型及数量统计分析

近年来的研究主要是把生造词的类型归为以下几种，相互之间既有区别又有联系：李捍华（2016）将学习者输出的生造词偏误类型分为七类，包括语素误代、语素错序、无相关对应词、无相同语素对应词、语素增加或减少、重叠偏误、词语杂糅；马庆（2019）依据研究结果将生造词偏误分为了语素之间的替代、语素的增加、语素顺序颠倒、语素的删减、因义生词、类推造词、重叠造词、其他等；侯志国（2019）在二者的基础上，将生造词进一步归为语素误代、语素增减、语素错序、语素杂糅、类比造词、简缩造词、无相同语素、其他错误等八类。

基于已有研究，结合孟凯（2020）对“功用＋名”式定中复合词内部功用义的实现方式的选择规则，本研究将生造词分为以下几种类型：（所举的例子来源于 HSK 动态语料库 2.0 版，加点的词语为生造词）

1. 语素替代

语素替代是指学习者用偏误语素替代目标语素从而创造出“新词”，但生造词与目标词相比，至少有一个相同语素，语义上有联系，可根据上下文猜测得出词义，具体又分为两类：

（1）相关语素替代，指用意思相同或相近的语素来代替目标词中的任一语素。例：

①* 我扔下课本，目中无人，大摇大摆地由课室里走了出来。

②* 男的常常坐在教屋后边，而女学生的座位在前边。

③* 本人要求贵公司为本人提供住屋津贴和医疗津贴，月薪在二千至三千元之间便可。

④* 在这方面我们更需要科学知识来帮我们确定，使用多少化肥和肥药有助于生长过程，又不会危害人们的身体。

⑤* 因为长期使用化肥和农药的土地，肯定让我们的玉田被污染，这样的话，总有一天，这土地用什么方法也再不能生产农作物了。

“课室”应为“教室”，“教屋”应为“教室”，“住屋”应为“住房”，“肥药”应为农药，“玉田”应为“农田”。在泰语中“室”“屋”和“房”为同一个语素，泰国学生受其母语影响导致生造词的产生；学习者通过联想“农药”是使农作物更加肥美的药物，因此生造出“肥药”一词；“玉田”一词的产生是词义缩小的表现，学习者可能认为“农田”只有或只能种植玉米，故输出这样的词。

2. 无相关语素替代

学习者用毫无相干的偏误语素来代替目标语素，且偏误语素和目标语素在意义和语音两个方面几乎没有相关性。

⑥＊因此我就用功努力学习，取得金奖。

⑦＊除了阅读报章书刊外，他也勤于收听广播，广交各阶层的朋友，丰富自己的视野及人生经验。

⑧＊要是我有钱就给一家饭生打个电话让他们送饭，甚至买菜也打一通电话就可以得到。

“金奖”应为“奖学金”，“报章”应为“报纸”，“饭生”应为“饭馆”。学习者在学习汉语时已经具备了一定的汉语词汇量和构词意识，但是还不够完备，所以误将“奖学金”等同于“金奖”；“报章”当中的“章”含有“文章”的意思，学习者将二者杂糅在一起故产生生造词；之所以会产生“饭生”一词，可能是因为受学习者心理的影响，认为饭馆是“生”饭的地方。

3. 语素增减

语素增减是指学习者增加或减少目标语素而造出“新词”，但生造词和目标语素至少有一个相同语素。

⑨＊首先用法律来解决问题，不要过分地用一些对身体有害的农药品，要是超过一定的用量，那么应该向国家交罚款。

⑩＊这意思是说，这个食品不含有农药物，而且价格也比一般的食品更贵，那么实际上买到“绿色食品”的人不多。

⑪＊父亲办了一个很大的农业场。

“农药品”应为“农药”，“农药物”应为“农药”，“农业场”应为“农场”。学习者之所以会产生这一类词，很可能是将两个事物杂糅在一起，因而增加了相关的语素。如“农药品”是“农药”和“药品”的杂糅，“农药物”是“农药”和“药物”的杂糅，“农业场”是“农业”和“农场”的杂糅。

4. 无相关语素

无相关语素指偏误语素和目标语素没有一个相同的语素。

⑫* 我买了一座房子，虽然出行乘车挤，但是买菜很近，要买什么东西都很方便，空气和环境还很好。有树，草场，是一座理想的市区位屋。

⑬* 每天清早我就得背着一个包裹，里面装满一大堆课本和各样文具。

“位屋”应为“住房”，“包裹”应为书包。这一类生造词有其特殊性，究其产生的原因，可能是学习者的心理联想，如“位屋”可能是因为学习者认为自己是位于房子中的，“包裹”可能是由于学习者认为“书包”和“包裹”是一样的，都是把东西装在内部且相对封闭的物体，故产生了这一类词。

5. 类比造词

类比造词是指由于学习者对此类目标词的错误印象或者是根据汉语的构词规律而创造的生造词。

⑭* 这可能发生在快餐店或读书馆。

⑮* 比如购买店不卖青少年的烟。

⑯* 我一边吃饭一边看报子，我觉得这个行为没有什么不对。

“读书馆”应为“图书馆”，“购买店”应为“商店”，“报子”应为“报纸”。学习者可能是受汉语构词法以及现有的复合词的影响，认为既然有“图书馆”那就会有“读书馆”，有“商店”就会有“购买店”；“报子”是受诸如后缀语素“子、儿、头”构成的复合词的影响而创造的。

6. 其他

根据上下文无法推测出该词语的意思或者是无法归为以上几类的词语。

⑰*而且有报子障报道过艾滋病的多数是来自同性恋者。

“报子障”应为“报纸”，这一类生造词的创造无根据可言，可能是初级水平的学习者在未完全掌握汉语词汇及不懂汉字构词规则的情况下，根据联想所创造的。

上述的四种生造词类型涉及17个生造词，生造词偏误类型及分布见表4：

**表4　各类生造词数量及比例**

| 生造词类型 | 数量（个） | 比例（%） | 小类 | 数量（个） | 比例（%） |
|---|---|---|---|---|---|
| 语素替代 | 8 | 47 | 相关语素替代 | 5 | 62.50 |
| | | | 无相关语素替代 | 3 | 37.50 |
| 语素增减 | 3 | 18 | | | |
| 无相关语素 | 2 | 12 | | | |
| 类比造词 | 3 | 18 | | | |
| 其他 | 1 | 6 | | | |

由表 4 可知，语素替代是学习者生造词类型中偏误率最高的一种，此研究结果和大多数研究相似（侯志国，2019），其中“相关语素替代”比“无相关语素替代”更容易产生生造词，“其他”偏误率最低，本文按照偏误比率对生造词类型进行排序：语素替代 > 语素增减、类比造词 > 无相关语素 > 其他。

### （三）生造词的成因分析

生造词产生的原因是复杂多样的，现有研究主要是从语际因素、语内因素、语外因素三个大的方面来探讨学习者产生汉语词汇偏误的原因。如李冰（2013）通过研究发现，语际迁移、语内干扰和训练迁移是生造词偏误产生的三大原因。但词语构造本身的特点也是造成词语偏误的重要因素之一，本文从“功用 + 名”式定中复合词内部功用义的实现方式这一角度来探讨功用型定中式复合词产生生造词的原因。具体原因主要有以下三个：

第一，在组构双音节词时，如果所表达的是一般常规功用义，V 常常隐含，优先提取 V 的客体或结果来组构 NN 定中式。

⑱ * 比如购买店不卖青少年的烟。

⑲ * 这可能发生在快餐店或者读书馆。

“商店”是购买东西的地方，“图书馆”是读书的地方，学习者之所以会创造“购买店”“读书馆”这类生造词，是因为他们在提取“功用 + 名”式定中复合词内部功用义时，不知道这个词语所表达的是一般常规的功用义，未提取 V 的客体或结果来组构 NN 定中式，故产生生造词。

第二，在组构双音节词时，若需凸显功用义，会选择 V（主要是 Vi）组构 VN 定中式。

⑳＊我扔下课本，目中无人，大摇大摆地由课室里走了出来。

学习者在创造“课室”这一类生造词时，可能是因为他们的心理认为“教室”就是老师教书，学生上课的地方，因此提取了 V 的客体或结果来组构 NN 定中式，而不知此类词语是需要凸显功用义，应选择 V（主要是 Vi）组构 VN 定中式。

第三，组构多音词时，优先选择 V 双组构 VN 定中式。

这类情况在此次所统计的生造词偏误中并未体现，但也不排除未来学习者会生造出与此相关的生造词，如“阅览室”一词，学习者可能在不知道“功用＋名”式定中复合词在组构多音节词时，应该优先选择 V 双组构 VN 定中式这一规则，而提取了其他成分，就很可能会生造出“阅书室”这样的词。

## 五、教学建议

根据上述对二语学习者生造词情况的统计分析，针对学习者“功用＋名”式定中复合词习得情况及偏误情况提出以下教学建议。

### （一）注重“功用＋名”式定中复合词内部功用义的实现形式

功用在名词的物性角色中处于重要地位，“功用＋名”是汉语中常见而能产的复合词构造方式，但在组构双音节以及多音节复合词时，是优先提取 V 的客体或结果来组构 NN 定中式复合词还是选择 V（主要是 Vi）组构 VN 定中式，有其内在的规律。学习者由于缺乏这方面的知识，会创造不同类型的词汇偏误，因此对外汉语教师在进行词汇教学时，可以从这方面入手，注重培养学习者“功用＋名”式定中复合词内部功用义的意识。

### （二）使用语素法进行教学

随着对外汉语教学的不断发展，语素法被认为是符合汉语词汇特点的教学方法，越来越多的汉语教师用这一方法进行教学。根据我们对学习者汉语生造词的分类情况，不免发现生造词与目标词相比，至少有一个相同或者是相关的语素，这就说明学习者在输出生造词时，已经有了一定的语素意识，但是由于对语素义及构词规律掌握得不到位，学习者出现了生造词这一偏误。因此，为提高教学效率，汉语教师在进行词汇教学时可适当采用语素教学法来辅助教学。比如“馆、房、院、园、场、机、店、室、所、库”等定位语素构成的“功用＋名”式定中复合词就可以用语素法进行教学，“馆”所构成的词汇聚合群可以帮助学习者提高词汇习得效率，学习者在学会“图书馆”“茶馆”等词后可能会类推到其他词语的学习，进而学会“博物馆”“饭馆”“大使馆”等词。语素教学法有利于帮助学生树立正确的构词意识，便于学生联想记忆，从而可以有效降低学习者汉语生造词偏误的比例。

### （三）注重不同语言之间的对比

两种不同的语言在语音、语法、词汇等子系统中或多或少都会表现出一些差异，学习者在一定程度上会受到自己母语的影响，在学习汉语时可能会有所迁移从而造出生造词。母语的负迁移是学习者输出生造词的一个重要原因，汉语教师应当注重两种语言之间的差别，通过对比更好地掌握学习者学习汉语的规律，这有利于提高教学效率，确定教学重难点，也便于汉语教师有针对性地进行教学。

## 六、结语

本文在前人的基础上，进一步探讨生造词的成因及规律，研究发现，除了母语负迁移、目的语规则泛化、学生学习策略及交际策略等方面对二语学习者造出生造词会有影响外，对于“功用+名”式定中复合词而言，内部功用义的实现方式也会制约并影响学习者的词汇习得。

本研究将生造词分为五个大类，按照偏误率对生造词类型进行排序：语素替代 > 语素增减、类比造词 > 无相关语素 > 其他。通过对生造词的数量统计分析发现，语素替代是学习者生造词类型中偏误率最高的一种，其中“相关语素替代”比“无相关语素替代”更容易产生生造词，“其他”偏误率最低。针对学习者输出的偏误，从中找寻规律并提出相应的教学建议，如应当注重“功用+名”式定中复合词内部功用义的实现形式，使用语素法进行教学以及注重不同语言之间的对比。

另外，本文的语料相对来说较少，在未来的研究中，应考虑增加大数据的支持，以及对学习者的测试分析，更系统地了解学习者习得“功用+名”式定中复合词的难点，更好地服务于汉语词汇教学。

# 参考文献

[1] 董婷婷 . 基于“韩国留学生汉语中介语语料库”的词汇偏误研究及应用 . 烟台：鲁东大学硕士学位论文，2012.

[2] 黄伯荣，廖旭东 . 现代汉语 . 北京：高等教育出版社，2011.

[3] 侯志国 . 基于 HSK 语料库的泰国学生汉语生造词偏误分析及教学建议 . 石家庄：河北师范大学硕士学位论文，2019.

[4] 韩召望 . 韩国学生汉语学习中语音偏误的分析与思考 . 石家庄：河北师范大学硕士学位论文，2011.

[5] 李捍华 . 基于中介语语料库的留学生汉语生造词偏误分析 . 广州：中山大学出版社，2016.

[6] 李冰 . 日本留学生生造词偏误分析——基于中介语语料库的调查研究 . 语文学刊，2013（4）.

[7] 刘询 . 对外汉语教学引论 . 北京：北京语言大学出版社，2000.

[8] 孟凯 . 复合词内部功用义实现方式的语义解释与选择规则 . 语言教学与研究，2020（6）.

[9] 马庆 . 基于 HSK 动态作文语料库的韩国学生汉语生造词偏误研究 . 云南师范大学学报（对外汉语教学与研究版），2019（2）.

[10] 彭瑜 . 中高级阶段泰国学生汉语词汇偏误分析 . 南宁：广西民族大学硕士学位论文，2012.

[11] 宋作艳 . 功用义对名词词义与构词的影响——兼论功用义的语言价值与语言学价值 . 中国语文，2016（1）.

[12] 沈怀兴 . 试探生造词产生的原因 . 河南师范大学学报（哲学社会科学版），1991（3）.

[13] 施文志 . 日韩留学生汉语词语偏误浅析 . 云南师范大学学报，2003（5）.

[14] 谭景春 . 名名偏正结构的语义关系及其在词典释义中的作用 . 中国语文，2010（4）.

[15] 邢红兵 . 留学生偏误合成词的统计分析 . 世界汉语教学，2003（4）.

[16] 叶蜚声，徐通锵 . 语言学纲要（修订版）. 北京：北京大学出版社，2010.

[17] 周小宾，张世涛，洪炜 . 对外汉语教学入门（第三版）. 广州：中山大学出版社，2017.

[18] 周玲 . 泰国学生 HSK 汉语词汇偏误分析 . 南宁：广西大学硕士学位论文，2014.

[19] 曾福英（Su Myat Sandy）. 缅甸学生汉语词汇习得情况与词汇学习策略研究 . 上海：上海师范大学硕士学位论文，2014.

[20] 周和伟 . 初级阶段留学生汉语词汇习得偏误分析 . 武汉：长江大学硕士学位论文，2018.

# 国际中文教育视域下“讲好甘肃故事”的价值、内涵及路径 *

曹晓东 **

## 一、引言

2021 年 5 月 31 日，习近平总书记在中共中央政治局就加强我国国际传播能力建设进行第三十次集体学习时指出，讲好中国故事，传播中国声音，展示真实、立体、全面的中国，是加强我国国际传播能力建设的重要任务，需采用贴近不同区域、不同国家、不同群体受众的精准传播方式，推进中国故事和中国声音的全球化表达、区域化表达、分众化表达，增强国际传播的亲和力和实践性（习近平，2021）。甘肃历史文化悠久厚重，气候地貌类型丰富，经济社会发展迅速，民俗风情多姿多彩，是融入“一

* 甘肃省教育科学“十四五”规划 2022 年度“一带一路”教育国际合作交流专项研究重点课题“汉语国际教育视域下的甘肃地域形象建构与跨文化传播研究”（GS[2022]GHBZXZ003）、甘肃省哲学社会科学规划项目“‘一带一路’视野下的中亚文学在中国：汉译、传播与接受研究”（2021YB044）阶段性研究成果。

** 曹晓东，西北师范大学国际文化交流学院副教授，博士，硕士研究生导师，主要研究比较文学、中华文化海外传播等。

带一路”建设承东启西、连接欧亚的重要通道，也是中国向西开放的重要门户和次区域合作战略基地。当前恰逢“一带一路”国际合作倡议提出10周年，作为深受多国欢迎的国际公共产品和国际合作平台，“一带一路”建设已进入全面务实合作的新阶段。面对这一新契机和新愿景，立足文化先行，重视文化融通，面向世界讲述甘肃故事，传播甘肃声音，提升甘肃在全球特别是“一带一路”沿线国家和地区的国际影响力，不但符合甘肃参与“一带一路”建设的现实需求，还可借助甘肃故事的区域化表达而融入国家形象塑造与对外传播的大格局、大趋势，丰富中国故事的传播议题及表现内容。

国际中文教育既是学科也是事业（赵杨，2021），既构成国内外汉语作为第二语言教学活动的重要内容，也是提升中华文化国际传播力与影响力的应有之义（段鹏，2022）。作为国家和民族的事业，国际中文教育自中华人民共和国成立以来在服务国家外交战略、促进中外文化交流等方面做出了重要贡献（吴应辉，2022），更承担了增进中外文明交流互鉴、构建人类命运共同体的新时代重任。基于此，本文从国际中文教育与“讲好中国故事”的相关性出发，探讨如何经由“讲好甘肃故事”而参与推动甘肃地域形象的跨文化传播，进而提升甘肃在国际社会尤其是“一带一路”沿线国家及地区的影响力。

## 二、新时代“讲好甘肃故事”的价值内蕴

中华文化对外传播是提升我国综合国力、扩大中国国际影响力的战略举措，也是维护国家文化安全、实现中华民族伟大复兴的迫切要求（孙宜学，2019）。党的十八届三中全会提出“扩大

对外文化交流，加强国际传播能力和对外话语体系建设，推动中国文化走向世界”，强调应在国际社会讲好中国故事，传播中国声音，努力塑造可信、可爱、可敬的中国形象。近年来，随着中国国际地位的上升和对外开放政策的变化，中国的国家形象研究疆域也不断拓展，已从传统的比较文学、新闻传播、国际关系走向政治学等新领域（吴飞、林心婕，2020）。鉴于他国视域下的“中国形象”和“中国描述”兼有具象性和抽象性，是主观与客观的统一，特殊与一般的统一，并逐渐强调以客观性、真实性取代以往的虚构性、想象性，因此，讲好中国故事具有建构和传播国家形象的双重价值内蕴（王晓丽、张振卿，2022），不但成为中华文化对外传播的主渠道之一，也承担了建构中国国家形象的重要任务。

### （一）塑造甘肃形象是“讲好中国故事”的重要组成部分

地域形象是国家形象的分支和延伸，表现为特定地域的历史、现状及行为活动在本国乃至国际社会公众心目中产生的印象、认知与评价。塑造良好地域形象，向世界讲好地方故事，既是探索中国式现代化进程的重要路径，也是决定未来和平发展道路的根本性问题。中国幅员辽阔，地域众多，“讲好中国故事”在强调整体性的中华文化传播与当代中国立体呈现的同时，也应该立足地域，有目标、有区别、有特色地讲好中国地域故事。作为古代丝绸之路重镇的甘肃历史积淀深厚，文化形态多样，其地域形象兼具历史内涵与时代特征，因此是“讲好中国故事”的重要组成部分。

国际中文教育在深化国际理解、促进人文交流等方面具备独特的基础性和先导性作用，不但是“一带一路”建设和构建人类命运共同体倡议的积极参与者和坚定践行者（李宝贵、刘家宁，2021），也是国家形象塑造与跨文化传播的重要力量。因此，推广甘肃地域文化，构建全球框架与国际视野下的甘肃形象，除了可从政治合作、经贸往来、文化交流等领域入手外，还可借助国际中文教育体系来推动和实现。

### （二）讲好甘肃故事是"一带一路"建设的现实需求

当前"一带一路"规划的地理指向正是跨文化传播尤为活跃的区域（陈力丹，2016），甘肃跻身其中，积极参与和主动服务"一带一路"建设，其形象构建及跨文化传播可成为甘肃开展文化外交和公共外交的重要资源。依托国际中文教育的学科理念和策略方法，结合"一带一路"的历史背景和现实契机，紧扣"讲好甘肃故事"的核心目标，精准挖掘甘肃故事的基本内涵，有助于精准塑造甘肃地域形象，实现提升甘肃国际传播力、影响力的现实目的，也能为开拓国际中文教育的新动态、新领域和新方法做出贡献。

近年来，《新时代甘肃融入"一带一路"建设 打造文化制高点实施方案》《甘肃省"十四五"教育事业发展规划》等政策性、纲领性文件相继发布，为甘肃的教育发展、社会运行及文化推广指明了方向。探索国际中文教育与甘肃地域形象建构及对外传播的长效融入机制，应贴近甘肃省情和社会发展的现实需求，建构符合甘肃形象的对外话语，彰显甘肃地域文化的引领性、时代性和开放性，为甘肃服务"一带一路"建设培养亟须的经贸合作和文化交流人才，让来甘留学生、海外学习者认知乃至认可甘肃的独特魅力和时代风貌，推动甘肃故事更好走出国门，走向世界，在国际社会特别是"一带一路"沿线国家及地区树立良好的形象。

### （三）国际中文教育是“讲好甘肃故事”的有效维度

国际中文教育从理念、目标到使命都与“讲好中国故事”具有高度的相关性，是实施“走出去”战略的重要组成部分和“提升中国文化软实力”的重要途径（吴应辉，2016），目前已开辟出新的研究领域，涌现出了一系列研究成果。[①]但需要指出的是，当前已有的学理性成果总体存在研究内容较空泛、研究主题较凌乱、研究主旨欠明晰等问题，论者普遍缺乏适合的理论视角和方法如民族志、跨文化比较、话语分析、扎根理论等，尤其对跨文化教育的受教者、跨文化传播的受传者的接受效果关注不够，因此无论在效度还是信度上，相关结论的解释、判断和评估等仍有待加强。今后，可尝试在国际中文教育视域下构建系统性的分析框架，培植更具包容性和弹性的分析领域，探索“讲好中国故事”的新内涵、新路径，而讲好甘肃故事、跨文化推广甘肃地域形象则为探索国际中文教育与“讲好中国故事”的交互融合提供了维度和视角。

## 三、国际中文教育视域下“讲好甘肃故事”的理念内涵

国际中文教育视域下如何讲好中国地域故事、对外推广地域形象及地方文化，已成为新时代对外汉语文化教学的题中之意。借助中国知网数据库进行文献检索、筛选和分类，可看出已有如

① 代表论述有王帅《国际汉语教师如何讲好中国故事》（2019），王勇、陈峦明《助来华留学生“讲好中国故事”》（2019），杨颖、贺立佳《凝聚在华外国人的力量 讲好中国抗疫故事》（2020），周艳梅、高健《新形势下高校如何向来华留学生讲好中国抗疫故事》（2020），高洁《发挥海外留学生优势 讲好中国故事》（2021），孙宜学《中华文化走出去与讲好中国特色故事》（2022）等。

下相关议题，如探讨汉语国际推广与特定地域文化间的二者关系（徐开妍，2020），论证对外汉语教学中地域文化的导入策略及社会意义（苏翔，2014；李晓鹏，2017；叶胜男，2021），阐述来华留学生或在华外国人“讲好中国故事”的现状与效果（王勇，2019；杨颖，2020）等，分别从传播学、社会学、语言学、文化学等角度探讨了国际中文教育与“讲述中国故事”的互动共生问题。但迄今为止，尚未出现聚焦甘肃地域形象建构及跨文化传播这一问题的深入辨析和系统考察成果，可围绕传播理念、传播内容、传播者、接受者等向度展开研讨。

### （一）立足对外传播，构建甘肃形象

“讲好甘肃故事”主要围绕“讲什么”“怎样讲”两个问题域展开，叙事内容的遴选是重中之重。“形象”本身包含两重含义：一重是指客观存在的形态，另一重则是基于这种客观存在而产生主观想象的表意实践活动地域（姜可雨，2016），对“甘肃形象”这一概念的理解和把握，决定了讲好甘肃故事的思路与方法。作为一种混杂着知识和想象、真实和虚构的认知体系，国际社会特别是西方国家的“中国形象”已形成具有内在一致性与延续性的文化定式（孙英春，2010），而“讲好甘肃故事”则应秉持自我建构的原则，在历史和现实的双重基础上，尝试突破既有的刻板印象和文化定式，客观生成有关当代甘肃的地域文化形象和对外话语表述体系。体现在汉语教学及教育管理实践中，就是努力帮助学生正确认知甘肃的历史传统与当下现实，并自然生发出对甘肃的地方想象和未来期许。

## （二）把握学科特质，创新故事体系

国际中文教育语境下的讲好甘肃故事，还意味着要引导外国学习者接触、理解甚至融入多样性的甘肃生活，拓展对这一区域的认知与情感边界，因此传播者要用独特的视角阐述当代甘肃的世态人情，展现多元且鲜活的甘肃现实，并在不同的话语背景中塑造有关甘肃的文化想象。例如，紧扣甘肃区域特色，构建甘肃故事体系，“文化、发展、开放”可成为新时代讲好甘肃故事的三个最核心的关键词。[①]具体而言，就是以人文故事、习俗故事投射厚重多元的文化底蕴，以“精准扶贫”“生态保护”为主题呈现砥砺前行的发展故事，以服务“一带一路”建设印证宏阔包容的开放故事，以上构成了“甘肃故事”跨文化叙事体系的基本内涵。

1. 讲好甘肃的人文故事

甘肃文化源远流长，既是中华文化的重要组成部分，也是中外文化交流融汇的产物。古丝绸之路横贯甘肃全境，中华文化的西传与扩散、域外文化的输入与吸纳，都给甘肃地域文化带来了持久而深刻的影响（雍际春，2012），并在漫长的岁月更迭中，孕育出深厚的人文精神内蕴与丰富多彩的民风民俗。孙宜学指出，向世界讲述中国故事，一定要讲清楚中国文化和世界文化的共通性，同时还要讲出特殊性，即借助世界共通的人性讲清中国文化的特殊性，当前“讲好甘肃故事”也应当彰显甘肃文化的外向型特征，探询其作为东西方文明交流互鉴的聚合区、生长带

① 2020“讲好中国故事”创意传播大赛理论研讨会在济南举行，中国故事创意传播研究院院长陈先红提出，新时代讲好中国故事的最核心的三个关键词是文化、发展、开放。本文认同这一观点，并移用到本文关于对外“讲好甘肃故事”议题中。

的意义和价值，激发国际中文教育领域的外国学习者特别是“一带一路”沿线地区受众的兴趣与共鸣，继而实现建立在彼此交流上的文化沟通和情感认同。内容选择上，应当规约甘肃地域形象的文化建构维度、文化符号传递和文化意义表达，可围绕敦煌文化、黄河文化、长城文化、始祖文化、红色文化和民族民俗文化六大板块，明晰故事属性，回归日常视角，诠释有深度也有温度，真正能够吸引人、打动人的甘肃故事。

2. 讲好甘肃的发展故事

历史表明，甘肃的发展一直与中国的历史进程和文化演变紧密相连，当前更是在全国性的脱贫攻坚、生态环保等领域取得了显著成效。有学者指出，现阶段中国最具故事性的主题就是脱贫故事，“这是最有潜力挖掘国际传播的故事，也是我们引以为傲的故事”[①]。甘肃地处中国内陆的西北地区，交通不发达，产业产能相对落后，经济总量长期处于较低水平，但近年来，甘肃的发展势头有目共睹，特别在精准扶贫和生态保护等方面成就突出。结合“一带一路”沿线国家及地区的经济态势和发展需求，甘肃在经济、文化、社会、生态等领域的发展故事将更富吸引力和感召力。2019年《中国国家形象全球调查报告》表明，中国参与全球治理实践中，科技（63%）、经济（60%）、文化（53%）是海外受访者最为认可的三个领域，海外年轻受访者对中国科技和生态领域的评价相对较高，中老年海外受访者对中国参与全球治理的文化领域评价相对较高。[②]因此，讲好甘肃的扶贫故事和环保

① 引自姜飞在2020年度“讲好中国故事”创意传播大赛理论研讨会上的发言。

② 当代中国与世界研究院（原中国外文局对外传播研究中心）与凯度集团（Kantar）合作开展第六次中国国家形象全球调查，在全球22个国家展开调查。

故事，将其融入当代中国的整体治理和宏观发展叙事范畴中，将为国际中文教育语境下的甘肃形象塑造与对外传播带来更加清晰的前景。

3. 讲好甘肃的开放故事

合作、开放、共赢是经济全球化背景与趋势下的中国外交主题。习近平总书记在多个场合强调“中国扩大高水平开放的决心不会变，中国开放的大门只会越开越大”，表达了中国坚持高质量对外开放的决心，以及期待参与共建开放型世界经济的真诚愿望，充分体现了负责任大国的使命与担当。从丝绸之路历史深处走来的甘肃天然具备开放、包容的文化基因，以及发展外向型经济的愿望与努力，在“巩固东连、向西为主、深耕南向、促进北拓”的开放布局中，积极参与到共建“一带一路”的时代愿景中。除了经济层面的对外开放，甘肃的开放故事还延伸至文化和教育等领域，如甘肃省地方高校已连续数年招收和培养大批中亚华裔留学生，以国际中文教育为媒介，帮助学生形成对中国的语言认同、身份认同和文化认同，引导他们成为中国与中亚国家交流的“文化使者”，并进一步成长为丝绸之路经济带建设的“特殊人才”。中亚华裔留学生在甘肃的学习生活故事、社会实践故事以及个人成长故事，不但能为甘肃的全员外交、开放外交提供佐证，还可激活日常生活中的跨文化理解与情感交融，为讲好甘肃通向世界的开放故事打下基础。

### （三）明确目标受众，增进国际理解

甘肃地域形象的建构与跨文化传播还需考量接受者的“他者”眼光和视角，做到区分受众群体，明确传播对象。作为跨文化教育的国际中文教育重视培养学习者尊重文化差异的态度和文

化批判意识，即帮助学习者在了解文化差异、尊重文化差异的基础上，形成应有的文化批判意识（姜亚洲，2021：64）。国际中文教育领域“讲好甘肃故事”的受众包括来华留学生和海外学习者，在甘肃的外国留学生可说是甘肃地域空间的“他者”性存在。“他者”（the Other）是相对于“自我”所形成的概念，指称自我以外的一切具象或抽象的人与事物（张剑，2011），“他者”关于“我者”形象的生成，既源于“我者”本身的物质存在，包括社会结构、体制关系和文化状态等，也会借助符号体系来完成“我者”的形象建构。身份认同、文化视差、认知偏差以及受众的接受度等问题，都会限制新的信息和知识来改变原有的认知框架，加固“他者”对“我者”的既定印象与自我认知。因此，明确甘肃故事对外传播的目标受众，有利于站在外国人的视角和立场来遴选叙事内容，塑造甘肃形象，更好帮助学生辨析文化差异及换位思考，减少由于文化差异而产生的误读、误差和干扰（薛丽，2020）。

此外，当前的来华留学生大部分是被称为“数字原住民”的Z世代青少年，他们是全新的数字信息技术变革、剧烈的社会经济变迁所孕育出的特殊代际群体，在交往模式、价值观念、生活态度、文化品位及行为方式等方面与前辈群体存在显著差异。“讲好甘肃故事”的叙述内容和传播路径也需贴合“Z世代”群体的思想认知和行为偏好，设置精细化、生活化的甘肃文化传播议题，实施甘肃故事的区域化、分众化策略，引入具象化视角和年轻态表达，通过增强传播内容的趣味性、亲和力和实效性来实现信息交流和情感唤起，帮助各国青少年更好认识和理解甘肃。再如，中亚华裔留学生群体与甘肃地区从亲缘、语言到文化都根基相连，中亚五国也是“一带一路”建设的重要合作伙伴，因此，面向该群体的“讲好甘肃故事”在展示甘肃特有文化风貌与民风民俗的同时，也应彰显甘肃与中亚地区的历史联结，以达到减弱文化隔阂、达成国际理解的目的。

## 四、“讲好甘肃故事”融入国际中文教育的实施路径

对教育教学而言，决定“教什么”的重要因素首先是“为什么教”。国际中文教育语境下的“讲好甘肃故事”，其根本目标在于让外国学习者特别是来甘肃留学生在学习汉语、体认甘肃的同时，借助文化体系建设、文化符号建构、叙事话语表达三位一体，尽可能促成学生对甘肃文化及地域形象的理解和认同。文化认同包括文化认知、情感同化和行为实践三个维度，三者具有递进关系，文化认知引发情感同化，情感同化激发行为实践（张宁、段小宣等，2022）。面向外国学习者“讲好甘肃故事”，实现学习者对甘肃地域的文化接纳乃至认同，可遵从以下策略具体实施，层层推进。

### （一）从文化认知到情感同化

在课堂教学方面，有意识地把对外汉语文化教学与甘肃的地域形象塑造结合起来，是甘肃地域形象建构与跨文化传播的前提。从课程设置到教学内容、活动体验，应围绕彰显甘肃特色的历史人文、山川风物、民俗世情等展开，融汇与甘肃相关的文化概念、思维方式和行为规范等，帮助外国学生进行认知，并在师生交流、生生交流的互动过程中，形成文化及审美认同。在这一层次上，传播内容的遴选是其关键，直接决定了学习者的认知层次和认知效果。例如，甘肃共青团发布的“甘肃英文版宣传片”

全球推介视频编排精心，内容丰富，视听效果颇佳，正片开头即表明“丝绸之路在甘肃境内绵延1600多公里，占总里程的四分之一”，并指出这个“汇集了无数历史遗珍和千姿百态地貌类型”的地区曾被誉为“丝绸之路的黄金地段”，恰到好处地彰显出了甘肃在古丝绸之路的历史地位和重要意义，气势磅礴，文案大气，是很好的辅助学习材料，尤其适合初级水平的来甘肃留学生直面感知甘肃。近来在国内社交平台火热出圈的甘肃省博物馆文创产品“小绿马”，其模型是承载了历史记忆与文化符号的国宝“马踏飞燕”，此种对传统文化符号的再创作和消费推广模式，也为提升外国学习者的甘肃形象认知提供了物质资源，拓展了想象空间。

有研究者指出，国际中文教育体系的核心目标是“情感沟通”，它不只是构建一种“知识共同体”，更应该是构建一种“情感共同体”（胡范铸、刘毓民、胡玉华，2014）。甘肃是古代丝绸之路的黄金路段，曾经对中外的经贸往来和文明的交流交汇交融发挥出积极作用，同时也是当前服务“一带一路”建设的重要参与者，与中亚地区的经济往来与教育合作尤其密切而频繁。与外国民众的情感沟通是达到国际理解的有效路径，《中国国家形象全球调查报告（2019）》指出，48%的海外受访者对华人华侨在当地社会发挥的积极作用持积极看法，54%的海外发展中国家受访者认为在本国生活的华人华侨在当地社会发挥了积极作用。体现在国际中文教育领域，甘肃作为来华留学生特别是中亚华裔族群的精神家园和文化纽带，能勾连起学习者对中国的文化认同和情感同化，并进一步引发行为实践，激发他们讲述乃至讲好甘肃故事的意识，增强他们的跨文化理解和传播能力。

## （二）从拓展学习到行为实践

行为实践依附于文化认知、情感同化而产生，学习者在文化认知的基础上，对甘肃产生情感同化，进而转化为现实生活中各种具体的行为实践（张宁、段小宣等，2022）。在甘肃的留学生的各种社会实践类及跨文化传播活动已经提供了诸多优秀案例。2021年，由来甘肃的中亚留学生团队制作的“丝路唐诗”系列微课荣获第三届全国研究生汉语教学微课大赛团体赛优秀奖，成为外国人“讲好甘肃故事”、传播中华文化的优秀典范。此外，来甘留学生还曾经与北京师范大学“行走看中国”团队一起深入甘肃少数民族聚居区，近距离接触甘肃民众的日常生活，感受精准扶贫、乡村振兴等政策带给中国人的切实改变和重大利好，他们拍摄的探访当地人生活的影像资料问世后也受到了多方关注。无论生态保护、乡村扶贫、经济合作还是文化传承，大量的社会实践能够助力来甘留学生近距离地亲身接触、深入体验今日甘肃的热点和亮点，从而深刻体会到甘肃的发展经验和治理成效。

## （三）面临挑战与应对措施

从国际中文教育的使命和特质入手，探讨甘肃对外形象的自塑与“他塑”问题，可发现目前仍存在诸多的挑战。研究表明，中国国际传播面临“效果困境”，现有的国际传播研究也存在一定的局限性（唐润华，2022），可从以下几方面入手，主动采取应对措施，立足主、客观两个层面以削弱不利影响。

### 1. 探索“讲好甘肃故事”的信度与效度

甘肃形象对外传播的效度和信度如何考量，如何做到分众化、区域化、信息化的分类和精准表达，需要采用更加恰当的研究方法和分析工具，如引入田野调查、定量分析、质性研究等方法，令国际中文教育视域下的“讲好甘肃故事”切实具备可操作性、可衡量性和可参照性。

2. 改变“以传者为中心”的对外传播思路

除了方法更新，中华文化的跨文化传播思路也应与时俱进，尽量改变以传者为中心的对外传播思路，摆脱宏大叙事干扰，淡化意识形态成分，纠正“以我为主”的对外传播模式，实现“以传者为中心”向“以接受者为中心”的转变，真正做到“让微观背后承载宏观意义”（陈力丹，2016）。具体措施是，将甘肃文化传承和对外传播研究作为重要任务，构建与“讲好甘肃故事”互动共生、协调共进的跨文化传播系统，为提升甘肃地域的国际影响力提供思路和方向。

3. 正视甘肃地方的经济态势与科技实力

正如李宇明教授所说，经济要素已成为推动语言传播的一大因素，语言呈碎片化的地区，经济实力也往往薄弱。地区文化的对外传播力度及接收效果和当地经济、科技的发展态势密切相关，而甘肃目前仍不占优势。可见，想要真正解决上述问题，成功实现国际中文教育领域内的甘肃形象塑造与跨文化传播，还有很长的路要走。

总之，国际中文教育是“讲好甘肃故事”的重要载体和平台，探索国际中文教育与讲述甘肃故事的互动机制，须厘清两者间的逻辑关联，并紧密围绕传播内容遴选、话语体系建构、传播策略深化、教学资源优化、人才培养强化等多个维度展开研讨。此外，还需切实发挥多元主体协同作用，深入发掘甘肃经济、科技、文化等社会发展要素与信息传播的互动关系，将国际中文教育视域下塑造良好甘肃形象、传播好甘肃声音的思路和举措真正提到高处，落到实处。

## 参考文献


[1] 陈力丹．“一带一路”下跨文化传播研究的几个面向．南昌：江西师范大学学报（哲学社会科学版），2016（1）．

[2] 段鹏．历时、共时及经验：国际中文教育及传播应用研究．兰州：西北师范大学学报（社会科学版），2022（4）．

[3] 胡范铸，刘毓民，胡玉华．汉语国际教育的根本目标与核心理念——基于“情感地缘政治”和“国际理解教育”的重新分析．上海：华东师范大学学报（哲学社会科学版），2014（2）．

[4] 姜可雨．建构主义视域下“国家形象”的概念辨析．湖北社会科学，2016（5）．

[5] 姜亚洲．跨文化教育：从多元文化到跨文化．上海：上海交通大学出版社，2021.

[6] 李宝贵，刘家宁．新时代国际中文教育的转型向度、现实挑战及因应对策．世界汉语教学，2021（1）．

[7] 李晓鹏，沈铁，刘爽．对外汉语教学中地域文化渗透的社会意义．黑龙江高教研究，2017（2）．

[8] 苏翔．地方文化与对外汉语文化教学．江苏师范大学学报（教育科学版），2014（2）．

[9] 孙宜学．论中华文化国际传播的三个阶段．汉语国际传播研究，2019（1）．

[10] 孙宜学．中华文化走出去与讲好中国特色故事．国际传播，2022（1）．

[11] 孙英春．中国国家形象的文化建构．教学与研究，2010（11）．

[12] 唐润华．超越与回归——浅谈中国国际传播研究的调整，中国社会科学网（2022-7-29）http://www.cssn.cn/xwcbx/xwcbx_pdsf/202207/t20220729_5434470.shtml.

[13] 王晓丽，张振卿．国家形象视域下讲好中国故事的双重价值意蕴．青海社会科学，2022（1）．

[14] 王勇，陈峦明．助来华留学生“讲好中国故事”．神州学人，2019（1）．

[15] 吴飞，林心婕．近十年中国国家形象研究的发展与趋势——基于

Citespace 和 VOSviewer 的可视化分析 . 当代传播，2020（5）.
[16] 吴应辉 . 汉语国际教育面临的若干理论与实践问题 . 云南师范大学学报（哲学社会科学版），2016（1）.
[17] 吴应辉 . 新时代国际中文教育服务强国战略八大功能与实现路径 . 云南师范大学学报（哲学社会科学版），2022（3）.
[18] 习近平 . 习近平在中共中央政治局第三十次集体学习时强调　加强和改进国际传播工作展示真实立体全面的中国 . 人民日报，2021-06-02.
[19] 徐开妍、徐玥 . 谈来华留学生区域文化教学——兼评《汉语作为第二语言教学的文化教学研究》. 科技管理研究，2020（24）.
[20] 薛丽 . 跨文化视角下的中国对外话语体系建构 . 人民论坛，2020（34）.
[21] 杨颖，贺立佳 . 凝聚在华外国人的力量　讲好中国抗疫故事 . 对外传播，2020（5）.
[22] 叶胜男 . 地域文化融入来华留学生文化教学的路径研究 . 文化创新比较研究，2021（31）.
[23] 雍际春 . 甘肃历史文化特点及其资源优势 . 甘肃日报，2012-4-11.
[24] 张剑 . 西方文论关键词他者 . 外国文学，2011（1）.
[25] 张宁，段小宣，杨帆，袁勤俭 . 青少年弹幕评论中的文化认同——以某视频网站作品《国家宝藏》为例 . 青年研究，2022（3）.
[26] 赵杨 . 汉语国际教育的“变”与“不变”. 天津师范大学学报（社会科学版），2021（1）.

# 蜷缩类动词的语义角色 *

周　洁　王　珊 **

## 一、引言

综合性语言知识对中文信息处理（俞士汶，2007）和语言教学（俞士汶、朱学锋，2014）具有重要作用。语义是综合性语言知识的重要组成部分，厘清动词的语义角色有利于探索动词的语义特征，如陈龙、詹卫东（2019）发现在不同语句中施事语义角色标注不一致的动词是“一类有致使语义特征、无自主语义特征的动词”。通过语义角色与物性角色的互动构建的词语释义模型能够从多层面概括动词的语义结构，并且具有内在一致性（张苗苗，2023）。如果能进一步利用大规模语料对动词的语义角色进行标注和分析，对动词语义特征的挖掘是十分有益的。随着教育技术的不断发展，语言服务和语言教学对于语义资源的需求也在不断增长。从早期的录音录像到广播电视，从多媒体到翻转课

* 基金项目：本研究受澳门大学资助（项目号：MYRG2022-00191-FAH）。

** 周洁，澳门大学人文学院在读博士生，主要研究汉语语言学、语料库语言学；王珊，澳门大学人文学院、协同创新研究院助理教授，主要研究汉语语言学、语料库语言学、国际中文教育，本文通讯作者。

堂，从网络技术到大数据和智能教学（郑艳群，2019），语言教学资源不断更新迭代，我们需要利用新兴技术来扩充语义资源。

目前汉语学界的动词语义研究主要从认知和语义演变角度，关注与动词相关的认知理据和概念结构。从认知角度来看，对汉语动词的语义研究采用认知构式语法（陈辰，2020）、认知图景（张宝，2021）等理论分析动词的语义特点。从语义演变来看，对汉语动词语义的关注点在于动词的词汇化（贾红霞、李福印，2018）、语法化（曹秀玲、魏雪，2021）等现象，揭示动词概念结构变化的原因。身体动词是由身体器官发出动作的动词（赵元任，1979；王珏，2004），与人类日常生活密切相关。以往的身体动词的语义研究主要着眼于认知加工和转隐喻机制，例如通过词汇判断和命名任务发现不同的汉语身体动词在反应时间和反应模式上存在差异，说明不同的身体动词具有不同的语义加工和认知过程（陈新葵、张积家，2013）。身体动词能够通过转喻和隐喻的机制引申出言语义（马云霞，2010）。这些都是对身体动词的认知和语义演变研究，还缺少基于依存语法的对该类动词语义角色的分析。

参考英文 VerbNet（Schuler，2005）的子类“Verbs Involving the Body（涉身动词 / 身体动词）”，本文选取的“蜷缩”类动词包括“颤悠”“抽缩”“退缩”“抽搐”“萎缩”“抽动”“蜷缩”和“瑟缩”。参考 Wang et al.（2022）和 Wang（2022）的研究方法，抽取蜷缩类动词的单句；经等距抽样后，考虑到语料规模，最后只保留 5 个蜷缩类动词（分别是“抽搐”“萎缩”“抽动”“蜷缩”和“瑟缩”）的 344 条单句。确定单句后，我们对 344 条表示身体动作义的“蜷缩”类动词的语义依存进行自动标注和人工校对。本研究使用的是在借助了哈工大语言技术平台的 API 接口

（刘挺等，2011；Che et al.，2010）基础上自行开发的依存语法标注工具（Wang et al.，2022）。然后本文分析了它们的语义角色和事件关系，以期促进对身体动词语义的深入研究并完善词典的语义信息。

## 二、蜷缩类动词的语义分析

根据依存语法，句子是一个由词与词之间存在的联系构成的、有组织的整体。词与词之间的依存关系是二元不对称的，即词与词之间一个是从属词，一个是支配词。如“他的尾巴在抽动”，动词“抽动”是整个句子的“中心结”，“抽动”和“尾巴”构成二元不对称的依存关系。具体来说，“抽动”是“尾巴”的支配词，“尾巴”是“抽动”的从属词，“抽动”支配着作为当事的“尾巴”。从语义依存的角度来看，“尾巴”是“抽动”搭配的主体角色（具体语义角色类型为当事角色）。本节所研究的也是蜷缩类动词作为支配词时，从属于该类动词的语义依存。

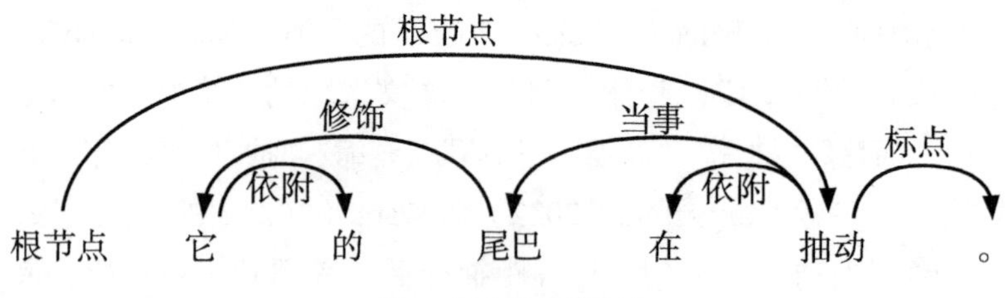


**图1　语义依存图示例**

主体角色和客体角色是蜷缩类动词搭配的最重要的语义周边论元，对“抽搐”“抽动”“蜷缩”“萎缩”和“瑟缩”的主客体角色进行分析，如表1所示。

在“抽搐”的主体角色中，当事角色（EXP）多于施事角色（AGT），这说明“抽搐”动作的主体多为无意识的身体部位，甚至是抽象名词，例如“他的良心在一阵阵地抽搐”中的“良心”。客体角色以受事角色（PAT）为主，其次是涉事角色（DATV），不存在客事角色（CONT）和系事角色（LINK）。这说明“抽搐”涉及的主要是这一行为的直接对象，即抽搐什么，例如“沙姆因绷带下伤口疼痛抽搐着双眉”中的“双眉”。

**表1 蜷缩类动词的主体角色和客体角色**

| 动词 | 语义周边论元 | | 例句 |
| --- | --- | --- | --- |
| 抽搐 | 主体角色 | 施事 AGT | 精灵意识模糊地抽搐了起来 |
| | | 当事 EXP | 他的良心在一阵阵地抽搐 |
| | 客体角色 | 受事 PAT | 沙姆因绷带下伤口疼痛抽搐着双眉 |
| | | 涉事 DATV | 世纬觉得整个心脏都为她抽搐起来 |
| 抽动 | 主体角色 | 施事 AGT | 下士抽动了一下 |
| | | 当事 EXP | 他的伤口在抽动 |
| | 客体角色 | 受事 PAT | 刘勋苍抽动了一下战刀 |
| | | 涉事 DATV | 她像最后冲刺的赛跑运动员一样抽动着鼻子 |

续表

| 动词 | 语义周边论元 | | 例句 |
| --- | --- | --- | --- |
| 蜷缩 | 主体角色 | 施事 AGT | 猫蜷缩成一团毛茸茸的黑球 |
| | | 当事 EXP | 原来老人的干瘦身子就蜷缩在树丛里 |
| | 客体角色 | 受事 PAT | 一些十几岁的少年蜷缩着身子呆坐着 |
| | | 客事 CONT | 狗妈怀里蜷缩着 5 只还未睁开眼睛的狗崽 |
| | | 涉事 DATV | 县委书记和民工一样蜷缩在堤上睡觉 |
| 萎缩 | 主体角色 | 当事 EXP | 牙龈萎缩了 |
| 瑟缩 | 主体角色 | 施事 AGT | 艾登爵士瑟缩了 |

在主体角色中，“抽动”的当事角色（EXP）多于施事角色（AGT），“抽动”的主体多为身体及其部位，例如“他的伤口在抽动”中的“伤口”。“抽动”的客体角色主要是受事角色（PAT），因此“抽动”这一行为多涉及抽动的承受者，例如“他仍然在抽动肩膀”中的“肩膀”，不存在客事角色（CONT）和系事角色（LINK）。

在主体角色中，“蜷缩”的施事角色（AGT）多于当事角色（EXP），这说明“蜷缩”行为的主体一般具有有生性，例如“猫蜷缩成一团毛茸茸的黑球”中的“猫”。“蜷缩”的客体角色主要是受事角色（PAT），说明“蜷缩”行为多涉及该行为的承受者，例如“一些十几岁的少年蜷缩着身子呆坐着”中的“身子”等，不存在系事角色（LINK）。

“萎缩、瑟缩”均不搭配客体角色，且二者的主体角色均只有一种。具体来说，“萎缩”的主体角色只有当事角色（EXP），无施事角色（AGT）。“萎缩”动作的主体一般是身体及其部位，例如“牙龈萎缩了”中的“牙龈”。“瑟缩”的主体角色只有施事角色（AGT），无当事角色（EXP）。“瑟缩”动作的主体以人为主，例如“艾登爵士瑟缩了”中的“爵士”。

5个蜷缩类动词还有如下差异：一是“萎缩”只与当事搭配，“瑟缩”只与施事搭配。二是只有“抽搐”“抽动”与施事、当事、受事、涉事均有搭配。搭配受事的比例高于施事。三是语料中，蜷缩类动词能够搭配五种主客体角色，而只有“蜷缩”的用法最为广泛，能够搭配这五种主客体角色，与该类动词在搭配主体角色和客体角色的种类方面表现一致。

蜷缩类动词搭配的情境角色如表2，该类动词的最常用情境角色是地点角色（LOC），如“大卫蜷缩在地板上”的“地板”；其次是方式角色（MANN）和度量角色（MEAS）。语料中未发现材料角色（MATL）和工具角色（TOOL）。

**表2　蜷缩类动词的情境角色**

| 情境角色 | | 例句 |
|---|---|---|
| 常用情境角色 | 地点 LOC | 大卫蜷缩在地板上 |
| | 方式 MANN | 一条黑蛇痛苦地蜷缩起来 |
| | 度量 MEAS | 他的脑子抽动了一下 |
| 非常用情境角色 | 修饰 FEAT | 鸟感到胸腔内一阵激烈的抽动 |
| | 缘由 REAS | 有的因为冷蜷缩着睡 |
| | 时间 TIME | 鼻子不时抽动一下 |
| | 状态 STAT | 毕利竭力想把自己蜷缩成圆球 |
| | 范围 SCO | 孔江子浑身抽动着 |

## 三、蜷缩类动词的事件关系

和蜷缩类搭配的并列事件（eCOO）表示蜷缩类行为和其他行为同时发生，和蜷缩类搭配的后继事件（eSUCC）表示其他行为发生在蜷缩类行为之后，蜷缩行为发生在其他行为之前，和蜷缩类搭配的先行事件（ePREC）表示其他行为发生在蜷缩类行为之前。蜷缩类动词搭配的事件关系如表 3 所示，最常见的事件关系是后继事件，其次是并列事件，无先行事件。从蜷缩和其他行为发生的先后顺序来看，蜷缩行为通常发生在其他事件之前。

**表 3　蜷缩类动词的事件关系**

| 搭配的事件关系 | 例句 |
| --- | --- |
| 后继 eSUCC | 护士的脚后跟抽搐几下便**不动**了 |
| 并列 eCOO | 母猴喜塔躺在笼子里水泥地上抽搐、**翻滚** |

## 四、蜷缩类动词的词条示例和教学建议

在对蜷缩类的语义分析的基础上，本节以“抽动”为例归纳其词条的语义信息，包括词目、汉语拼音、词性、词义解释、语义特点以及相应的频率和例句。

**表4 “抽动”的语义信息**

| 词目 | 抽动 | | |
|---|---|---|---|
| 汉语拼音 | chōudòng | | |
| 词性 | 动词 | | |
| 词义解释 | 四肢或面部的肌肉不自觉地收缩 | | |
| 语义特征 | 语义搭配角色 | 搭配的主体角色 | 施事角色：**他**甚至把膝盖向上抽动了两次<br>当事角色：她的**肩膀**在抽动 |
| | | 搭配的客体角色 | 受事角色：他仍然在抽动**肩膀**<br>涉事角色：她像最后冲刺的赛跑**运动员**一样抽动着鼻子 |
| | | 搭配的情境角色 | 方式角色：肌肉开始**持续不断**地抽动起来<br>度量角色：他下颚的一块肌肉抽动了**一下**<br>地点角色：女孩在他的**怀抱**里抽动了一下 |

多模态教学（张德禄、李玉香，2012）能够促进语言教学的效果（王珊、王少茗，2022；王珊、刘峻宇，2020）。结合蜷缩类身体动词的语义特征，本研究对该类动词的多模态语义教学提出以下建议：一是视觉模态方面，可以借助PPT进行板书展示，还可以通过Photoshop等软件制作词汇卡片。可以以不同颜色标

注例句中关键词搭配的不同语义角色，并添加合适的图片。二是动觉模态方面模仿不同蜷缩类动词的动作并展示相关的动图，如给例句“他仍然在抽动肩膀”添加一个“抽动肩膀”的动图。三是听觉模态方面，可以采用听后模仿的方式。四是课外作业也可以布置多模态任务，如小品展示、对话表演、动作模仿等小组作业，调动学生的积极性。

## 五、结语

人类通过身体去感知和认知世界，而身体动词则是人们用语言探索世界的方式之一。本研究以依存语法为理论基础，分析了蜷缩类身体动词的语义角色。通过利用自主开发的基于依存语法的语义标注工具，本研究对这类动词的语义依存进行了自动标注和人工校对，以完善其语义角色信息。本研究发现，从语义周边论元角度来看，蜷缩类身体动词的主体角色中，当事远多于施事，表明这种“蜷缩”行为更多是一种无意识的行为；与此同时，它们很少与客体角色搭配；在情境角色方面，它们最常搭配的是地点，其次是方式和度量；从事件关系上看，蜷缩类动词最常搭配的是后继事件，即其他行为发生在蜷缩类行为之后。本研究深入挖掘了蜷缩类身体动词的语义角色特征，并提出了相应的教学建议，有助于拓展动词本体研究和相关的动词教学。

## 参考文献

[1] 曹秀玲，魏雪．从感官动词到推断元话语标记．语文研究，2021（2）．
[2] 陈辰．“看”“看见”“看到”与“看完”的语义差异探究——认知构式

语法视角 . 外国语文，2020（4）.
[3] 陈龙，詹卫东 . 施事的语义分布考察与动词的语义特征 . 中文信息学报，2020（1）.
[4] 陈新葵，张积家 . 中文身体动词的语义特异性加工 . 华南师范大学学报（社会科学版），2013（4）.
[5] 贾红霞，李福印 . 汉语实现事件的词汇化模式及认知动因——以“抓”类动词为例 . 华文教学与研究，2018（2）.
[6] 刘挺，车万翔，李正华 . 语言技术平台 . 中文信息学报，2011（6）.
[7] 马云霞 . 从身体行为到言说行为——修辞动因下言说动词的扩展 . 当代修辞学，2010（5）.
[8] 王珏 . 汉语生命范畴及其词汇，词法，句法表现 . 华东师范大学学报（哲学社会科学版），2004（1）.
[9] 王珊，刘峻宇 . 国际汉语词汇教学中的多模态话语分析 . 汉语学习，2020（6）.
[10] 王珊，王少茗 . 基于华语流行歌曲的词汇附带习得研究 . 汉语教学研究—美国中文教师学会学报，2022（1）.
[11] 俞士汶 . 建设综合型语言知识库的理念与成果的价值 . 中文信息学报，2007（6）.
[12] 俞士汶，朱学锋 . 综合型语言知识库及其在语言教学中的应用 . 北华大学学报（社会科学版），2014（3）.
[13] 张宝 . 微观语义角色在句式描写中的应用——以徒手制作义动词为例 . 汉语学习，2021（6）.
[14] 张德禄，李玉香 . 多模态课堂话语的模态配合研究 . 外语与外语教学，2012（1）.
[15] 张苗苗 . 基于论元结构和物性结构互动关系的释义方式考察——以切割类动词为例 . 语言教学与研究，2023（3）.
[16] 赵元任 . 汉语口语语法 . 北京：商务印书馆，1979.
[17] 郑艳群 . 汉语教学 70 年——教育技术的影响及作用 . 国际汉语教学研究，2019（4）.
[18] Che, Wanxiang, Zhenghua Li & Ting Liu. LTP: A Chinese Language

Technology Platform. *Proceedings of the 23rd International Conference on Computational Linguistics: Demonstrations*. Beijing, China: Coling 2010 Organizing Committee, 2010: 13-16.

[19] Schuler, Karin Kipper. *VerbNet: A Broad-coverage, Comprehensive Verb Lexicon*. Pennsylvania: University of Pennsylvania, 2005.

[20] Wang, Shan. Investigating Verbs of Confession through a Syntactic and Semantic Annotation Tool. In Minghui Dong, Yanhui Gu, & Jia-Fei Hong（eds.）, *Chinese Lexical Semantics*, 2022: 198-211. Cham: Springer.

[21] Wang, Shan, Xiaojun Liu & Jie Zhou. Developing a Syntax and Semantics Annotation Tool for Research on Chinese Vocabulary. In Minghui Dong, Yanhui Gu, Jia-Fei Hong（eds.）, *Chinese Lexical Semantics*, 2022: 272-294. Cham: Springer.

# 新闻标题中副词“或”对语法规则的突破及其限度

## ——兼与“料”字标题的比较*

罗　堃　王艺瑾**

## 一、引言

近年来，“或”字新闻标题大量使用，引发了学者们的持续关注。例如：

① 不用真实身份信息注册账号或将无法使用互联网平台服务（工人日报，2021-10-27）

② 英国护理行业人员短缺　或导致更多民众今冬无法得到所需服务（央视新闻，2021-10-22）

对于这一问题，学术界主要有两种研究思路。一种是从共

* 项目基金：甘肃省社科规划一般项目“陕甘宁三省区临近地带方言时体范畴调查研究”（2021YB047）。

** 罗堃，语言学博士，西北师范大学云亭教授，硕士研究生导师。研究方向为汉语语言学、国际中文教育；王艺瑾，西北师范大学国际文化交流学院硕士研究生。

时角度观察新闻标题里“或”的句法语义特点，如秦岭（2011）将新闻标题中的“或”定位为预测情态标记，郭琼、陈昌来（2016）则认为“或”字新闻标题在语义上具有双重情态特征，具体表现为言者的主观推断情态与闻者的传信情态。另一种是从历时角度对“或”的语义演变进行分析，如罗耀华、李向农（2015），王艳（2016）讨论“或”的语法化过程及相关句法问题，提出表揣测、可能义的副词“或”主要出现于新闻标题中。可以看出，不管是共时还是历时思路，学者们都意识到副词“或”在新闻标题中的使用具有一定特殊性，但均未说明如何“特殊”，为何“特殊”。基于此，本文将从“或”的常规用法入手，并通过与“料”字标题的比较来探究“或”在新闻标题当中的突破性用法，着重回答下面两个问题：一是副词“或”在新闻标题中突破常规语法规则的具体表现有哪些？二是“或”突破常规语法规则的机制与限度是什么？

## 二、副词“或”的常规用法

《现代汉语八百词》（吕叔湘，1999：283−284）指出，“或”等同于“或者”，有连词和副词两种用法。做连词时，表达三种意义：一是选择，如“同意或反对”；二是几种交替的情况，例如“每天清晨都有许多人在公园里锻炼，或跑步，或打拳，或做操”；三是等同，比如“人们对整个世界的总的看法叫做世界观，或宇宙观”。做副词时，“或”只表达也许、或许这一种意义，例如“你赶快走，或还能搭上末班车”。与此同时，《现代汉语词典》（第七版）《现代汉语虚词词典》《实用汉语近义虚词词典》等多部辞书均持有类似观点。

观察语料发现，作为连词的“或”语料较多，而副词“或”语料极少。在 BCC 义项频率统计语料库中，共有“或”字语料 5598 条，其中绝大多数为连词用例（72.8%），没有表达可能义的“或”字语料（2021 年 11 月 5 日搜索）。除了数量少，“或”在表达可能、或许义时，也有着严格的句法语义限制。

第一，从形式上看，副词“或”只能出现于“或 +（副词）+ 助动词 +VP”和“或 +（副词）+ 有 +NP”两种句法格式中，副词主要是“还、也”等，经常隐而不现。例如：

③ 此事或能办成，也说不定。（转引自侯学超，1998：288）

④ 这次或有希望，不妨试试。（同上）

⑤ 如果不出意外，明日或可抵京。（同上）

⑥ 首先讨论天灾来源，其次筹措善后救济，或有结果。（同上）

在“或 +（副词）+ 助动词 +VP”格式中，助动词也只能是“能”“可”等单音节词，不能出现“能够”“可以”等双音节动词（王自强，1998：106）。

第二，从语义、语用角度看，“或”字句要求表达复合式情态。根据 Lyons（1977：452）、彭利贞（2007：42−54）、陆萍、贺阳（2015）研究，情态可以分为认知情态（epistemic modality）、道义情态（deontic modality）和动力情态（dynamic modality）三大类。其中认知情态是“说话人对命题为真的可能性与必然性的看法或态度”，道义情态是“说话者对行为主体（自己或他人）预期实施某种行为的态度”，动力情态为“行为主体实施某种行为的能力和意愿”。常规情况下，“或”字句表达 [ 认知 + 道义 ] [ 认知 + 动力 ] 两种复合式情态。如例④“这次或有希望，不妨试试”表达 [ 认知 + 道义 ] 情态，说话人认定“这次有希望”这一命题可能发生，并且有一定的可行性，同时发出了一个“指令”。例⑤“如果不出意外，明日或可抵京”表达 [认知 + 动力] 情态，说话人认为“明日抵京”可能发生，并且有一定能力实现该事件。

显而易见，“或 +（副词）+ 助动词 +VP”结构中的复合式情态主要来自“或”与助动词的连用。而“或 +（副词）+ 有 +NP”结构里并无助动词，其复合式情态从何而来？我们发现，该结构中的“或”与“有”之间可以补出一个助动词，如“或（能）有希望”“或（会）有结果”。换言之，“或 +（副词）+ 有 +NP”结构中存在一个隐形的助动词，该助动词与“或”共同发挥作用，以表达相应的复合式情态。

第三，“或”字句所表达的认知情态多为推测（speculative）或假设（assumptive）情态，几乎没有推断（deductive）情态用例。推测、假设、推断三分系统是 Palmer（2001: 22–24）从类型学角度对认知情态所做的深入分类，其中推测情态表达不确定性，假设情态以常识为基础进行推论，推断情态以相关证据为基础进行推论。常规情况下，“或”字句所表达的可能性建立在一般常识基础上，而非事实数据。如例④“这次或有希望”，例⑤“明日或可抵京”都是说话人根据百科知识（encyclopedic knowledge）所做的一般假设，并非依靠相关证据得出的逻辑推论。

总而言之，常规语境中副词“或”的使用频率较低，并且其使用需要得到上述三条句法语义条件的允准。

## 三、“或”字标题突破常规语法规则的具体表现

上文提到，常规语境中副词“或”的使用受制于一定的句法

语义环境，只能出现于“或+（副词）+助动词+VP”和“或+（副词）+有+NP”两种句法格式中，且使用频率不高。然而，与之相反，新闻标题中的“或”却突破了这些限制，其出现的句法环境不拘泥于上述两种格式，出现频率也有了大幅提升。具体来讲，新闻标题中“或”突破常规语法规则主要体现在以下五个方面。

### （一）已然与未然

一般情况下，“或”字句表达说话人认为相关事件可能发生，即副词“或”标记的事件均为未然事件。但在新闻标题中，“或”既能标记未然事件，又能标记已然事件，这与常规情况下的“或”字句形成鲜明对比。例如：

⑦ 美欧暴雪已致 11 人死亡　美国多地或将出现 30 厘米大雪（中国新闻网，2017-01-08）

⑧ 我国最早发明和利用蚕丝　8500 年前或已掌握桑织技术（科技日报，2016-12-27）

例⑦“或”与“将”连用表明相关事件还未发生，例⑧“或”与“已”连用表明相关事件业已发生。主观认定事件是否发生，需要有一个参照时间，例⑧的参照时间是“8500 年前”，而“掌握桑织技术”这一事件发生在参照时间之前。

### （二）复合与单一

前文分析指出，自然语句中“或”字句分别表达 [ 认知+道义 ] [ 认知+动力 ] 两种复合式情态，限制表达单一情态，而“或”字新闻标题既能表达单一情态又能表达复合式情态。例如：

⑨ 中医标准化遇人工智能　能望闻问切的“阿尔法狗”或出

现（科技日报，2017-01-09）

⑩ 澳洲监管海外投资者非法购房　或须出示居留证件（中国侨网，2016-09-21）

例 ⑨ 是单一的认知情态，表明"'阿尔法狗'出现"是可能发生的事件，例 ⑩ 为 [ 认知 + 道义 ] 情态，说明"可能海外投资者将来必须（即有义务）出示居留证才能在澳洲购房"。

**（三）肯定与否定**

副词"或"在非标题语境中只能用于肯定句，叙述相关事件可能会发生。标题中的"或"还能与否定成分共现，表明相关事件可能未曾发生过或不会发生。例如：

⑪ 中国钢铁需求或未出现可持续性增长（新浪财经，2016-05-11）

⑫11 岁男孩偷开汽车撞飞路人后逃逸　肇事男孩或不担刑责（现代快报，2016-12-26）

例 ⑪"或"与"未"连用，指明"中国钢铁需求可持续增长"可能未曾发生。例 ⑫"或"与"不"连用则说明"肇事男孩"未来可能不会"承担刑责"。需要指出的是，"或"与否定词"未""不"连用时，其位序固定，只能是"或—未""或—不"，若调换成"未—或""不—或"则不合语法。

**（四）陈述与疑问**

从句类角度看，副词"或"只能出现于陈述句当中，而新闻标题中的"或"突破了陈述句的限制，可以用在疑问句之中。例如：

⑬独生子女或不能全部继承遗产?(湛江晚报，2016-12-28)

⑭iPhone爆炸事件频发　苹果或步三星后尘?(北京商报，2016-12-06)

疑问式标题的特点是信息来源不可靠，新闻真实性不确定(曾宪明，2002)，而这一特点与"或"的可能、揣测义更加契合。

**(五)推断与推测**

正常情况下，副词"或"标记的可能性事件多建立在说话人常识与经验基础之上，属于推测性事件，而"或"字标题往往是新闻作者根据相关事实证据做出的判断，客观性较强，是推断性事件。这一区别在形式上体现为两点：一，虽然是可能性事件，但"或"字标题中能够出现较为精确的数字，如例⑮，这显然是根据已有事实证据得出的结论；二是副词"或"可以出现在必要条件句"(只有)……才……"当中，如例⑯，而"(只有)……才……"正是典型的逻辑推论结构。这说明"或"字标题表述的是推断性事件。

⑮易居研究院预计：今年30城住宅成交面积或下跌10%(上海证券报，2017-01-09)

⑯研究老外消费习惯　退税或才更接地气(羊城晚报，2016-06-28)

综上所述，在情态方面，"或"字新闻标题兼表复合式情态与单一情态，同时突破了常规"或"字句只能标记未然事件的限制。除此之外，"或"字标题多表达的是基于事实数据得出的推断性事件，其出现不受肯定与否定、陈述与疑问等句法环境的制约。这些表现均指向一个结论，即标题中副词“或”可以突破常规语法规则限制，是一种特殊的语言现象。

## 四、“或”字标题的构件特征

在整体观视角下，“或”字新闻标题在形式、情态、表达事件、使用环境等方面都突破了常规语法规则的制约。而从构件角度看，“或”字新闻标题的构件部分又有何特点？下面，我们分别讨论副词“或”本身和“或”的后接成分。

### （一）副词“或”

常规语境下，副词“或”与“或者”意义、用法大致相同，句中的“或”一般都可以替换为“或者”，句义不发生改变，如例⑰⑱。但在新闻标题中，除“或+（副词）+助动词+VP”和“或+（副词）+有+NP”格式中的“或”以外，其他的“或”往往不能被“或者”所替代，如例⑲⑳。

⑰ 他的建议对我们的工作或（或者）有帮助。（转引自赵新、刘若云，2013：191）

⑱ 这些资料对你写论文或（或者）能有所启发。（同上）

⑲a. 四川旅游经营服务七类行为或列入“严重失信”（成都日报，2017-01-08）

b. ＊四川旅游经营服务七类行为或者列入“严重失信”

⑳a. “大学生娶同学妈妈”系假新闻　或为商家炒作（中国新闻网，2017-01-04）

b. ＊“大学生娶同学妈妈”系假新闻　或者为商家炒作

不难发现，将“或”替换成“或者”之后，该标题即变得不合语法。可见，新闻标题中的“或”与双音节副词“或者”有所不同，并非“或者”一词的压缩形式。

### （二）“或”的后接成分

在新闻标题中，副词“或”之后一般跟 VP，且 VP 类型较为丰富，也有少量 AP 和 NP 的用例。

1. 或 +VP

VP 主要有光杆动词、动宾短语、状动短语、连动短语、兼语短语等类型。

㉑ 资管产品征增值税延至 7 月执行　通道类业务费用或上升（中国证券报，2017-01-12）[ 光杆动词 ]

㉒ 成都探索自动驾驶技术　公交或是“无人驾驶”先行者（中国经济网，2017-05-18）[ 动宾短语 ]

㉓ 超 20 万人年终奖调研: 6 成以上用户或与年终奖无缘（京华时报，2017-01-13）[ 状动短语 ]

㉔ 杭州公交纵火案明将开庭　嫌犯或躺病床出庭受审（新浪新闻，2015-01-27）[ 连动短语 ]

㉕ 特朗普或提名石油大亨任美国务卿　组亿万富豪内阁班底（央广网，2016-12-12）[ 兼语短语 ]

㉖ 微软看重聊天机器人　或把它作为计算的未来（人民网，2016-04-05）[“把”字短语 ]

㉗“红通”3 号贪官前妻在美认罪　刑满后或被遣返回国（法制日报，2017-01-13）[“被”字短语 ]

其中，“或”后光杆动词一般为无起点、有终点的后限结构动词[①]（郭锐，1993），语义上暗含变化性。从音节角度看，“或”后光杆动词须为双音节，限制单音词动词出现，例（21）不能变为“通道类业务费用或升”。

2. 或 +AP

“或”字后跟形容词性成分，要求该成分具有 [+ 动态变化 ][+ 程度加深 ] 等特征，例如：

㉘TCL 多媒体卖地 1.6 亿　3 季财报或漂亮点（北京日报，2007-10-18）

㉙今年火车抢票或更难　租车回家过年变火（信息时报，2017-01-07）

从例㉘中的“漂亮点”和例㉙的“更 + 形容词”结构可以看出，较之先前状况，“或”字标记的事件已发生了变化，状态程度有所加深。相反，若不具备 [+ 动态变化 ][+ 程度加深 ] 特征，则该标题不能成立，如“3 季财报或漂亮”“今年火车抢票或难”皆不合法。同时，在“变化性”特征制约下，“或”后 AP 只能是性质形容词，而不能为状态形容词。原因在于，性质形容词表达事物的性状特征，是具有量幅的弥散量，而状态形容词表达性状所达到的程度，是量点（姚占龙，2010）。理论上，量幅能够摇摆变化，量点则相对固定，所以状态形容词不能出现于“或”字之后。

3. 或 +NP

“或”后的名词性成分一般为数量短语，如：

① 郭锐（1993）根据动词起点、终点和续段的有无、强弱，亦即形式上是否能加“了”“时量宾语”等情况，将汉语动词分为无限结构、前限结构、双限结构和点结构五大类十小类，并指出这五大类十小类是一个完整的渐变系统。

㉚ 全景天窗真皮座椅　配 ESP 双离合电子手刹或 10 万（搜狐汽车，2016-11-01）

㉛ 新能源车免费上牌首批或两万张　上汽首款量产车今上市（网易新闻，2012-11-05）

不含数量成分的光杆 NP 很难出现在“或”字标题中。实际上，该类“或”字标题是一种“谓词隐含”（implying predicate）结构，在“或”和 NP 之间隐含了一个谓词。语义解读时，可根据具体语境，将隐含的谓词添补出来，如上述两例可分别解读为“或卖 10 万”“或有两万张”。

## 五、标题中副词“或”的突破机制与限度

影响语言创新发展的因素，除母语习得和语言接触之外，还有语言特区（Special Language Domain），所谓“语言特区”是指，可以突破常规语言学规则的特定领域，主要有诗歌文体、网络平台和标题口号三种类型（徐杰、覃业位，2015；Xu and Qin，2021：1−20）。根据姚双云、徐杰（2021）研究，语言特区中对规则的突破可以发生在语法、语义、词汇，甚至语音、语用层面。

副词“或”的使用在常规情况下受制于特定的句法语义环境，且使用频率不高，但在新闻标题中不受限制。作为语言特区的三大类型之一，标题给予其“特权”，让其使用“畅行无阻”。当然，“或”在新闻标题中的种种表现，也并非“无本之源”，而是一种“复古”的创新方式。罗耀华、李向农（2015）提出，“或”的语法化经历了“动词→代词→副词→连词”的过程，“或”的揣测、可能义用法，上古汉语早已有之，如㉜㉝两

例，这一用法保留到了现代汉语新闻标题当中。

㉜ 夫子之墙数仞，不得其门而入，不见宗庙之美，百官之富。得其门者或寡矣。(《论语 · 子张》)

㉝ 天或启之，必将为君。(《左传 · 宣公三年》)

新闻标题中语法突破现象采用“复古”手段较为常见，罗堃、刘颖（2020）、罗堃（2021）研究发现，标题中副词“再”、方位词、名词做状语等违反常规语法规则的现象，均为古汉语相关用法的“复生”。尹世超（2001：8）也曾提出“标题语言处于古今中外的交汇点上”，较之非标题语言，标题沿袭了更多的古汉语词汇语法特征。

关于“或”的突破机制问题，我们发现了一个很有意思的现象，即“或”与“可能”的连用，例如：

㉞ 俄罗斯总统普京或可能年底访问日本（新华网，2016-05-17）

㉟ 黑洞或可能诞生外星人　宇宙文明大猜想（科技讯，2016-07-11）

上述两例标题，在删除“或”字或“可能”之后，语义完全不受影响。“或”“可能”均表达揣测义，常规情况下二者不会连用，但在新闻标题中语义羡余、语法功能重合。江蓝生（2016）曾指出，如果语言中某一成分为羡余成分且恰好处于功能词位置，则该成分可能发生语法化。例㉞㉟的“或”完全可以视为语法标记，其对真值语义没有贡献，仅起到事件标记的语法功能。由此可见，标题语言特区为“或”的突破使用提供了土壤。

事物发展具有两面性。副词“或”在新闻标题中突破现代汉语常规语法规则，类推能力增强，但这一突破仍然存在限度。观察发现，标题中“或”的使用具有连用位序限制，表现在“或”

与其他副词、助动词连用或共现时，在线性语序上只能居前，不能置后。例如：

㊱a. 西安出土 2800 年前小麦颗粒　或将改写史学观点（参考消息网，2017-01-15）

b. *西安出土 2800 年前小麦颗粒　将或改写史学观点

㊲a. 支付宝现安全漏洞：熟人或可篡改支付密码（证券时报，2017-01-12）

b. *支付宝现安全漏洞：熟人可或篡改支付密码

例㊱“或”与将来时副词“将”连用，“或”居前，例㊲“或”与助动词“可”连用，“或”仍然居前，若调整位序，则不合语法。其中原因是情态成分在句法层级上处于较高的位置。邓思颖（2006）认为语气、情态等成分在小句上有这样的层级：语气 > 情态 / 量化 > 体 > 动词。而后，蔡维天（2010）将这一层级细化为：知识副词[①] > 知识助动词 > 外主语 > 未来时制 > 义务副词 > 义务助动词 > 内主语 > 轻动词 > 能愿助动词 > 动词短语。根据“线性对应公理”（Linear Correspondence Axiom, Kayne, 1994：3），“或”表达认知情态，其句法位置较高，与其他副词、助动词连用或共现时，线性语序上只能居前。

## 六、“或”字标题与“料”字标题

与“或”字标题相似，新闻语篇中还有一种表达可能义的“料”字标题，请看下面的例子：

㊳信贷投放力度料加大　货币政策工具发力空间足（中国证

① “知识副词”是“认知情态副词”（epistemic adverb）的另一种翻译。

券报，2021-10-15）

㊴“五一”出游人次有望突破两亿　国内旅游料迎强劲复苏（经济参考报，2021-04-29）

在不改变标题意义情况下，这里的“料”都可以换成“或”。仇立颖、李双剑（2019）对“料”字标题展开研究，文章认为，“料”在新闻标题中由“猜想”义演变为“可能”义，“S+料+V（O)”格式是其可能义演变的句法环境，从“猜想”义到“可能”义的演变路径具有类型学共性，在英语、西班牙语、马来语等语言中都有证据。这一论断，笔者表示赞同，不过，通过对比“或”字标题，笔者也发现了其中一些问题。

### （一）“料”的语法定位

标题中表达可能义的“料”与“或”一样，都是副词，不是仇李文所说的“助动词”。其中原因在于，助动词一般具有“V不V”的重叠形式，但新闻标题语料中没有“料不料”，同时，语感也不支持这种变换方式。徐杰、李莹（2010）在论及“谓头”位置的理论意义时，提出应区分“谓语内状语”（VP—adverbial）和“谓语外状语”（sentential adverbial），“会”“可以”等助动词属于谓语内状语，“明天”“刚才”等则是谓语外状语，二者连用时位序只能是“外状语—内状语”，如“明天会来”“刚才要走”，而不能是“会明天来”“要刚才走”。新闻标题中，“料”“或”常与时间副词“将”连用，但线性位序只能是“料—将”“或—将”。由此证明，“料”并非助动词，而是副词。

### （二）“料”由动词变为副词的动因

关于动因，仇李文未涉及。从语义上看，“料”用作动词时，标题句的主语应该是新闻作者，即新闻报道者猜想会有相关情况发生。但新闻语体客观性较强，要求报道者在遣词造句中不能掺杂自己的情感、意识。（李良荣，2018：45—46）因此，报道者在句中只能“隐身”，从而留下“料+S+V（O）”结构，但这一结构又遇到了麻烦。一方面，句子因为形式上缺少说话人而导致论元结构不完整，另一方面，由于句子论元结构不完整，读者往往会“脑补”出说话人，依然有悖于新闻的客观性原则。而解决矛盾的唯一办法就是让“料”挪到其宾语小句当中，进而变为“S+料+V（O）”结构。如此一来，报道者“隐身”就显得合理合法，主语与“料”之间没有施事关系，从此“料”语义虚化，逐步演变为可能义副词。

### （三）“或”与“料”的替换

仇李文指出，“料”不能用于现在事件，所以当标题句为现在事件时，只能用“或”。但通过语感调查发现，现在事件不是“料”与“或”替换的制约因素。只有在下面这个句子中，“或”才不能替换为“料”：

㊵ 医学家称康熙乾隆或死于雾霾：清代京城霾灾重（转引自仇立颖、李双剑，2019）

前文讲到，表可能义的“料”在演变过程中，由于种种原因，报道者“隐身”，但例㊵有一个与报道者身份冲突的主语“医学家”，容易让读者产生误解，所以只能用“或”。如果将“医学家”删去，变为“康熙乾隆或死于雾霾：清代京城霾灾重”，“或”就可以替换为“料”了。

综上所述，“料”与“或”一样，都是标题语言特区中特殊的语法变异现象。二者的不同之处是，常规情况下“料”用作动词，没有可能义，但在新闻标题中由动词变为副词，这属于完全变异。“或”则是在新闻标题中突破了常规语法规则的制约，使用范围更加宽广，属于深入突破。二者分别代表了标题特区语言变异现象的两种不同类型。

## 七、结论

新闻标题中副词“或”的使用突破了常规语法规则的制约，具体表现在已然与未然、复合与单一、肯定与否定、陈述与疑问、推测与推断等五个方面。作为语言特区中的特殊现象，新闻标题里的“或”不是“或者”一词的压缩形式，而是来源于古汉语用法。相比标题中表可能义的“料”，“或”属于标题语法变异现象中的深入突破类型，而“料”则是完全变异类型，虽然类型有所不同，但是二者在使用上都要遵守连用位序规则。

## 参考文献

[1] 蔡维天 . 谈汉语模态词的分布与诠释之对应关系 . 中国语文，2010（3）.

[2] 仇立颖，李双剑 . 论新闻标题中“料”的语义演变 . 语言研究集刊，2019（1）.

[3] 邓思颖 . 粤语框式虚词结构的句法分析 . 汉语学报，2006（2）.

[4] 郭琼，陈昌来 . 浅谈新闻标题中的“或”——从语言学角度看“马航失联”新闻标题 . 理论月刊，2016（2）.

[5] 郭锐 . 汉语动词的过程结构 . 中国语文，1993（6）.

[6] 侯学超 . 现代汉语虚词词典 . 北京：北京大学出版社，1998.

[7] 江蓝生 . 超常组合与语义羡余——汉语语法化诱因新探 . 中国语文，2016（5）.

[8] 李良荣 . 新闻学概论 . 上海：复旦大学出版社，2018.

[9] 陆萍，贺阳 . 试论“可以说”与“应该说”的异同 . 语言教学与研究，2015（3）.
[10] 罗堃 . 从标题口号语言特区看汉语综合性语法特征的回归 . 澳门语言学刊，2021（2）.
[11] 罗堃，刘颖 . 标题中的“又”“再”连用及相关句法问题 . 语言研究集刊，2020（1）.
[12] 罗耀华，李向农 . 揣测副词“或许”的词汇化与语法化 . 古汉语研究，2015（3）.
[13] 吕叔湘 . 现代汉语八百词（增订本）. 北京：商务印书馆，1999.
[14] 彭利贞 . 现代汉语情态研究 . 北京：中国社会科学出版社，2007.
[15] 秦岭 . 当代新闻标题中的预测情态范畴研究 . 上海：上海师范大学硕士学位论文，2011.
[16] 王艳 . 基于语料库的“或”字演变研究 . 阜阳师范学院学报（社会科学版），2016（5）.
[17] 王自强 . 现代汉语虚词词典 . 上海：上海辞书出版社，1998.
[18] 徐杰，李莹 . 汉语“谓头”位置的特殊性及相关句法理论问题 . 汉语言文学研究，2010（3）.
[19] 徐杰，覃业位 .“语言特区”的性质与类型 . 当代修辞学，2015（4）.
[20] 姚双云，徐杰 . 信息量调控：标题语言创新的内在机制 . 汉语学报，2021（3）.
[21] 姚占龙 . 现代汉语状态形容词量级差别考察 . 语言研究，2010（4）.
[22] 尹世超 . 标题语法 . 北京：商务印书馆，2001.
[23] 曾宪明 . 报纸新闻中陈述性疑问标题分析 . 新闻爱好者，2002（1）.
[24] 赵新，刘若云 . 实用汉语近义虚词词典 . 北京：北京大学出版社，2013.
[25] Kayne, Richard. *The Antisymmetry of Syntax*. Cambridge MA: The MIT Press, 1994.
[26] Lyons, John. *Semantics*. Cambridge: Cambridge University Press, 1977.
[27] Palmer, F. Raymond. *Mood and Modality*. 2nd edn. Cambridge: Cambridge University Press, 2001.

[28] Xu, Jie & Qin,Yewei. Some Special Linguistic Domains in Which Linguistic Rules May Be Violated Legitimately. In Mark Aronoff (Ed.) *Oxford Research Encyclopedia of Linguistics*, New York: Oxford, 2021.

# 不同书面纠正性反馈对汉语二语写作词汇及句法的影响 *

马　宁 **

## 一、引言

《国际中文教育中文水平等级标准》清晰地界定了言语交际能力，即学习者综合运用听、说、读、写、译五项语言技能，在不同情境下，就不同话题，用中文进行交际的能力。这五项语言技能中，“写”与“译”技能对于国际中文学习者的要求最高，往往被认为是一项高难度的、复杂的工作。“写”技能主要包括汉字书写训练、句子听写与造句练习，记叙文、议论文、应用文等不同文体写作，覆盖了“书写”与“写作”两个层面。而在上述两个层面之中，“写作”层面对于学习者的考验无疑最大。Scarcella 与 Oxford（1994）指出，二语写作中，学习者的书面交

* 本研究系河南省新文科研究改革与实践项目“新文科背景下汉语言文学专业语言类课程建设的探索与实践”（2021JGLX053）的阶段性研究成果。

** 马宁，河南理工大学硕士研究生，主要研究语言学及应用语言学、第二语言习得与国际中文教育。

际能力包括四个方面：语法能力、语篇能力、社会语言能力与策略能力等。这表明，二语写作不仅涉及汉字、语法、语用等多项内容的融合运用，对学习者的构思谋篇、标点使用等能力也有一定要求，是对其思维及语言运用能力的综合性考查。

国际中文学习者写作能力的提升离不开国际中文教师的多方位指导，而纠错与反馈正是国际中文学习者写作水平能否实现飞跃的必要环节。当前国际中文写作教学中，由于综合课开设比例过高，写作课开设较少，教师对学习者的写作反馈机制主要是对其写作产品进行一次性书面纠错标注，他们的自主纠错意识与能力的培养受到很大限制。国际中文学习者仅凭几节课便实现写作水平的突飞猛进并不现实。因此，在纠错与反馈的互动中发展写作能力日益兴起。随着二语习得研究的不断深入，复杂动态系统理论（Complex Dynamic Systems Theory, 简称 CDST）逐渐被应用到语言学研究领域，成为第二语言动态发展过程研究的理论基础。该理论影响下的动态书面纠正性反馈（Dynamic Written Corrective Feedback）亦成为汉语二语写作教学探索的新动向，是对传统书面纠正性反馈（Written Corrective Feedback，即 WCF）的革故鼎新。传统与动态书面纠正性反馈对汉语二语学习者写作发展的不同影响成为新的挖掘点，两种反馈机制对于学习者写作发展的具体影响引人关注。

## 二、文献回顾

1989 年，Skehan 首次提出了复杂度（Complexity）、准确度（Accuracy）、流利度（Fluency）（以下简称 CAF）概念。而后，诸多学者基于 CAF 的定义开始进行操作性实证测量，CAF 也逐渐被看作是应用语言学领域的主要研究变量。随着研究的深入开展，CAF 已成为国际二语研究领域公认的用以衡量学习者语言产出水平的三大维度。国际中文教育界也以此为基础，在新指标、新视角、新维度的不断提出与应用中循序推进了相关研究。

### （一）语言区别性特征研究

在第二语言测试与评估研究之中，区别性特征（Distinguishing Feature, Jin & Mak，2013）是二语写作研究的高频热点，它具体包含了词汇、语法、内容、篇章等维度（Banerjee et al，2015）。不同学者基于各自的研究目的，选取了不同的语言区别性特征并对其开展了测量研究。Crossley & McNamara（2012）考察了衔接和词汇复杂性在英语二语写作质量预测中的作用发现：词汇多样性、词频、词义丰富度（Word Meaningfulness）、词的熟悉度、体的重复度（Aspect Repetition）能够有效预测写作质量。Crossley 等（2015）发现词汇搭配正确性、词汇多样性与词频可以区分书面语及口语的词汇水平。吴继峰（2018）指出，词汇的多样性、复杂性、正确性、句法复杂性、语法正确性五个语言区别性特征均与学习者的写作成绩相关，但是只有词汇复杂性、正确性及语法正确性三方面具有显著性。吴继峰、周蔚、卢达威（2019）指出，词汇复杂性对写作成绩的贡献最大，语言水平与汉字正确性存在交互效应。胡韧奋（2021）基于搭配多样性与复杂性的汉语短语层面句法复杂度，提取了相关指标并研究发现：基于小句、T 单位等特征的传统句法复杂度指标对写作成绩的解释力较弱，而基于搭配的短语层面句法复杂度指标能够有效预测写作成绩。白云、韩佶颖、王俊菊（2022）借助 LCA、L2SCA 和 Coh-Metrix 3.0 等在线分析器，对词汇复杂度和句法复杂度共计 10 个代表性指标进行了测量与分析，认为范文反馈能促进文本质量在更多维度上的提升。

### （二）复杂动态系统理论视角下的相关研究

语言系统具有复杂性、联结性、动态性与开放性（De Bot, 2007）。近年来，学者开始加速探究动态系统理论视角下二语学习者写作语篇的发展表现。他们也在不断借鉴 CAF 分析框架，对学习者的写作语篇进行动态考察。朱屹冉（2020）指出，动态系统理论关注学生个体差异，能够以更动态的眼光观察学生词汇的具体发展变化路径，确定词汇发展的不同阶段，精准定位出关键发展点。该学者以 3 名匈牙利学习者为研究对象，收集了 3 人一个学期内每人各 12 篇作文。从词汇系统三个维度的情况进行量化研究发现：在词汇发展的三个维度中，词汇复杂度发展最快，丰富度次之，准确度最慢。张建华、Lawrence Jun ZHANG（2021）以两名英语学习者为研究对象，对其书面语句法复杂性发展变化进行了历时一年的研究。他们发现英语学习者句法复杂性各维度发展呈现出四种发展路径，表现出明显的个体变异。句法复杂性各维度交互关系是竞争与支持交替并存、动态波动的。朱慧敏（2021）以动态系统理论为框架，借助 L2SCA 和 CPA，采用多种可视化数据分析手段发现：二语书面语句法子系统内平均 T 单位长度（MLT）、从句与 T 单位比（DC/T）、复杂名词性短语与 T 单位比（CN/T）3 个指标均具变异性、交互性、非线性和不可预测性发展特征。缪海燕、王启（2022）以英语专业大一学生为受试，以流利度、语法准确度和复杂度为指标，通过一个学期的教学实验，考察了多轮续写对英语写作的动态影响。他们指出，多轮续写可以显著提升学习者的写作流利度和语法准确度，却不能直接提高其写作复杂度，但他们的词汇和句法复杂度会与阅读材料不断协同。

### （三）基于任务复杂度的相关研究

任务型教学是二语习得的核心议题，以任务复杂度对二语写作不同指标的影响为着眼点备受诸多研究者青睐。他们着重关注了任务复杂度对二语写作词法及句法层面的影响。如闫嵘、张磊（2015）发现，任务复杂度对学习者总体写作成绩和语言表达的准确度、流利度、复杂度的影响均不显著；任务复杂度与自我效能感对外语写作准确度具有显著交互作用。胡格非、鹿士义（2016）以 Robinson 的任务复杂度框架为参考，指出在资源指引维向上增加任务复杂度，会同时促进语言表达的词汇多样性。刘兵、尉潇（2019）指出，不同任务组织方式对在线写作的流利度没有显著影响，但小组准备中写作产出的句法、词汇复杂度和准确度均有显著提高。张煜杰、蒋景阳（2020）以应用文写作、读后续写和概要写作为研究对象，发现高复杂度的写作任务益于提高写作产出的句法复杂度，对词汇复杂度和准确度影响较小。而且他们特别强调，复杂度、准确度的表现易受任务要求及体裁影响。韩亚文、王婧（2021）基于资源指引与资源消耗两个方向开展研究后发现：任务元素与任务准备对议论文写作流利度以及准确度的交互作用分外显著，关联度极为显现。王佶旻、何赟（2022）指出，随着任务复杂度的提升，学习者更倾向于将注意力资源集中到语言内容的加工上，而对语言形式有所忽视。

### （四）学术汉语写作能力研究

“一带一路”倡议的实施以及人类命运共同体理念的构建对

我国高等教育的发展具有规范和引领作用。在此背景之下，我国高等教育质量日新月异，越来越多的留学生选择来华进行学历深造，学术汉语写作能力的形塑与培养成为学界研究的新课题。学术汉语是专门用途汉语（Chinese for Special Purposes，简称 CSP）的有机组成，是学习者运用汉语进行专业学习、国际交流、开展专业学术研究、调查的能力。学术汉语写作是国际中文学习者学术研究能力的集中体现。张博（2022）认为，学术词汇是最能体现学术语言风格特征的语言要素，其词义抽象、功能多样，具有鲜明的书面语色彩。王笑然、王佶旻（2022）通过考察跨文本分布、专用性、词频、离散度等指标，研制了一份服务于经贸专业本科学习的学术汉语词表。亓海峰、丁安琪，张艳莉（2022）通过对汉语国际教育（现已更名为“国际中文教育”）专业 56 名本科留学生、70 名硕士留学生学术汉语写作的词汇复杂度、语法复杂度和准确度进行多角度量化分析及定性研究发现：随着语言水平的提升，二语学习者的学术汉语写作词汇多样性有所发展，但词汇密度和虚词运用的发展情况并不明显。

## 三、纠正性反馈概貌

自 Chaudron（1977）首次提出纠正性反馈（Corrective Feedback，简称 CF）这一概念以来，面向英语二语学习者的纠正性反馈研究就未曾停歇，且取得了十分丰硕的研究成果。现有研究证明，教师在运用以感知凸显与认知互动为心理基础的纠正性反馈时需要考虑多重因素，如反馈对象、反馈方式和反馈内容等（李建中，2014）。书面反馈研究对于建构二语习得理论以及拓展外语教学方法均发挥着重要作用（姜琳，2014）。研究结论虽然呈现出纷呈之态势，但是学界对纠正性反馈对第二语言习得的促进作用已达成一定共识，认为纠正性反馈能够有效推进二语学习者对中介语和目标语的认知比较。受此启发，置身于国际中文教育研究的学者们也将其运用于汉语作为第二语言教学的研究之中。

纠正性反馈是学习者错误使用第二语言进行口语或书面语产出时接收到他人提供的提示错误的反馈信息，包括口头与书面纠正性反馈两种类型（Ellis，Loewen & Erlam，2006：340）。“互动假说”“输出假说”与“注意假说”都为纠正性反馈提供了理论支持。不论哪种反馈方式，都是师生交际互动的具体体现。传统的书面纠正性反馈模式下，教师仅仅是信息的供给方，他们通过在汉语二语学习者的写作产品上留下批改痕迹，对学习者的汉字书写、语法、语用等内容进行一次性标注与评价。这样的师生互动往往是单向的，且由于教师时间、精力等个体差异因素的影响，评价内容往往并不全面，且缺乏后续跟进。这种反馈模式下的学习者一般处于被动地位，教师对于学习者能否及时内化批改信息也往往不会进行动态跟踪，很可能被学习者直接回避或忽视，进而导致教学效果的差强人意。动态书面纠正性反馈是由 Harshorn & Evans（2010）提出的一种反馈策略。“动态”一词强调“持续性变化与多重交互”。该策略强调，动态书面纠正性反馈是有意义的、及时的、持续的和可行的，主要包括六个阶段的动态实施过程：写作、反馈、审查、再反馈、再审查和再反馈。

Hartshorn & Evans（2010）设计了一个六步程序来使动态反馈变得可量化评估（如图 1 所示）。具体如下：第一步，按照题目要求在限定时间内完成作文。第二步，到限定时间后，教师收集作文并对其词汇、句式等内容进行书面纠正。第三步，学习者在统一的统计表上按照错误类型对自己的错误数量进行记录，然后修改作文。第四步，教师收回修改过的作文并对学习者未修改正确的地方继续纠正反馈。第五、第六步，教师与学习者动态重复以上步骤直至作文中不再出现错误为止。

汉语二语写作是对学习者语言输出能力的综合考查，教师提供的反馈对于学习者写作水平的提高有着积极的指导意义。在汉语二语写作教学实践中，教师要构建丰富且有效的评价体系，培养学习者的语言输出与运用能力。动态书面纠正性反馈为汉语二语写作教学提供了一种新的方法论，既可以帮助国际中文教师扩展写作教学思路，又可以帮助学习者提高自我纠正能力与汉语写作能力。值得注意的是，动态书面纠正性反馈是对汉语二语写作

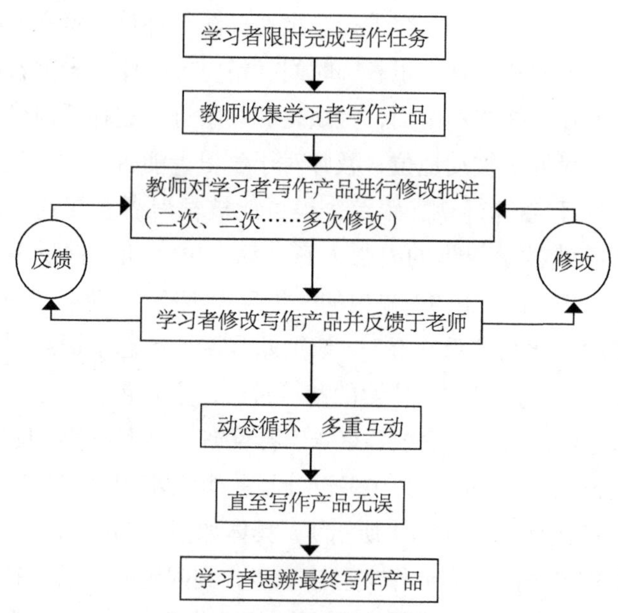


**图 1　动态纠正性反馈流程图**

中的错误进行编码、动态修正与记录的持续性教学方法，因此教学周期往往较长。在实际教学之中，由于教学课时、学情、教材编排等多种因素的影响，该反馈方式在国际中文写作教学中的运用较为少见。

## 四、复杂动态系统理论述要

20 世纪末，复杂动态系统理论开始应用于语言发展研究。历经二十余年的发展，在理论建树与研究方法上已形成颇具特色的研究范式，在第二语言研究中产生了较大影响。该理论起源于混沌 / 复杂理论（Chaos/Complexity Theory）和动态系统理论（Dynamic Systems Theory），它们的名称虽异，但内容趋同，可互换使用。（李兰霞，2017）

### （一）复杂动态系统理论的语言观

复杂动态系统理论是静态能力研究范式与动态发展研究范式的结合。其语言观主要包括下述两方面内容：一是语言是一个复杂动态系统；二是学习者在语言系统的发展变化中学习语言。

语言本身即是一个复杂动态系统。语言发展具有非线性与自组性。语言系统的各个子部分处于一种“质与量”变化的交互链，这种变量之间的复杂互动使得系统的行为呈现出一定的不可预测性。语言学习也并非呈现出单一的线性发展态势，而是进步与退步的反复，呈现出明显的双向发展变化。复杂动态系统理论还认为语言系统具有自组性，即语言系统通过自组，会经历吸态和斥态。处于吸态时，系统表现为静止状态；处于斥态时，系统则表现为剧烈动荡。（郑咏滟，2019）

复杂动态系统理论视角下的语言发展观强调学习者在语言系统的发展变化中学习语言，因为语言系统的若干子系统各发展阶段均处于不断变化中，且子系统间和子系统内组成成分互相作用、相互影响，使得复杂系统以多种不同方式演化和适应。（朱慧敏等，2023）语言系统具有开放性，因此其子系统与内外环境存在一定的交互影响。随着时间的发展，这种交互影响会产生自适应性并日趋复杂化，进而引起系统变化。

### （二）复杂动态系统理论的研究方法

复杂动态系统理论下的研究方法是对传统研究方法的继承与发展。传统的定量研究方法往往无法测量复杂变量间的交互发展变化，而复杂动态系统理论下的研究方法则在一定程度上解决了上述研究方法的不足。Van Dijk 等（2011）提出了解决复杂动态系统问题的研究方法。他们指出，要研究个体或群体学习者在一段时间内的语言发展过程，数据收集需要满足下述三项标准：一是在许多常规测量点密集收集数据；二是在较长时间内纵向收集数据；三是每次收集以个体为单位的数据而不是平均数据。

## 五、研究设计

### （一）研究问题

本研究共计开展十二周。前两周用于写作教学实验前测，为实验分组做准备。第三至十周每周进行一次写作教学课。学习者完成同题写作任务后，对学习者的写作内容进行不同方式的书面纠正性反馈。最后两周每周完成一次写作成果检测。本研究通过对 30 名中级汉语水平学习者在议论文写作方面发展情况的考察，主要探究下述三个问题：一是传统与动态书面纠正性反馈对学习者在汉语二语写作准确度与复杂度方面有何差异？二是动态书面纠正性反馈能否显著提升汉语二语学习者的写作质量？三是连词在议论文中使用频次较高，学习者在写作进程中是否存在连词层面的使用偏误？

### （二）受试情况

参与本教学实验的受试者为30名接受高等学历教育的巴基斯坦留学生，他们来自某高校的汉语中级班，相比较该校初级班学生而言，他们最为明显的特征就是均已通过HSK-4级考试，符合有效受试标准。他们平均年龄为19岁，均为男生，且来自理工类专业。由于本研究为对比实验，为增强受试分组的可靠性，研究者根据学习者的两次写作测试成绩进行了均衡分组，结合成绩标准差，尽可能保证两个实验组的成绩均衡。为便于描述，将两个实验组命名为写作A组与写作B组，A组与B组的写作课同时进行，由同一名教师教授。对A组学习者采用传统的书面纠正性反馈，对B组学习者采用动态书面纠正性反馈。为避免学习者产生心理不平衡等问题，在开展教学实验前对A组学习者进行了详细解释，并承诺在实验结束后对他们的写作产品进行总结与指导。

### （三）文体类型

文体因素对语言输出有影响。汉语二语写作有不同文体类型，记叙文、议论文、说明文等不同文体对于学习者的教学重难点差异较大。为增强教学实验的信度，本研究的写作实验教学内容均围绕议论文开展。选择议论文开展教学实验的依据如下：一是议论文写作在 HSK 考试中出现频次较高。二是议论文写作更能培养学习者的语言表达与逻辑思辨能力。三是议论文写作能力与学习者的学术汉语写作能力息息相关。受试者为来华接受高等学历教育的留学生，培养其学术汉语写作能力对他们而言具有较高的实用价值。

### （四）语料收集

本研究所收集语料共计 12 个主题，分别为教学实验开展前用于实验分组的两次前测语料，写作教学实验中的八次语料以及写作教学实验结束时的两次结课测试语料。所有语料的体裁均为议论文，字数要求在 300 字以内。为让国际中文学习者有话可说，写作题目多是与学习者生活、学习等切身相关的内容。由于部分学习者有 HSK 备考需求，因此在写作教学实验中共选取了 HSK 考试的两道原题用于训练，在最终的结课写作测试中，选取了一道 HSK 作文原题用于写作成果检测。为保证测试的公平性，用于检测的 HSK 作文题目在平时未与学习者探讨。HSK 作文考试是诸多专家学者精心选取与设计的题目，其信度与效度更佳。12 次议论文写作的具体题目如表 1 所示。

表 1　议论文写作教学与测试内容

| 课次 | 体裁 | 字数要求 | 题目 |
|---|---|---|---|
| 前测 1 | 议论文 | 300 | 朋友越多越好吗 |
| 前测 2 | 议论文 | 300 | 信心的树立 |
| 1 | 议论文 | 300 | 如何面对挫折 |
| 2 | 议论文 | 300 | 也谈网瘾 |

续表

| 课次 | 体裁 | 字数要求 | 题目 |
|---|---|---|---|
| 3 | 议论文 | 300 | 坚持的力量 |
| 4 | 议论文 | 300 | 我们该如何学习汉语 |
| 5 | 议论文 | 300 | 如何解决“代沟”问题 |
| 6 | 议论文 | 300 | 学会说“不” |
| 7 | 议论文 | 300 | 怎样看待“抖音” |
| 8 | 议论文 | 300 | 失败可怕吗 |
| 结课测试 1 | 议论文 | 300 | 我对男女分班的看法 |
| 结课测试 2 | 议论文 | 300 | 怎样才能成功 |

### （五）测量指标及方法

曹贤文（2013）指出，汉语中介语系统的发展是一个使用准确度、表达流利度、结构复杂度和类型变化度等多维语言能力协同发展的过程。汉语二语者语言运用能力的发展可以结合不同维度的指标进行量化评估。当前，准确度、复杂度等指标已成为衡量学习者二语写作能力的重要手段，能有效反映汉语二语学习者写作产品的质量。诸多专家与学者提出了将不同语言特征作为二语写作质量的测量指标，如 Vermeer（2000）对比了 10 种词汇复杂度的计算方法。吴继峰（2019）将语言特征的测量指标界定为：词汇多样性、词汇复杂性、句法复杂性、汉字正确性、词汇正确性和语法正确性。他们多是基于 CAF 分析框架，加上自己对于复杂度、准确度等方面的理解与研究，进行了词法、句法方面的准确度与复杂度探究。至于 CAF 分析框架中的流利度，由于其多用于考查口语输出能力，考查书面语料时一般不予以测量。

王铮（2018）指出，复杂度指的是学习者中介语系统产出的规模、复杂、丰富和多样性程度。二语的复杂度既是学习者语言水平的自动体现，也来自于学习者主动尝试、验证语言习得的意愿。准确度指的是二语学习者的中介语和目的语标准形式间的偏离度（Wolfe-quintero et al.，1998），其可能是 CAF 三大维度中研究历史最久，且最易达成共识的指标。

本研究参照 CAF 分析框架以及《国际中文教育中文水平等级标准》，结合前人研究文献，采用并改进 Jiang（2013）、安福勇（2015）、亓海峰与廖建玲（2019）等的测量指标用于考察写作产品词法、句法层面的复杂度与准确度。具体的测量指标与方法如表 2 所示。

**表 2　复杂度与准确度测量指标及计算方法**

| 维度 | 指标 | 测量方法 |
|---|---|---|
| 词汇复杂度 | 词汇密度 | 名词、动词、形容词、副词总数 / 总词数 |
| | 各水平等级的词汇使用数量比 | 词汇（初等 / 中等 / 高等）/ 总词数 |
| | 词汇多样性 | 不重复词数 / 总词数平方根 |
| 句法复杂度 | 句子长度 | 总词数 / 总句数 |
| | T 单位长度 | 总词数 /T 单位总数 |
| | 复句比例 | 复句数 / 总句数 |
| 准确度 | 词语正确率 | 正确使用的词语 / 总词 |
| | T 单位正确率 | 正确使用的 T 单位 /T 单位总数 |
| | 连词使用错误频率 | 使用错误的连词 / 连词总数 |

在实际测量中，最终数据的出炉源自笔者的多次测量。若遇到难以定论之处，笔者会向专家型教师请教，以确保研究结果的可靠性。

## 六、结果与分析

为科学验证经过传统书面纠正性反馈与动态书面纠正性反馈教学之后，国际中文学习者在词法与句法层面复杂度与准确度的发展变化，研究者在教学实验考试前进行了前测，其所得数据如表 3 所示。

**表 3　前测写作产品的复杂度与准确度**

| 维度 | 指标 | 测试 1（A 组 /B 组） | 测试 2（A 组 /B 组） |
| --- | --- | --- | --- |
| 词汇复杂度 | 词汇密度（%） | 63.27/63.58 | 64.23/65.17 |
| | 初等词汇使用数量比（%） | 75.31/77.16 | 76.25/78.19 |
| | 中等词汇使用数量比（%） | 18.17/19.21 | 19.24/18.56 |
| | 高等词汇使用数量比（%） | 6.52/3.63 | 4.51/3.25 |
| | 词汇多样性 | 7.23/7.21 | 7.76/7.37 |
| 句子复杂度 | 句子长度 | 12.57/13.17 | 13.51/13.79 |
| | T 单位长度 | 8.31/8.52 | 8.78/8.83 |
| | 复句比例（%） | 27/28 | 26/27 |
| 准确度 | 词语正确率（%） | 90.25/91.23 | 90.75/93.15 |
| | T 单位正确率（%） | 54.35/55.67 | 55.39/56.93 |
| | 连词使用错误频率（%） | 12.17/11.7 | 13.31/10.4 |

经过连续 8 周的写作教学实验，最后对两组实验受试者进行了 2 词写作测试，其写作成果词语、句法层面的统计数据中位数如表 4 所示。

**表 4　结课测试写作成果的复杂度与准确度**

| 维度 | 指标 | 写作 A 组 | | 写作 B 组 | |
|---|---|---|---|---|---|
| / | / | 第一次测试 | 第二次测试 | 第一次测试 | 第二次测试 |
| 词汇复杂度 | 词汇密度（%） | 63.49 | 64.31 | 63.74 | 65.67 |
| | 初等词汇使用数量比（%） | 71.72 | 72.41 | 71.51 | 72.54 |
| | 中等词汇使用数量比（%） | 21.51 | 21.24 | 20.67 | 20.16 |
| 词汇复杂度 | 高等词汇使用数量比（%） | 6.77 | 6.35 | 7.82 | 7.30 |
| | 词汇多样性 | 7.65 | 7.91 | 7.81 | 8.19 |
| 句法复杂度 | 句子长度 | 14.37 | 14.31 | 14.29 | 15.02 |
| | T 单位长度 | 8.49 | 8.82 | 8.95 | 9.13 |
| | 复句比例（%） | 28 | 30 | 27 | 31 |
| 准确度 | 词语正确率（%） | 93.21 | 94.16 | 93.15 | 95.07 |
| | T 单位正确率（%） | 55.63 | 57.41 | 55.59 | 57.53 |
| | 连词使用错误频率（%） | 11.26 | 9.83 | 10.95 | 9.37 |

本研究探讨传统书面纠正性反馈与动态书面纠正性反馈之于中级水平汉语二语学习者写作发展的影响差异，根据所得数据分析，主要发现如下研究结果：

首先，写作 B 组的高等词汇使用数量比均高于写作 A 组，其余词汇、句法复杂度与准确度指标写作 B 组整体上优于写作 A

组。这说明动态书面纠正性反馈的受试在准确度与复杂度上整体优于传统书面纠正性反馈。

再者，虽然整体上指标出现了优化趋势，但是并不是所有指标都是如此。由于写作题目难易程度不同等因素的影响，部分指标并未呈现明显的优化提升，反而有部分指标出现了回落现象。这表明不同书面纠正性反馈对写作的准确度与复杂度未呈现出显性的线性提升轨迹。但在写作质量改善方面，动态书面纠正性反馈整体上要优于传统书面纠正性反馈。

最后，连词在议论文中的使用频次确实较高，学习者在写作中存在偏误。两种反馈方式相比，动态书面纠正性反馈受试的偏误率相对较低。

## 七、总结与启示

相较于传统书面纠正性反馈，动态书面纠正性反馈在提升汉语二语学习者写作词汇与句法层面的准确度与复杂度方面具有一定的优势，但优势并不显著。这可能与受试者学情、教师教法、文体类型、作文题目选择等因素相关，需要研究者进一步开展细化且精度更为准确的研究。结合两种反馈方式及汉语二语写作教学的特点，国际中文教师可在下述方面完善两类写作教学反馈模式。

### （一）加强元认知能力的培养，系统归纳错误成因

元认知策略对于汉语二语学习者写作水平的提升具有重要意义。元认知策略包含计划、选择注意、自我管理、自我监控与评价等各类具体策略。加强元认知能力的培养有助于汉语二语学习

者在写作过程中合理规划自己的写作任务，进一步拓展自己的写作资源及途径。在接收到教师的反馈之后，不论是传统的一次性书面反馈还是动态书面纠正性反馈，学习者都要积极施展元认知策略，及时记录写作中出现的错误，总结与反思错误的成因。生成学习者专属的汉语二语写作进步日志，将写作中出现的汉字、词汇、语法、语用等错误及时记录，阶段性复盘，进而提升汉语二语写作水平。

### （二）优化纠正性反馈路径，提升学习者汉语写作兴趣

虽然动态书面纠正性反馈对于汉语二语学习者的写作能力并未呈现显性的线性提升轨迹，但根据研究结果，其相较于传统意义上的书面反馈还是具有一定优势的。因此，我们鼓励国际中文教师在时间与精力允许之下，在开展汉语二语写作教学时采取动态书面纠正性反馈的方式。国际中文教师与学习者之间可以反复地进行动态反馈，进而提升纠正性反馈的效率，使得动态书面纠正性反馈成为帮助汉语二语学习者写作水平发展的“良药”。

在两种反馈类型之中，教师的角色极为重要。在纠正性反馈实施阶段，教师的批改评价方式与反馈方式影响着学习者作文的修改成效。动态书面纠正性反馈是教师与学习者之间的动态良性互动，可以将教师的支架作用优势发挥至最大化。教师作为汉语二语写作教学中的支架，可以给学习者提供信息反馈，学习者及时纠正后再次得到教师的反馈从而形成动态交互环。不过教师在反馈中，可以采取提示的方法引导学习者去思考，而不是直接将答案告知学习者。这种良性互动能够建构满足学习者最近发展区、促进学习者写作水平进一步提升的学习支架，帮助他们获得可理解性的语言输入并正确输出所学。

### （三）加强各类助力写作能力提升的专项训练

汉语词汇及语法是汉语二语写作的基础与前提。本文以连词的使用偏误为角度，对连词在写作中的偏误率进行统计，发现了中级水平的汉语二语学习者在使用连词时存在语际、语内负迁移现象。在研究语料的进程中，研究者还发现诸多语句不通顺及语法运用错误问题，长此以往，势必对学习者的汉语二语写作水平产生较大的负面影响。基于此，教师在开展汉语二语写作教学时，切不可舍本逐末，忽视对汉语本体知识的学习。汉字、词汇、语法等内容的讲解与学习应贯穿汉语学习始终，在各类课型中必须保持合适的比例。教师要积极围绕写作教学内容开展各类有助于提升汉语写作能力的专项训练，如汉字书写、造句练习、改病句练习等。

### （四）关注学习者个体差异，培养学习者纠错意识与能力

虽然动态书面纠正性反馈的效果要优于传统书面纠正性反馈，但是对于不同水平的学习者效果是有所差异的。因此，在实际教学过程中，国际中文教师应当关注学习者的个体差异性，依据学习者能力、层次、教学目标及进程等方面进行统筹安排，有选择地采用或结合不同类型的纠正性反馈对学习者的写作内容予以指导。书面纠正性反馈的效果与学习者主观能动性关系密切，教师给予反馈时应当考虑到学习者学情之不同。相比较传统书面纠正性反馈而言，动态书面纠正性反馈更需要学生发挥其主观能动性，需要调动学习者的自我探索精神。在动态书面纠错性反馈方式的实施过程中，教师要充分培养学习者的纠错意识与能力，在学习者反复的修改以及和教师的互动中，逐渐掌握写作中需要的各类技能，习得一定的写作技巧，积累丰富的语句表达方式。

### （五）丰富纠正性反馈方式，激发学习者写作潜能

该研究发现，动态书面纠正性反馈与传统书面纠正性反馈在某些指标上并没有显著差别。

那么在面向汉语作为第二语言学习者的写作教学中，教师应该选取怎样的纠正性反馈方式呢？这要视教学的实际情况而定。如果教学时间充裕，建议教师采取动态书面纠正性反馈。该方式对学习者的写作指标可以开展动态追踪，教师可以动态了解学习者的写作情况，这样更利于学习者写作水平的持续发展。如果写作内容简单且不繁杂，教师可以采取传统意义上的书面纠错性反馈。但“教学有法，而教无定法”，具体应该采取何种纠正性反馈要以教师与学习者为出发点综合考量。可以肯定的是，丰富的纠正性反馈对于激发学习者写作潜能大有裨益。将动态书面纠正性反馈与传统书面纠正性反馈灵活结合与运用，扬长避短，可以将其效果发挥更佳。

### （六）帮助学习者建立主观控制评估，调节情绪，建立心理韧性

韩晔、许悦婷（2020）研究发现：书面纠正性反馈唤醒了横跨正性、中性、负性效价和高、中、低程度的不同学业情绪，且情绪动态变化、因人而异。学习者在修改过程中会运用情感导向策略、评估导向策略、情境导向策略进行自我情绪调节。对于国际中文学习者而言，他们在与国际中文教师进行动态纠正性书面反馈的互动中，这种重复式的互动难免会唤醒其负性情绪，影响纠正性反馈结果。因此，国际中文教师在开展动态纠正性书面反馈的过程中，务必要帮助学生主动唤醒和增强正性情绪来有效减少负性情绪对语言学习的制约影响。教师还要鼓励学习者调动积

极性格特质，引导他们学会调节情绪、增强韧性。与此同时，教师在提供反馈时，应将反馈数量控制在合理范围之内，营造平等、和谐的课堂氛围，让学习者对于纠正性反馈做到“接纳”与“喜爱”。

综上所述，纠正性反馈对于汉语二语学习者写作水平的提升具有积极的推动作用。虽然动态书面纠正性反馈相较于传统意义上的纠正性反馈而言，对于汉语二语者写作词汇、句法等层面的准确度与复杂度指标并未呈现出显著的线性提升轨迹，但是整体而言该反馈方式确实要优于传统意义上的书面纠正性反馈。因此，在时间与精力允许的情况下，国际中文教师可以在写作教学中应用该纠正性反馈方式，围绕学习者写作内容进行词汇、句法、偏误等方面的系统动态指导。但就目前而言，动态书面纠正性反馈的最优化应用范式尚未完全成型，对于如何更为科学地运用动态书面纠正性反馈等相关问题尚有待我们进一步探究。

## 参考文献

[1] 安福勇．不同水平 CSL 学习者作文流畅性、句法复杂度和准确性分析——一项基于T单位测量法的研究．语言教学与研究，2015（3）．

[2] 白云，韩佶颖，王俊菊．反馈方式对二语写作语言复杂度的影响．外语教学理论与实践，2022（1）．

[3] 曹贤文．留学生汉语中介语纵向语料库建设的若干问题．语言文字应用，2013（2）．

[4] 韩亚文，王婧．任务复杂度对英语学习者议论文写作表现的影响研究．浙江外国语学院学报，2021（3）．

[5] 韩晔，许悦婷．积极心理学视角下二语写作学习的情绪体验及情绪调节策略研究——以书面纠正性反馈为例．外语界，2020（1）．

[6] 胡格非，鹿士义．任务复杂度对对外汉语写作任务中语言表现的影响．国际汉语教学研究，2016（1）.
[7] 胡韧奋．基于搭配的句法复杂度指标及其与汉语二语写作质量关系研究．语言文字应用，2021（1）.
[8] 姜琳．书面纠错与第二语言学习．北京：北京大学出版社，2014.
[9] 李建中．纠正反馈的认知心理基础及其对外语教学的启示．外语教学，2014（4）.
[10] 缪海燕，王启．多轮续写对英语写作的动态影响．现代外语，2022（4）.
[11] 刘兵，尉潇．任务组织方式对在线英语写作任务准备和产出的影响．中国外语，2019（6）.
[12] 亓海峰，廖建玲．基于记叙文和议论文的汉语二语写作发展研究．世界汉语教学，2019（4）.
[13] 亓海峰，丁安琪，张艳莉．汉语二语学习者学术汉语写作能力研究．四川师范大学学报（社会科学版），2022（1）.
[14] 万丽芳．中国英语专业大学生二语写作中的词汇丰富性研究．外语界，2010（1）.
[15] 王琤．汉语二语学习者口语 CAF 发展的规律和特点研究．对外汉语研究，2018（1）.
[16] 王佶旻，何赟．任务复杂度与汉语二语写作词汇的关系研究．汉语学习，2022（4）.
[17] 王笑然，王佶旻．经贸类本科专业学术汉语词表研究．语言教学与研究，2022（4）.
[18] 吴继峰．语言区别性特征对英语母语者汉语二语写作质量评估的影响．语言教学与研究，2018（2）.
[19] 吴继峰．韩国学生不同文体写作中的语言特征对比研究．语言教学与研究，2019（5）.
[20] 吴继峰，周蔚，卢达威．韩语母语者汉语二语写作质量评估研究——以语言特征和内容质量为测量维度．世界汉语教学，2019（1）.
[21] 闫嵘，张磊．任务复杂度、任务难度和自我效能感对外语写作的影响．外语界，2015（1）.

[22] 张博 . 学术汉语词汇的主要特点及教学策略 . 世界汉语教学，2022（4）.

[23] 张建华，Lawrence Jun ZHANG. 动态系统理论视阈下英语学习者书面语句法复杂性发展变异性特征及规律 . 二语写作，2021（1）.

[24] 张煜杰，蒋景阳 . 任务复杂度对二语写作复杂度和准确度的影响 . 西安外国语大学学报，2020（4）.

[25] 郑咏滟 . 从复杂动态系统理论谈有效的外语教学 . 当代外语研究，2019（5）.

[26] 中华人民共和国教育部 & 国家语言文字工作委员会 . 国际中文教育中文水平等级标准 . 北京：北京语言大学出版社，2021.

[27] 朱慧敏 . 二语书面语句法发展及其动态增长模型建构研究 . 外语与外语教学，2021（2）.

[28] 朱慧敏，刘艳梅，王静 . 基于复杂动态系统理论的书面语发展研究：语言观与方法论 . 山东理工大学学报（社会科学版），2023（2）.

[29] 朱屹冉 . 匈牙利初级汉语学习者写作词汇动态发展研究 . 北京：北京外国语大学硕士学位论文，2020.

[30] Chaudron, C. A. Descriptive Model of Discourse in the Corrective Treatment of Learners' Errors. *Language Learning* 1977 (27): 29-46.

[31] Crossley, Scott A. & Danielle S. McNamara. Predicting Second Language Writing Proficiency: The Roles of Cohesion and Linguistic Sophistication. *Journal of Research in Reading* 2012 (35): 115-135.

[32] Crossley, Scott A., Tom Salsbury & Danielle S. Mcnamara. Assessing Lexical Proficiency Using Analytic Ratings: A Case for Collocation Accuracy. *Applied Linguistics* 2015 (36): 570-590.

[33] De Bot, K., Lowie, W., & Verspoor, M. A Dynamic Systems Theory Approach to Second Language Acquisition. *Bilingualism: Language and Cognition*, 2007 (10):7-21.

[34] Ellis, R., Loewen, S. & Erlam, R. Implicit and Explicit Corrective Feedback and the Acquisition of L2 grammar. *Studies in Second Language Acquisition* 2006 (28):339-358.

[35] Hartshorn, K. J., Evans N W, Merrill, P. F., et al. Effects of Dynamic Corrective

Feedback on ESL Writing Accuracy. *Tesol Quarterly* 2010 (44): 84-109.

[36] Jiang, Wenying. Measurements of Development in L2 Written Production: The Case of L2 Chinese. *Applied Linguistics* 2013 (34):1-24.

[37] Jin, Tan & Barley Mak. Distinguishing Features in Scoring L2 Chinese Sepaking Performance: How do They Work? *Language Testing* 2013 (30): 23-47.

[38] Larsen-Freeman, D. The Emergence of Complexity, Fluency, and Accuracy in the Oral and Written Production of Five Chinese Learners of English. *Applied Linguistics* 2006 (27): 590-619.

[39] Scarcella, B.C. and Oxford, B.L. Second Language Pronunciation: State of the Art in Instruction. *System* 1994 (22): 231-243.

[40] Van Dijk, M., M. Verspoor, W. Lowie. A Dynamic Approach to Second Language Development: Methods and Techniques. *Variability and DST* 2011 (11):62.

[41] Vermeer, A. The Relation Between Lexical Richness and Vocabulary Size in Dutch L1 and L2 Children. *Vocabulary in a Second Language* 2004 (20):173-189.

[42] Wolfe-quintero, K. & S. Inagaki. & H. Y. Kim. *Second Language Development in Writing : Measures of Fluency, Accuracy, & Complexity*. Honolulu: University of Hawaii Press, 1998.

# 华语教学为导向的汉语动词“杀”多义辨析

项心洁　陈淑芬[*]

## 一、引言

词语是句子构成的基础，句子的基本单位是由词汇组成的。而汉语中具有非常多的多义动词，母语者可以通过沉浸在日常生活中的语境，学习汉语动词的不同义项。但是对于非母语学习者而言，在练习机会缺乏、语境不足的情况下，对重点词汇义项的准确且完整的系统归纳就显得尤为重要。其中“杀”作为常见的多义汉语动词，在国教院的汉字分级标准中属于第三级的基础词汇，在日常生活中使用频率较高，而主要都集中在基本义上，表“使生命结束”义。但是在华语地区生活时，会发现在市场、超市等地除了基本义外，不乏其他的用法，例如在商店或摊贩前，能经常听到的“杀价”，其实是采用了汉语动词“杀”义项中的“削减、压低”义，表“使价格降低”。然而，这些常见词语却并未在美国大学使用率最高的汉语教材《中文听说读写》或台湾

* 项心洁，台湾“清华大学”跨院国际硕士学位学程在读硕士生，主要研究华语文教学；陈淑芬，台湾“清华大学”跨院国际硕博士学位学程教授，主要研究梵汉对勘、华语文教学、汉语语言学。

主流华语教材《当代中文课程》中有所体现。该如何根据日常生活中汉语动词“杀”的实际使用情况，编排和设计教材就成为了问题。

本文对汉语动词“杀”的读音、起源及发展进行了研究，并将《中文词汇网路》(Chinese Word Net)[①]《国语小字典》[②]《重编国语辞典修订本》[③]《康熙字典》[④]《汉语大字典》[⑤]中对“杀”的义项分类及解释进行了分析与整理。本文针对汉语多义动词“杀”，从台湾华语文语料库（Corpus of Contemporary Mandarin, COCT）撷取书面语和口语各约500条进行分析。笔者所搜集的语料出自台湾《COCT书面语语料库2019》(以下简称《COCT书面语》)及《COCT口语语料库2019》(以下简称《COCT口语》)。通过对语料库中多义动词“杀”义项的归纳总结，共整理出了“杀”在书面语料库中的7个义项和其在口语语料库中的12个义项。除此之外，本文参照《中文听说读写》和《当代中文课程》两套教材，分别针对教材中多义动词“杀”的解释及词汇搭配进行分析与研究。

## 二、汉语动词“杀”的语义分析及义项筛选

各类字典中对汉语动词“杀”的探讨不少[⑥]，其中《国语小字

① https://reurl.cc/RXr0yr

② https://reurl.cc/yMrEkO

③ https://reurl.cc/D3y50j

④ https://reurl.cc/zNZe67

⑤ https://reurl.cc/MN0A8k

⑥ 由于本文主要是针对外籍生的教学，故只考虑汉语动词“杀”常见读音“shā”的义项，其他的读音不在考虑范围之内。

典》中的5条义项、《重编国语辞典修订本》中的5条义项、《康熙字典》中的3条义项及《汉语字典》中的19条义项，皆对汉语动词“杀”的义项归纳较为简略且无详细的解释说明；而《汉语大字典》对汉语动词“杀”义项的归纳和解释最为全面；《中文词汇网路》中的14条义项全部源自语料库中出现的义项，可分析性较高。由于本文采用语料库分析法，故笔者会以《中文词汇网路》所列的义项为主，根据次义项理论对其他词典的义项进行整理、补充与归纳，重新筛选汉语动词“杀”的独立义项。经笔者筛选，《国语小字典》中有“杀”常见义项4条；《重编国语辞典修订本》中有“杀”的常见义项4条；《康熙字典》中有“杀”常见义项3条；《汉语字典》中有“杀”常见义项7条；《汉语大字典》中有“杀”的常见义项12条；《中文词汇网路》中有“杀”常见义项13条。

先根据词典义项的分析，总结出多义动词“杀”的16个候选义项，再根据Tyler & Evans（2001）及Evans（2005）提出的原则性多义理论和Croft & Cruse（2004）的次义项理论，对汉语动词“杀”的16个义项进行重新归纳、整理。根据多义词义项分析准则中，基于原型义项延伸、具区别性及可识别的特征，将从词典中整理出汉语动词“杀”的16个候选义项，结合原则多义理论和次义项理论进行筛选归纳后形成8个义项，如下所示：

①“使生命结束”义。如“杀人”“杀生”。

②“消灭、使消失”义。如“杀病毒”“杀意念”。

③“削减、压低”义。如“杀价”“杀很大”。

④“成功、绝招”义。如“必杀技”“杀球”。

⑤“处理食物”义。如“杀猪肝”“杀柚子”。

⑥“消磨”义。如“杀时间”。

⑦“败坏、破坏”义。如“杀风景”“杀生态”。

⑧“战斗、战争”义。如“冲杀”“杀进城”。

把以上词典义项作为分析的依据，结合语料库，将语料库中的语料对应“杀”不同的义项逐条进行分析，对每个义项出现的次数进行数量统计。若出现在这8个义项之外的语料，则需延伸义项。

## 三、从语料库分析“杀”的用法

本文以第二节所使用的词典结合《COCT书面语》与《COCT口语》两个语料库作为书面语和口语资料的分析来源。《COCT书面语》中共有54,527条包含多义动词“杀”的书面语料；而《COCT口语》中共有490条包含多义动词“杀”的口语语料。本文在选取了500条《COCT书面语》中的语料和490条《COCT口语》中的语料后，整理出了汉语多义动词“杀”在书面语中的7条候选义项和在口语中的12条候选义项，并对990条语料逐一进行检视，归纳出多义动词“杀”7个候选义项于《COCT书面语》的百分比，最后以每条义项在语料库中出现的频率为依据，按频率的高低由低到高进行排序。

### （一）《COCT书面语》“杀”的语意分析

笔者根据以上词典义项的小结，将第二节中所提义项归纳整合后得到8个义项。将这些义项带入书面语语料库中进行分析，发现只出现7个义项。根据各义项在语料库中不同的占比，将其由高到低进行排列，得到表1。

表1 “杀”7个义项于《COCT书面语》的百分比

| “杀”的义项 | 百分比（%） |
|---|---|
| 使生命结束 | 94.00 |
| 战斗、战争 | 2.20 |
| 消磨 | 1.00 |
| 凶猛、凶兆 | 1.00 |
| 败坏、破坏 | 1.20 |
| 削减、压低 | 0.40 |
| 成功 | 0.20 |

如表1所示，对书面语中“杀”的7个义项意义的探究解释如下：

①“使生命结束”义 。如“斩杀”“杀害”“杀死”。

②“战斗、战争”义。如“冲杀”“杀进城”。

③“消磨”义。如“杀时间”。

④“凶猛、凶兆”义。如“很杀的眼神”“杀奔会场”。

⑤“败坏、破坏”义。如“杀风景”“用盐杀过”。

⑥“削减、压低”义。如“煞杀”“分杀水势”。

⑦“成功”义。如“一击必杀”。

从《说文解字》中的“杀，戮也”可知，现代汉语中的多义单词“杀”，本义为“杀戮”义，和如今的“使生命结束”义意义差别不大。其中，在多义单词“杀”书面语的使用中，“使生命结束”义占比最高，是日常生活中最常用的义项。而“战斗”作为由“杀戮”义延伸而来的次义项，也包含“杀戮”义。只要将“杀戮”义的范围扩大，从面对单一或少数几个生命体的杀戮延伸为大规模、大范围对生命体的杀戮就逐步引申为“战斗”义。而义项图可以从“战斗”义继续延伸，将战争残酷与惨烈的气氛转化为形容词词性，用于形容凶猛的场景或状态。“杀”的义项也从“战斗、战争”义逐渐延伸为“成功”义。国教院《国语小字典》中对“杀”的解释中有一条是“以器械使人致伤或死亡”；《重编国语辞典修订本》中对“杀”的解释中有一条是“以刀或武器使人或禽兽失去生命”，可以得出“杀”的动作化形式是将生命力由有变无或由好变坏，之后便延伸出了事物由好变坏、由高变低、由多变少的意义。第五条义项“败坏、破坏”义便是由好到坏的体现，如“杀风景”中的“杀”同“煞”，意为“某人、事、物的出现破坏了原本的好风景”，体现了从人主观情感上感受到风景由好到坏的变化。而另一个例子“用盐杀过”中的“杀”则为“腌制”义，是从“败坏、破坏”义中延伸出的次义项，“腌制”的过程本身是在破坏植物中水分子的饱和度，由于也可以“败坏、破坏”义呈现，本文在此合并。第六条“削减、压低”义则是由高变低、由多变少的体现，如“不要随便煞杀别人提出的意见”可以以“抹杀、降低影响力”义来理解；而“分杀水势”则是指“在水流多而急的情况下将水流分流”，体现了水流由多变少。第三条义项“消磨”义也是从由多变少的意义延伸而来，只是将前面几种具体的事物（如水流）变为抽象的事物（如时间），“杀时间”意为“无意义地使时间由多变少”，最后延伸为“消磨”义，作为单独义项出现。

以上讨论的汉语动词“杀”的书面语语义分析，使用语义引申路径图能更为直观地展示，如图 1 所示：

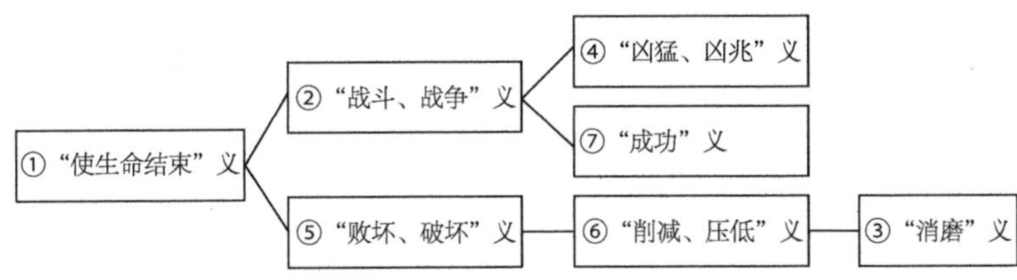


**图 1 “杀”的书面语语义引申路径图**

对多义单词“杀”的解读及其在书面语中意义与用法的延伸、演变，亦可作为针对非中文母语者华语教学设计时，课程应用及课堂解释的参考方向。

## (二)《COCT 口语》“杀”的语意分析

笔者根据以上词典义项的小结，得到的义项用于口语语料库中，将每条语料对应不同的义项进行分析，可以得到各个不同义项在语料库中所占的百分比，再根据各义项在语料库中不同的占比，将其由高到低进行排列，得到如下表 2：

**表 2 “杀”12 个义项于《COCT 口语》的百分比**

| “杀”的义项 | 百分比（%） |
| --- | --- |
| 1. 使生命结束 | 73.67 |
| 2. 消灭、使消失 | 11.84 |
| 3. 削减、压低 | 3.06 |
| 4. 成功、绝招 | 3.06 |
| 5. 处理食物 | 2.86 |

续表

| “杀”的义项 | 百分比（%） |
| --- | --- |
| 6. 消磨 | 1.63 |
| 7. 败坏、破坏 | 1.43 |
| 8. 鼓舞士气的提示语 | 1.22 |
| 9. 酷、强劲 | 0.61 |
| 10. 战斗 | 0.20 |
| 11. 治疗 | 0.20 |
| 12. 坑、宰 | 0.20 |

如表 2 所示，口语中增加了 6 个书面语没有的义项，如下所示：

①“消灭、使消失”义。如“杀虫”“杀死新闻自由”。

②“处理食物”义。如“杀螃蟹”“杀凤梨”。

③“鼓舞士气的提示语”义。如“杀！”。

④“酷、强劲”义。如“当队辅好杀啊”“声音不够杀”。

⑤“治疗”义。如“杀肿瘤”。

⑥“坑、宰”义。如“被老板杀得很厉害”。

在口语表达中，“使生命结束”义还是占比最高的，说明在口语的使用中，多义单词“杀”的本意也是最常使用的。而占比第二高的“消灭、使消失”义是从“使生命结束”义中延伸出的次义项，由于数量不少且在意义上与“使生命结束”义有一定的差别，所以本文将其归纳为一个独立的义项。其中，虽然“消灭、使消失”义中也是使病毒、细菌、细胞、虫、草等生物失去生命的意思，但是由于这些生物的层级比较低，没有自己的意识，从而与高等生物的“使生命结束”义进行区分；不仅如此，“消灭、使消失”义中除了包含实体的、有生命的低等生物，还可以用于抽象的概念，如“杀意念”“杀不死新闻自由”。第五条“处理食物”义大致上可以分为食材的处理和切开体积大、有厚壳的水果两类。食材的处理又可以分为大型动物的器官处理和小型动物的硬壳、内脏等处理，如“杀猪肝”则为大型动物的器官处理；“杀螃蟹”“杀鱼”等便是小型动物的硬壳、内脏等处理。而“杀柚子”“杀菠萝”等就是切开体积大、有厚壳水果的例子，值得一提的是“苹果”因为是体积小、果皮薄的水果，则不能用“杀”。“杀青”的本意是“古代制作竹简时，先用火烘烤，使水分渗出，然后将青色表层刮去的过程”，而如今引申为“电影拍摄完竣或电视剧制作完成等”比喻义。在当今社会中比喻义反而比本义使用得多。第八条“鼓舞士气的提示语”义也由第十条“战斗”义中延伸而来，在古时战斗或战争的过程中，需要喊口号来鼓舞士气，而本文前面提到汉语动词“杀”已经延伸出了“成功”义，则战士厮杀时喊的口号“杀！”除了鼓舞士气之外，同时也表达了对胜利的渴望及祝愿。第九条“酷、强劲”义也是由“成功”义延伸而来，在意义扩展的过程中，发生了词性的转变，由动词词性转变为形容词词性，用来形容人或物的炫酷和力量感。第十一条“治疗”义也是从第一条“使生命结束”义中延伸而来，如“杀肿瘤”是使“肿瘤”生命结束的意思，转而引申为“治疗”的独立义项。第十二条“坑、宰”义是从第三条“削减、压低”义延伸而来，只不过同为与价格有关的义项“杀价”是由买家向卖家压低价格，而“被老板杀”则刚好相反，指卖家向买家过分地抬高价格。

以上讨论的汉语动词“杀”的口语语义分析，使用语义引申路径图能更为直观地展示，如图 2 所示：

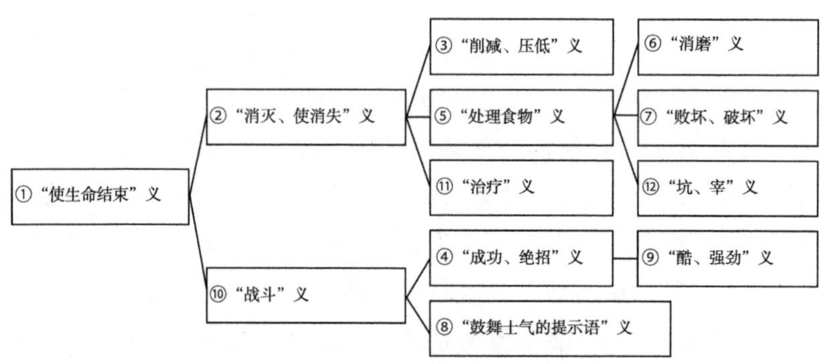


**图 2 “杀”的书面语语义引申路径图**

通过对口语语料库中语料的搜集整理和词义分析，笔者整理出了动词“杀”在口语语料库中的 12 个义项，并通过语义引申路径图使其更为直观，期待成为针对非中文母语者华语教材编写及教师进行课程教学设计时的参考依据。

### （三）“杀”的义项在《COCT 书面语》与《COCT 口语》中之比较

由于口语语料库录制和转换的特殊性，在数量上相较书面语料库少很多；在内容分析层面也会有比较大的困难。本文通过口语语料库与书面语料库的对比可以发现“杀”是一个极具口语性的词汇，口语的词义相较于书面语而言更为复杂多变，在日常生活中口语使用的场景也更多。通过对书面语语料库和口语语料库的整理，将在书面语和口语语料库中百分比占比前五名的义项进行对比，如表 3 所示：

**表3 “杀”在《书面语语料库》和《口语语料库》中义项占比前五项的对比**

| 书面语语料库 | | 口语语料库 | |
|---|---|---|---|
| 义项 | 百分比（%） | 义项 | 百分比（%） |
| 1. 使生命结束 | 94.00 | 1. 使生命结束 | 73.67 |
| 2. 战斗、战争 | 2.20 | 2. 消灭、使消失 | 11.84 |
| 3. 消磨 | 1.00 | 3. 削减、压低 | 3.06 |
| 4. 凶猛、凶兆 | 1.00 | 4. 成功、绝招 | 3.06 |
| 5. 败坏、破坏 | 1.20 | 5. 处理食物 | 2.86 |

如表3所示，在书面语中，百分比由高到低排列的前五项分别是“使生命结束”义、“战斗、战争”义、“消磨”义、“凶猛、凶兆”义和“败坏、破坏”义；而在口语中，百分比由高到低排列的前五项分别是“使生命结束”义、“消灭、使消失”义、“削减、压低”义、“成功、绝招”义和“处理食物”义。由此可见，不论是在书面语语料库还是口语语料库中，“使生命结束”义的占比都是最高的。除此之外，口语语料库中的“消灭、使消失”义的占比是除“使生命结束”义以外最高的，该义项作为“使生命结束”义的延伸义，只是与前者相比，针对对象和用法有所不同。“使生命结束”义针对的是有意识的高等生物，而“消灭、使消失”义则针对无意识的低等生物以及一些抽象概念。

结合表1、表2和表3，可以得出汉语动词“杀”在书面语与口语使用上的以下八点不同：

第一，口语语料库虽然语料的数量较少，但是义项的丰富度反而较高。在与书面语义项的对比中可以发现，除了没有书面语中提到的“凶猛、凶兆”义之外，口语语料库中比书面语语料库多了六个义项。

第二，口语语料库从“使生命结束”义分离出来了两个书面语语料库没有的次义项，分别是：“消灭、使消失”义和“治疗”义，而“治疗”义又是由“消灭、使消失”义延伸而来的。就“使生命结束”义而言，口语语料比书面语语料出现了更多宾语为低等级、无意识的生物和抽象的概念，因而引申出了“消灭、使消失”义；而口语语料特有的语料“杀肿瘤”引申出了“治疗”义。

第三，口语语料比起书面语语料在“成功”义中多了“绝招”义，如“杀球”“必杀技”。

第四，口语语料中特有“鼓舞士气的提示语”义，如在战争时士兵喊的口号：“杀！”

第五，口语语料库中特有将动词活用作形容词“酷、强劲”义。

第六，口语语料库中特有“坑、宰”义，将主语与宾语互换。书面语中只能体现老板的商品价格被顾客“杀”，表杀价，指压低价格；口语中不仅能体现老板的商品价格被顾客“杀”，还能体现在商品价格的敲定上，顾客被老板“杀”，表坑、宰，指抬高价格。由于施事者不同，而造成动词“杀”表达的语义不同。

第七，口语中“战斗”义有别于书面语，书面语中的语料更偏向军事意义上、真实的“战斗、战争”义，如冲杀、杀进城；而口语中的语料更偏向人与人之间、个体程度上的“战斗”义，如“你杀我一刀，我杀你一刀”。

第八，口语中特有“处理食物”义，如常用的“杀柚子”“杀西瓜”。

## 四、针对多义动词“杀”的华语教学建议

在本文研究的过程中，笔者发现了许多有趣的问题。首先，在华语地区（马来西亚、中国大陆等）生活的时候，会发现“杀价”是个在日常生活中十分常用的词汇，一般人经常会使用，但是在美国大学使用率最高的汉语教材《中文听说读写》与台湾主流华语教材《当代中文课程》教材中却并未体现。其次，动词“杀”的本意是“使生命结束”，且在书面语语料库和口语语料库中的占比高达 94% 和 73.67%，说明在日常生活中使用范围最广，但在《当代中文课程》中却将多义动词“杀”的次义项——表“消磨”义的“杀时间”排列在“使生命结束”义之前。本节通过对两套应用范围较广的华语教材进行分析与比较，并结合多义动词“杀”在日常生活中实际的使用情况，希望能在华语教材编排上、华语教师教学方式上提出建议，帮助学生的华语学习。

### （一）华语教材中多义动词“杀”的教学

本文检视海峡两岸出版的通用华语教材：邓守信主编（2015）《当代中文课程》与 Liu and Yao（2006）《中文听说读写》中单词“杀”的教学情形。

多义单词“杀”在《当代中文课程》一到六册中一共出现八次，其中在单词表中以单词的形式出现四次，分别是：“杀时间”“杀”“自杀”“杀害”；在练习题中出现四次，分别是：“慢性自杀”“杀人”“少女杀手”“杀人”。①《当代中文课程》的第三册第五课出现：杀时间（to kill time），例句：看漫画就是为了杀时间；②第四册第九课出现：杀（to kill），例句：听说后来有

人为了卖鹿皮赚钱，不知杀了多少鹿，在这种情形下，鹿的数量就减少了；③ 第五册第一课出现：自杀（to commit suicide）；④ 第五册第六课出现：杀害（to murderer）；⑤ 第六册第二课出现：慢性自杀；⑥ 第六册第四课出现：杀人；⑦ 第六册第七课出现：少女杀手；⑧ 第六册第十课出现：杀人。

多义单词“杀”在《中文听说读写》一到四册单词表中只出现了一次，在第四册第十八课出现：杀（to kill），如“他杀了几百个读书人，烧了很多古书”。

从上述华语教材的教学现况显见“杀”的独立义项教学都集中在少数义项，对某些常见的义项和词汇并未提及，如杀球、杀价、杀很大，且在教学顺序的排列上依旧有值得探讨的空间。

### （二）多义动词“杀”的实际使用情况

如果华语学习者是在华语地区边学习华语边生活，便十分容易接触到“杀价文化”。以台湾地区为例，在菜市场、超市卖场等地经常能看到“下杀五折”“杀很大”等招牌、广告。多义动词“杀”中表“削减、压低”义的义项其实在现实生活中很常见，如“杀价”，但在华语教材中却未曾体现多义动词“杀”的“削减、压低”义，只将重点放在“杀”的基本义项——“使生命结束”义上。教师基本会按照教材的编排上课，如果教材中没有体现，在教完“杀”的基本义项后，如果学生没有因为看不懂特别提问，通常不会介绍其他义项。而学生在没有得知“杀”具有“削减、压低”义的情况下，并不能理解生活中常见词汇“杀价”的意涵。

除了“杀价”以外，在台湾和三亚地区的菜市场对于“杀”这个词还有不同于其他华语地区的用法：在菜市场，有时能看到卖水果的摊贩前写着“自杀”和“他杀”的不同招牌，上面标示着同种水果的不同价格。通常来说，招牌“自杀”下标示的价格会比招牌“他杀”下标示的价格低。对于母语者来说或许不难理解，水果店里标示的“自杀”表示“整个未经任何加工的水果带回去自己进行处理，如去皮、切块等步骤”；“他杀”则表示“让水果摊主替顾客进行去皮、切块等步骤对水果进行处理”。这里的“杀”体现的是表2中出现频率排第五项的“处理食物”义。若在教材中没有体现该义项、在教师的教学过程中也并未体现，则会造成学生在日常生活中理解上的困难。

另外,《当代中文课程》中提到的汉语动词“杀”和名词“时间”组成的搭配“杀时间”，实为汉语动词“杀”中“消磨”义项的体现，跟英文中的“ to kill time”相对应，此时英文和中文对“消磨时间”义的在表达和动词选择上都相同。除了英文和中文可以用动词“杀”和名词“时间”搭配组成短语“杀时间”，动词“杀”表“消磨”义外，在其他语言中也有该现象，例如德语、泰语、越南语和印度尼西亚语；然而，还是有其他语言对“消磨时间”的语意采取不同的表达方式，动词“杀”和名词“时间”组成的搭配“杀时间”不能表达“消磨时间”义，例如西班牙语、日语、韩语、印地语、缅甸语和拉脱维亚语。由此可见，不同语言之间动词和名词搭配使用上的不同，非母语者进行汉语学习时，可能难以理解。

### （三）理论指导下对多义动词“杀”的华语教学建议

华语课堂教学以及教材中语法点的教学排序，不应仅凭母语者的语感与教学经验安排，而是应该依循完整的教学语法理论架构进行。根据邓守信（2009）和邢志群（2013）提出的教学语法原则，由浅入深地进行分层级教学。由于汉语动词“杀”的多义性和复杂性，针对它的教学也必须分阶段、分步骤地进行，以协助华语学习者理解。此处依据“杀”的义项分析结果，将针对华语为第二外语进行学习的教学对象，参考语料库中汉语动词“杀”各义项的出现比例，以及汉语动词“杀”在日常生活中的实际使用情况，提出以下针对基础到进阶的学习者，在不同学习阶段的五个教学步骤。

阶段一：对于零基础的华语初学者来说，学习汉语中“杀”这个动词时，最重要的就是知道它的本义——“使生命结束”义。这不仅是“杀”的古义，从语料库中可以看出这还是“杀”使用范围最广、频率最高的意思，不论是书面还是口语。除此之外，还有汉语动词“杀”从本义延伸过来的“消灭、使消失”义，在语料库中是使用频率第二高的，使用场景有“杀草”“杀虫”“杀病毒”等，意为“除草”“除虫”“消灭病毒”。虽然植物、虫、病毒也有生命，但在此处的语义比起“使生命结束”义，显然用“消灭、使消失”义更为合适。在教学顺序上，将与本义相近的延伸义放在本义之后进行教学是合适的。另外，由于该义项与本义相差不大，容易理解，且通过不同语言的研究比较，发现该义项在其他语言的使用中意思差别不大，不容易使华语学习者误解，因此建议可以在初级阶段进行教学。

阶段二：汉语动词“杀”中的“削减、压低”义，在实际生活中使用时也是非常常见的义项，主要体现在口语中，如“杀价”“下杀五折”。超市和市场是在华语地区生活的非华语母语人士经常会去的地方，汉语动词“杀”此时的使用场景也显得尤为重要。建议可以在初中级汉语阶段进行教学。

阶段三：汉语动词“杀”中的“消磨”义、“败坏、破坏”

义，虽然在语料库中出现的频率不高，但是在日常口语的使用中却常常出现，最常见的表达为“杀时间”。“杀时间”意为浪费时间，在不同语言中的表达略有不同，除中文之外的一些语言也可用动词“杀”与名词“时间”相接，表浪费时间之义，而有些语言则不行。这直接导致不同母语的华语学习者对“杀时间”的理解速度相差不小，建议教师在教学过程中可以将学生进行区分，帮助学生更快理解。而该义项建议在中级汉语阶段进行教学。

阶段四：汉语动词“杀”中的“处理食物”义，与“削减、压低”义类似，使用场景也是在超市、市场等地，如“杀菠萝”“杀猪肝”，对在华语地区生活的非华语母语人士来说使用频率较高，因此建议可以在中高级汉语阶段进行教学。

阶段五：汉语动词“杀”中的“成功、绝招”义，在竞技比赛中经常被使用，如球赛、游戏、动漫，常见的词汇有“绝杀”“必杀技”等。该义项于本义相差较远，建议可在高级汉语阶段进行教学。

此外，关于语料库中出现的“酷、强劲”义、“战斗”义、“治疗”义、“坑、宰”义等，虽然在语料库和实际生活中出现的频率不高，但是还是有使用的机会。本文建议教材编纂时可于注释中将这些义项提供给学生，以供其参考。

## 五、结语

本研究是以教学为导向的多义词语语义研究。以多义动词“杀”为研究对象，应用结合对词典义项的分析与整合及原则性多义理论和次义项研究理论，辨析出多义动词“杀”的8个义项。再根据教学顺序排列原则，针对语料库、华语教材及学习者的实际使用情形，提出华语教学建议，供华语教材编写者与华语教师参考。本研究中对多义动词“杀”的语义研究，多集中在大陆及台湾地区，分析的书面语及口语语料也几乎是采用来自大陆及台湾地区的语料，对其他华语使用地区的研究较为不足。在汉语动词的使用场景上，以期其他华语使用地区的学者在后续研究的过程中能将汉语动词“杀”在现实生活中的使用场景拓展至更多不同的华语使用地区，如马来西亚、新加坡、缅甸和印度尼西亚等；在针对汉语动词“杀”的语义分析上，期待后续研究的学者可以根据不断更新的语料和日常生活中高频词使用上的变化对汉语动词“杀”的教学阶段进行补充和完善。

## 参考文献

[1] 邓守信．对外汉语教学语法．台北：文鹤出版社，2009.

[2] 邓守信．当代中文课程．台北：联经出版社，2015.

[4] 教育研究院台湾华语文语料库 COCT，https://coct.naer.edu.tw/cqpweb/。

[5] 欧德芬．多义词义项区别性探究——以感官动词“看”为例．华语文教学研究，2013（10）.

[6] 欧德芬．多义感官动词“看”义项之认知研究．语言暨语言学，2014（15）.

[7] 欧德芬．教学为导向的汉语多义动词辨析——以“开”为例．台湾华语教学研究，2015（11）.

[8] 邢志群．对外汉语教学法．台北：文鹤出版社，2013.

[9] Croft, William, & D. Alan Cruse. *Cognitive Linguistics*. Cambridge & New York: Cambridge University Press, 2004.

[10] Evans, Vyvyan. The Meaning of Time: Polysemy, the Lexicon, and Conceptual Structure. *Journal of Linguistics*, 2005 (1):33-75.

[11] Liu, Yuehua and Tao-chung Yao. *Integrated Chinese*《中文听说读写》,

Boston, MA: Cheng & Tsui Press, 2006.

[12] Tyler, Andrea, & Vyvyan Evans. Reconsidering Prepositional Polysemy Networks: The Case Of over. *Language*, 2001 (4):724-765.

# 疫情时代线上文化活动体验模式创新研究

## ——以“中华文化大乐园”为例

谭　烁*

## 一、引言

习近平总书记2014年12月20日在庆祝澳门回归祖国15周年大会暨澳门特别行政区第四届政府就职典礼上的讲话中提到，“中华民族在几千年历史中创造和延续的中华优秀传统文化，是中华民族的根和魂。要把我国历史文化和国情教育摆在青少年教育的突出位置，让青少年更多领略中华文明的博大精深”。总书记2019年1月2日在《告台湾同胞书》发表40周年纪念会上的讲话中也明确提出：“两岸同胞要共同传承中华优秀传统文化，推动其实现创造性转化、创新性发展。”我们讨论中华优秀传统文化在海外的传承，就是着眼于华裔青少年这个群体来进行的。

华裔青少年，他们具有华人血统，与中华文化有着天然的联系，是未来海外爱华、友华的中坚力量，是海外统战事业的重点

* 谭烁，北京华文学院教务处文体教研室助教，主要研究方向为文化教学、中华才艺课教学。

工作对象。这就决定了华文教育不仅是语言上的学习，更是文化上的传承。华裔新生代在海外出生，很少有机会接触祖（籍）国文化，从小就接触所在国主流文化，深受所在国文化的影响。随着中国国际地位的提高，海外华裔青少年对中国文化产生的好奇心与探索欲不断增强，而疫情使海外华裔青少年在学习中国优秀传统文化的过程中遇到诸多困难。在大统战视野下，培育海外华裔青少年的中国文化自信，使其成为中华文化同世界文化交流互鉴的积极促进者是当前刻不容缓的重要课题。

2020 年，新冠疫情在全球范围内爆发，打破了文化教学的节奏和惯有模式，更是使体验类文化教学陷入困境。对教师，它改变了课堂授课的教学方法、教学模式、教学组织管理方式；对学生，它影响了学习方式和习得效果。在特殊环境背景下，线上教学模式虽然不受时间、空间制约，传播文化的方式和途径更加多样便捷，但缺乏线下活动体验的真实互动，又受到教材、工具等客观条件的制约，无法有效激发学生的积极性，使学生缺乏情感上的共鸣，无法保证体验效果，使文化教学成果大打折扣。如何化“危机”为“机遇”，寻找线上、线下文化体验模式共存的平衡点，使中华文化畅通无阻且生动有趣地传播下去应是未来研究的重点。本文旨在为线上文化体验类活动[①]的顺利、有效开展提供实践思路。

① 文中文化体验类活动包括且不限于舞蹈、武术、手工、朗诵、民乐、国画、书法、陶艺、茶艺等各项中华才艺课，以及戏剧、云游教等各形式的欣赏类教学活动。

## 二、研究现状概述

纵观国内外相关研究现状，关于文化体验类课程教学的研究十分丰富，不少学者从各个角度进行了阐述和总结。有专门探索海外华文教育中的短期教育模式的，详细阐述了“中华文化大乐园”的教学模式、办营特点及未来展望（沈玲，2012），也有对“中华文化大乐园”海外教学模式的特点和存在不足的分析，并提出了相应的对策和建议（黄勋，2015）。有从情感态度和价值提升方面着手研究，认为应根据学生的兴趣、喜好开设相应的课程。中华文化的认同有助华文教育，华文教育反过来又有助中华文化的认同。语言教育不能代替文化传播，所以我们在华文教育的课程设置、教材、教法等方面都需要注重文化因素。（刘伟乾、贾卓超，2014；刘玉红，2016）

2020 年，全球范围内的华文教育大受影响，线下教学被迫转为线上，又逐步发展为线上、线下相结合的模式，这对文化教学——尤其是文化体验类课程教学产生了极大的挑战。探索、创新适应华裔青少年的新型文化体验模式已迫在眉睫。

一部分专家学者开始在挑战中探索机遇，从教学主题、技术设备、教学内容、教学形式等多方面阐述了新形势下新的改变与尝试，认为网络教学为今后华文教育的发展提供了更广阔的空间和机遇（李雪梅，2021）；有对线上教学基本状况的思考和总结（李嘉熙，2022；王淑慧，2021），有从疫情防控期间移动互联技术应用角度研究的，从教育管理者的角度深入分析了构建留学生工作和交流平台的实施方法和策略（廖婧、黄艺坤，2021），等等。

通过知网搜索关键词“中华文化大乐园”①，共获得20条结果（包含与大乐园无关研究），其中近五年（2017—2022）的研究成果共计4条（已除去3篇与“中华文化大乐园”无关的研究）；搜索关键词“线上”+“中华文化大乐园”结果为0；搜索关键词“线上文化教学”，共找到233条结果，全部为近五年的研究成果，其中173条为2020年以后的研究成果。可见随着疫情的影响，线上文化教学的研究热度逐年上升。但搜索“线上体验式文化教学”的研究成果为0。由此可见，疫情后针对华裔青少年为研究主体的线上体验式文化教学的研究是相对单薄的。

## 三、传统“中华文化大乐园”的文化体验模式

2009年，“中华文化大乐园”成为国务院侨办“走出去”海外办营品牌项目。多年来，通过国内各级侨务部门、华文教育领域的专家学者以及海外华文教育工作者的不懈努力、认真研判，“中华文化大乐园”在课程设计、教学方法、成果检验等各方面不断与时俱进，已经具备了较为成熟的教学模式和教学体系，是目前一种比较成功并且独具特色的短期教学模式。大乐园活动开办以来，得到了海外学校、海外侨团和当地民众的热情支持与响应，取得了较好的文化传播效果，其独特的短期华文教育模式推动了中国与海外各国教育界友好合作的持续展开，对推动海外华文教育事业的发展起着重要且积极的作用和意义。

笔者曾参与了“2016中华文化大乐园印尼日惹营”的教学及“2017中华文化大乐园印尼泗水营”的部分组织工作，结合实际

① 知网搜索时间为2022年8月17日。

经验及查阅相关材料，尝试将传统线下“中华文化大乐园”的文化体验模式总结如下。

### （一）“中华文化大乐园”的基本办营模式

相较于“中国寻根之旅”冬夏令营的组织海外华裔青少年来中国亲身体验中华文化的模式，“中华文化大乐园”着力于“把优秀的中华传统文化送到海外华裔青少年的家门口”，使更多无法亲自来到中国的华裔青少年也能够实实在在地体验中华文化，进一步强化了海外华裔青少年的根意识。

1. 教学对象

“中华文化大乐园”的教学对象主要是海外华裔青少年。多年来，随着中国在国际地位的迅速攀升，“中华文化大乐园”的影响力不断扩大，除华裔青少年外，也逐渐吸引了大批海外各国热爱中华文化的当地青少年踊跃参与其中。学生均由当地学校、华社招生，按照年龄（如儿童班、少年班等）、汉语水平（如初级班、中级班、高级班等）或技艺能力（如舞蹈班、手工班、朗诵班等）进行分班或分组，有针对性地开展文化教学。

2. 教学特点

教师均由国内派遣，选拔优秀的汉语或专业教师团队赴海外学校进行为期1—5周不等的文化教学。教师选拔注重教师的个体所长，中华才艺课的课程均由经过长期学习、受过专业训练的教师承担，语言类课程的教学任务也是由教学基本功扎实、教学经验丰富的教师完成，兼顾专业性的同时，突出趣味性，课堂管理、教学质量和教学成果均能得到保障。

3. 教学宗旨

在玩中学、在学中玩，一个“乐”字贯穿始终。课程设置以趣味性、体验性为主，教师们“因材施教”，运用多媒体、互动、各类教具、游戏、奖励机制等一切手段来活跃课堂气氛，丰富教学内容，重视学生的参与感和获得感，充分体现“寓教于乐”的特点。让学生在快乐中学习汉语，学习中华文化，可以说是“中华文化大乐园”最大与最终的追求。

4. 教学基本目标

“中华文化大乐园”教学目标可以简要概括为“五个一”，即学会一首歌、一支舞、一套拳、一幅画、一件手工艺品。教学以中华传统文化培养为先，充分重视项目参与者的华裔身份，在短时间内迅速掌握多项中华才艺技能，符合海外华裔学生的实际需求，使海外华裔青少年的文化学习兴趣及习得信心倍增。这种“乐园模式”[①]，在海外华文教育中的地位与影响已然日渐突出。

### （二）“中华文化大乐园”的课程设置

1. 技艺类

通过1—5个星期能够学出成果、掌握这项技艺的课程。如舞蹈、武术、手工、书画、唱歌等课程一般数量占比较高。

2. 语言类

趣味性较强的语言类教学，如朗诵、趣味汉语等，多根据学生实际语言能力的高低，设置不同的教学内容，使不同语言能力的学生均有提升和收获。

3. 文化知识类

介绍中国国情、中国历史、中国地理、中国民俗文化、中华

① 沈玲：《海外华文教育中的短期教育模式研究》，载《云南师范大学学报》（对外汉语教学与研究版），2012。

传统礼仪等课程，学生能够全方位地了解中国从古至今的各时代的基本情况。

4. 欣赏、云游类

介绍中国各个城市特点、欣赏风土人情的课程，了解最真实的、生动的中国。以及因技艺较难或受教具制约，无法体验学习或无法短期出成果的课程，如琵琶、茶艺、陶艺等，课程数量占比较低。

### （三）教学成果的检验

最后在活动结束时，以师生同台汇报演出以及作品展示的方式来检验参与者的学习成果。演出内容包括中华才艺、汉语语言类等节目表演，如舞蹈、武术、朗诵等，展示内容包括手工、国画、书法等作品，同时邀请校方、部分家长、当地媒体等来观看汇报演出。通过短短一到两个星期的时间，能够让学生——甚至是中文零基础的学生——快速习得简单的中文会话、简单的诗词朗诵，了解中国传统文化相关的常识，掌握各项中华才艺，不光使学生获得极大的成就感，对中华文化迅速产生兴趣，也让家长、校方和当地华社对新一代华裔青少年未来持续的华文教育充满信心。

## 四、线上文化大乐园文化教学体验模式的探索

2020 年新冠肺炎疫情在全球范围内爆发，严重影响着各国之间的正常往来与交流，给华文教育领域造成了巨大的冲击。经过海内外华文教育专家、学者们不断地探索和改进，“线上文化体验模式”就顺应时代推出了。2020 年以来，国务院侨办、中国海

外交流协会已举办了包括“欧洲园”“美洲园”“亚洲园”“澳洲园”等数十期线上“中华文化大乐园”。笔者有幸参加了其中五次线上大乐园的教学活动以及部分组织工作。通过实践经验总结出几种主要线上文化体验类课程的教学模式和体验模式。

### （一）线上教学模式

1. 直播

比较适用于互动类较强的体验课程，如舞蹈、武术、手工、书法、绘画、朗诵等。优点是师生同频同步，学生能够在第一时间就教师所传授的各项文化技艺或语言知识点作出反馈，教师也可以很快地发现学生的问题和不足，有针对性地突出教学重点，实时答疑解难。缺点是受网络、设备、时差、教具、学生害羞等因素制约较严重，如网络卡顿，影响课堂的流畅度；教学平台的功能较复杂（如关联设备、切换设备等），教师或学生无法独立操作完成线上教学活动；因时差造成黑白颠倒或“起早贪黑”地上课；在备课阶段，没有充分调研当地物资情况，导致学生买不到体验所需的教学材料，如手工材料、舞蹈服、中国画颜料等；也有学生在上课过程中因内向害羞或其他客观原因（如家庭环境嘈杂、网络流量昂贵、缺少教具等）不愿意或无法打开摄像头与教师进行实时互动，导致教师无法掌握学生习得情况。

2. 录播

录播形式的优点是能够打破时间的约束，避免了时差问题，并且海外承办方能够保存教学影像，在适当的时间重复使用，使文化传播的覆盖面更为广泛。录播形式对教师的要求较高，除授课能力外，还要求教师具有一定的拍摄剪辑能力，能够独立制作出一个小时左右体量的课程视频，且要求制作清晰精良，形式生动有趣，内容扎实详尽。较明显的缺点是在学生有疑问时，教师无法互动解答；学生的完成度和正确率不能保障，体验课很容易变为“欣赏课”，学生的兴趣度和参与度都明显降低。

3. 直播 + 录播

二者结合的方式既能解决时差带来的不便，也可做到即时互动，张弛有度，充分调动参与者的积极性，保证教学效果。如 2022 年线上“中华文化大乐园”——大洋洲园（第二期），舞蹈、武术、手工、书法、绘画、朗诵等中华才艺课内容部分均采取直播形式，民乐、琵琶、陶艺、云游北京等课程采取录播形式，营员们既能与教师互动体验各项技艺，又能在合适的时间学习欣赏中华传统文化的美，领略中国的大好河山。虽然存在时差，但是根据时间科学地安排教学内容，也能够达到最好的体验和教学效果。

### （二）线上体验模式

1. 线上

学生在家中进行，完全通过电脑、手机等电子产品上课。如 2021 年线上“中华文化大乐园”（菲律宾园）在开展活动时，正值疫情较严重，菲律宾学生们均各自在家中线上学习。学生要自己或家长根据老师提出的材料清单准备各门课程所需的工具，疫情期间采购物资并不方便，中方教师得知情况后第一时间简化材料，根据当地实际情况提出备选方案，因此学生们使用的工具材料五花八门；有些年纪较小的学生需要在家人的帮助下才能顺利使用电子设备；有些学生汉语水平较差，只能靠家人翻译或单纯地看教师的演示来一步一步完成各个步骤，但为什么这么做，学生并不清楚。这种“居家线上”的体验模式对教师、学生、组织管理者三方要求都很高，能够顺利开展的重要条件，其一是学生要有一定的语言能力，其二是教师要有“化繁为简”的灵活的教学方法，其三是当地组织管理者与家长能够密切地沟通，顺畅地开展家校合作。

2. 线上 + 线下

中方教师在线上授课，学生在学校或培训机构，由校方组织线下集体学习，以班级为单位，在教室中统一参与中方教师的线上直播互动。同时，每班配有当地教师进行同步保障，提前统一采购准备所需教学用具，课程进行时进行翻译，协助中方教师指导学生完成教学任务。如 2022 年线上“中华文化大乐园”——大洋洲园（第二期），学生按照年龄分为甲班和乙班，每个班又细分为 4 个教室同时上课，每班有一到两名当地教师线下同步协助操作设备、指导学生、收集教学成果影像资料，课程所需要的材料均由学校或当地华社统一为学生准备，因此各门课程的完成度很高。

3. 教学成果的展示方式

线上“中华文化大乐园”延续了线下的展示方式——汇报演出。在活动进行中，海外华校组织者将实时收集学生们学习过程中及成果展示的影像资料，汇总制作成一段视频，在闭营式当天，中外双方共聚云端，在线上检验学生们的学习成果。且在每一次体验后，组织者将活动总结整理并发布在主办方、承办方的官方平台（官方网站、微信公众平台）、国内外主流新闻平台（人民网海外版、中新社等），以及在当地侨报刊登相关新闻。成果在多平台展示，不仅增强了体验者继续学习中华文化的信心和愿望，还能有效地促进和增强家校联系，同时在当地社会宣传了中华传统文化，对文化传播有积极的影响和作用。

## 五、线上文化大乐园模式教学的优化措施

线上线下混合式教学的有效性和优越性毋庸置疑，许多专家学者已进行过论证。然而，在实际的教学中，还需注意许多细节问题，才能保证线上和线下的紧密融合，甚至需要开拓思路，大胆创新，做到真正提升文化传播的范围和效果。笔者在实际教学实施过程中，总结以下注意事项，并尝试提出一些突出问题的优化措施。

### （一）做好开营前调研

1. 从教学者角度

要充分了解海外校方的现实情况和实际需求，尊重当地文化，充分利用当地资源开发、拓展、丰富文化体验种类，设计张弛有度，难易适宜的教学内容，切不可一味盲目地“贪快、贪大、贪热闹”而忽略参与者①的实际能力；教师要准备备用教学方案，以确保特殊情况发生后（如网络卡顿严重、参与者材料准备不足等）仍然能在有限的时间内，让参与者最大化地接受、完成教学内容。

2. 从组织管理者角度

要协助教师、学生、海外管理者三方顺畅沟通，以实际情况选择最优的线上教学平台，同时选择备选平台；解决师生在课堂中面对的各项技术问题，完成课堂教学监管；结合不同年龄段学

① 本文中提到的参与者，指学生及当地华文教师。在实际教学中，海外华文教师在组织活动的同时也会同时以“学生”的身份，参与到体验活动中来，共同完成各项文化体验课程。

生的实际能力，合理分班、分组；扎实推进文化体验本土化，海内外联合筹备更为方便、合适的教具及教辅材料。

### （二）创新思维

首先，短期文化体验类课程的线上教学不同于常规华文基础汉语线上教学，要求教师要从“控制”课堂转变为“引导”课堂，化被动接受的填鸭式教学为主动探索的体验互动式教学。其次，建立统一的文化主题，将零散的体验课程与文化课程关联起来，文化课教师和技能课教师围绕共同的文化主题来设计系统的教学内容，比如“中国年”“端午”“中华美德”“非遗体验”“中国航天”，等等。以主题引领各学科，注重知识性、趣味性的同时，兼顾系统性、科学性的统一，全方位地引导参与者由被动学习转变为主动探索，在“乐”的同时，多层次加深巩固学习内容。最后，面对线上文化传播的局限性和困难，要加强家校联系，鼓励家校合作，鼓励华裔青少年及其家人共同参与进来，以点带面，扩大文化传播的范围和影响。

### （三）打造数字文化产品和交互平台

2017 年，中共中央办公厅、国务院办公厅印发的《关于实施中华优秀传统文化传承发展工程的意见》（国务院公报 2017 年第 6 号）提出，到 2025 年，中华优秀传统文化传承发展体系基本形成，研究阐发、教育普及、保护传承、创新发展、传播交流等方面协同推进并取得重要成果，具有中国特色、中国风格、中国气派的文化产品更加丰富，文化自觉和文化自信显著增强，国家文化软实力的根基更为坚实，中华文化的国际影响力明显提升。①

目前承接“中华文化大乐园”教学任务的是来自全国各地不同地方的侨务工作办公室以及不同的学校单位，彼此之间缺乏交流互动，没有形成较为统一规范的教法、教材、文化读本、数字教具，各期办营团队相对独立，教授的内容和方式具有随意性和单一性。随着“中华文化大乐园”影响力的不断攀升，我们的目光要聚焦在建设专属于“中华文化大乐园”的线上平台，以便于更多承办方更深入、更便捷地分享经验、开拓思路；要组织专业人士结合以往的乐园教学实践反馈进行科学研讨，结合不同学科的教学目标、相应文化传承渠道等因素编出符合现代文化交流、符合学生特点、融合当地文化，能激发兴趣、寓教于乐的数字教材；搭建针对短期文化教学的数字平台和数据库，合力开发高端、实用的体验教学相关教辅材料包以及精品数字教学产品，让参与者在短期的文化体验活动结束后，仍然能够通过教材、教辅材料、线上教学产品等渠道继续对中华文化进行自主学习和探索。

近年来，中国 5G 网络技术和人工智能的发展异常迅猛。未来，包括“中华文化大乐园”在内的各类线上文化体验类教学活动，都可以乘浪而行。通过搭建超低延时、超高速、超高效和安全可靠的教育传播平台，使传授者和参与者进行交互学习；利用 VR 技术，用三维方式让参与者在虚拟情景中“身临其境”式地体验中华文化，使其成为情景中的一员，真切地感受、触摸中华传统文化，进而增强对中华传统文化的感知力和理解力；研发“具有中国特色、中国风格、中国气派的数字文化产品”应是未

① 《关于实施中华优秀传统文化传承发展工程的意见》，http://www.gov.cn/gonghao/content/2017/content_5171322.html。

来必要的重要课题。

### （四）构建华裔青少年的文化认同

通过短期而集中的“中华文化大乐园”，在华裔青少年的心中种下“知华、友华”的种子，以“乐趣”来激发优秀华裔青少年学习中华文化的积极主动性，鼓励他们主动探索中华文化，进而主动地传播中华文化。这要求我们海内外的华文教师，能够在短期教学及活动中迅速发现那些热爱中华文化，有组织力、领导力和影响力的华裔学生，对其进行重点培养，鼓励他们成为真正的跨文化交流使者。我们组织开展“中华文化大乐园”这一活动，归根结底是要通过这种短期文化体验模式来建构华裔青少年的文化认同，让参与者明白每一项活动背后所蕴含的精神内核。构建文化认同后，华裔青少年才能够建立对中华文化的自信心和自豪感。在建构认同的基础上，塑造有中华优秀气质的、具有全球视野的国际公民是更进一步的目标（姚敏，2018）。培养这样的人才是我们对华裔青少年进行中华优秀文化体验教育的更高层次的目标。

## 参考文献

[1] 陈雯雯 . 华文线上教学的海外需求和国内供给 . 中国语言生活状况报告，2021.
[2] 黄勋 . 关于“大乐园”模式传播中华文化的几点感悟 . 时代教育，2015（12 期）.
[3] 贾益民 . 全球疫情下华文教学的应对策略 . 世界华文教学，2020（4）.
[5] 李嘉熙 . 线上对外汉语教学中中国传统节日文化教学的思考 . 大学语文建设，2022（12）.

[6] 李嘉郁 . 对海外华裔青少年夏令营活动的若干建议与构想 . 八桂侨刊，2010（1）.
[7] 李嘉郁 . "中国寻根之旅" 夏令营发展探析 . 八桂侨刊，2020（1）.
[8] 李雪梅 . 海外华文线上常规教学要素分析及基本经验 . 世界华文教学，2021（1）.
[9] 刘诗苑 . 培育青少年文化自信路径探析 . 侨园，2021（6）.
[10] 屈哨兵 . 充分体认中华优秀传统文化，做好语文教材中的传承实践研究 . 教育导刊，2022（6）.
[11] 沈玲 . 海外华文教育中的短期教育模式研究 . 云南师范大学学报（对外汉语教学与研究版），2012（2）.
[12] 谢卜玥，李火秀 . 基于微信公众号的华文教育传播策略 . 大学语文建设，2021（12）.
[13] 徐敏 . 从传统到多元：海外华文教育研究的发展变化 . 云南社会主义学院学报，2021（1）.
[14] 姚敏 . 华裔留学生文化教学改革初探 . 语文建设，2018（17）.
[15] 张岂之 . 习近平总书记论中华优秀传统文化 . 湖南大学学报（社会科学版），2018（3）.
[16] 郑璐媛，王懿晨，杨志玲 . "互联网 +" 背景下海外华裔青少年文化自信培育路径探究 . 文化创新比较研究，2022（3）.
[17] 卓高鸿 . "大统战" 背景下高校拓展华文教育的路径探析 . 继续教育研究，2021（9）.

# 华文教学中文化教学微课的设计与应用
## ——以中国茶文化为例

叶洋菱 *

## 一、引言

2019 年开始的疫情初期，华文教学转为线上教学模式，后期发展为线上线下混合模式，经过线上教学期的摸索与实践，华文教学中的语言教学部分已经逐步步入正轨，但文化教学相对滞后。在线教学限制了文化教学的体验效果，限于亲身体验性不足，华文文化微课的应用有利于缓解这一需求。再者，文化微课在实际教学中应用很广，需求量大，针对性强，微课在教学中的应用也越来越受到重视。焦建利认为，"微课的发展也是顺应了在线教学的需求"（2014）。

在 2022 年 11 月教育部颁发的《教师数字素养》（JY/T 0646—2022）行业标准中，"数字化应用维度" 对教师的数字化教学设计、教学实施等方面提出要求，如 "能够多渠道收集，并

* 叶洋菱，北京华文学院讲师，主要研究方向为华文教育、文化教学等方面。

依据教学需要选择、管理、制作数字教育资源”“能够利用数字技术资源突破时空限制，创设网络学习空间与物理学习空间融合的学习环境”等具体要求。2022 年 8 月颁布的《国际中文教师专业能力标准》更是提出了“了解常用信息化教学设施使用方法，掌握教学所需的信息化技术，具备设计、制作课件等教学资源的能力”，“在现有资源无法满足教学需求时，能够开发新的中文教学资源”的要求。由此可见，制作与利用微课也成为教师必备的数字化技能。华文教学中，文化微课应用广泛，但在制作上，多数教师还不熟悉，本文从文化教学的微课设计与应用方面入手，对华文文化教学微课的范围、选题、设计、制作与应用等内容进行阐述，有利于华文文化教学的开展。

## 二、文化微课的研究现状

微课在国外发展时间较长，国内最早是胡铁生提出“微课”的理念，“指按照新课程标准及教学实践要求，以教学视频为主要载体，反映教师在课堂教学过程中针对某个知识点或教学环节而开展教与学活动的各种教学资源有机组合。‘微课’的核心内容是课堂教学视频（课例片段），同时还包含与该教学主题相关的教学设计、素材课件、教学反思、练习测试及学生反馈、教师点评等教学支持资源”（2011）。

本文采用焦建利提出的定义：“微课是以阐释某一知识点为目标，以短小精悍的在线视频为表现形式，以学习或教学应用为目的的在线教学视频。”（2014）。

目前关于华文专门的文化微课的研究较少，关于文化微课的研究也不多，开始研究的时间也较晚，部分学者对文化类慕课进行研究，周子怡研究了关于小学语文中华优秀传统文化微课程开发与实施（2019）。对外汉语教学方面，熊桑较早从微课程的设计进行研究（2015）；满璐针对中亚学生的丝绸之路的非物质文化遗产微课程进行研究（2018）；杨咪从“文房四宝”（2019）、张璟从“中国神话”（2020）、乔丽叶从“剪纸”（2021）、王海玉从“衣食住行”入手，研究了对外汉语文化主题微课的设计与应用（2021）；贾琪、韩蓉从汉语俗语与文化微课程进行研究（2021）。

## 三、华文文化微课概述

微课的主要特点是教学时间较短，教学内容精简，传播方式多样、针对性较强。根据针对性强的特点，除了利用一些现成的微课教学视频以外，大部分华文文化微课都需教师自行制作。华文文化微课注重讲解和演示的结合，考虑到学生的背景知识和文化储备都不够的情况，必要时要进行适当地翻译。

### （一）教学目的

对于华文教学来说，文化教学是有别于文化因素教学的，因此，华文文化微课还有一个促进体验与传承性的重要作用，通过理论与实操结合的学习，除了使华裔学生能够了解文化知识、掌握才艺技能，更重要的是能通过文化微课体会到中华文化的美，并能在实际生活中结合自身的经验，将中华文化应用、传承下去。

### （二）组成特点

按照视频微课的需求，一般可以分为文化微课体系与个体文化视频微课两个方面。文化微课体系的主要特点是体现整体性、系统性、连贯性。华文文化课程已有许多研究，在文化内容的界定上，在尚未有专门华文文化教学内容的前提下，文化微课可以参考教育部中外语言交流合作中心组编的《国际中文教育用中国文化和国情教学参考框架》选定等级与内容，再进行按需细分。

个体文化视频微课则有灵活性、随机性与独特性的特点。在一般课程中起引导、解释补充和拓展的作用。个体文化视频微课随着华文课堂的需要进行制作。目前华文教学中，拍摄与使用文化微课实践较多，而理论研究较少。

### （三）重点与难点

1. 文化微课的拍摄重点

一是传达中华文化之美，通过生动的镜头语言，将中华文化的美体现出来，使学生能够感受到中国式审美；二是提高学生乐趣，通过寓教于乐的微课，激发学生探索中华文化的兴趣；三是通过短短的几分钟时间，使学生能够了解一个文化知识点，或掌握某个中华才艺技能。

2. 文化视频微课的难点

一是由于中华文化博大精深，微课只能捕捉的是吉光片羽，系统性受到考验；二是由于文化微课大部分是教学中产生的，因而资金、技术、场地、道具等限制较多，很难达到理想的效果；三是限于微课的体量，理论与实践的结合受到限制，很难较好地将二者结合起来；四是教师能力问题，专业的文化课教师较少，如制作文化相关的微课，普通教师需要付出较多时间与精力去学习相关知识，效率不高，且对教师的教育技术应用水平来说是个较大的挑战。

## 四、文化微课常见问题

在众多文化微课中，不难发现文化微课常见的问题，如主题的把握与内容的展示常常流于表面，单一的介绍并不能很好地达到文化教育和传承的效果，在文化微课制作中，尽量避免古今传承不足、语言不合适、视频效果差等常见问题。

### （一）古今无度

在文化微课的教学中，常出现的一个问题是重古轻今，或古今无度，以古为主或以今为主，古与今的传承性和延续性不够。如传统节日的微课中，常常能见到的是传说故事以及节俗介绍，而对节日的传承性和变化性阐释较少。学习者需要了解过去，是为了理解现在，割断古今传承的做法不可取。

在茶文化的微课上，这点更为常见，限于微课体量固然是一种原因，但制作者的思想限制也是重要原因。如表现中国茶的精神，常见的是古人的言行举止，而对今日之探索并不多。不能只提陆羽“精行俭德”，学习者更需要了解的是当代的延续，否则容易产生割裂感——是不是现代中国人就没有茶精神了？因此，多说说古与今的传承、说说今人是怎么理解的？怎么做的？我们可以怎么做？这样的传承性使文化教学才有意义。

李泉在谈及文化课时强调“文化课及其教材中的文化内容取向也应秉持一定的原则，即古今兼顾、以今为主。不能只谈古不论今。事实上，说古是为了论今，也即古为今用。意在向汉语学习者介绍当代中国的文化和习俗，展示一个鲜活生动、发展变化的当代中国的形象。”（2017）华文的文化教学更不是一般的文化教学，其中包含着文化传承，因此，在文化微课的制作过程中，需要将“传承性”蕴含在内，而不是单纯地仅介绍某一项内容。可参考《国际中文教育用中国文化和国情教学参考框架》，从社会生活、传统文化、当代中国三个方面分类，各个方面比重相近。

### （二）缺少适合的教学语言

语言难度常常是文化微课的难点，制作者常常以全英文或者全中文来介绍，对于语言学习作用并不大，不能将语言与文化教学结合起来。以“中国慕课网”为例，站内茶文化课程众多，其中不乏国家精品课程，从学校、师资及授课，都是最顶尖的，系统性、科学性非常强。比如浙江大学录制的《中国茶文化与茶健康》系列教程、北京语言大学的《中国茶文化》、职教慕课委员会的《茶艺》以及浙江农林大学的《基础茶艺》（全英文）等，从基础知识，到实际操作演示，科学严谨，是茶文化课程的范本。语言方面，针对零起点语言的有浙江农林大学的《基础茶艺》（全英文），在文化传播上非常合适，但对于提高华文水平作用不大。其余课程大多数针对中国学生，因此教师用语较难、语速较快，专业性太强，并不适合华语学习者。此外，这类文化微课互动性较差，以留言为主，师生、生生之间的交互性弱。

其他网站“中国普洱茶网”等专业知识网站，面对的是对中国人的茶文化的知识普及，并不是教学类，文化微课视频不多，语言难度也很大。

### （三）制作水平差异大

文化微课因为使用面广，因此创作者众多，但涉及国情的了解和语言水平，华文教学适用的作品并不容易寻找，常常需要教师自己制作，因此，在制作水平方面差异较大。专业的文化微课制作精良，内容翔实，视频美观，但数量少，语言方面常不适合华文学习者。

上述专业学习的网站中，因倾注人力、物力较多，因此视频制作较为精良，除去语言部分，视频观感较好，清晰、稳定、流畅、主题性强、专业性强、重难点突出。此外，还有专门制作的文化专题微课如“你好中国”“中国范儿”等。

其他文化教学视频并不是如此，从搜索引擎的结果上看，文化微课视频五花八门，有的是线下课的录像，有的是线上课录像，有的是幻灯片的解说，诸如此类。从语言学习角度，目前针对对外汉语的文化教学视频较多，制作者常常是有关教师，教学性较强，能够注意到语言问题，但是限于场地与技术，视频制作水平差异较大。

此外，系统性不强、内容审核不严、代表性不强、微课整体教学配套资源短缺等问题也在一定范围内存在。

## 五、文化微课设计原则

### （一）科学性

文化微课的内容应科学可信，在知识点上，应以专业、权威的资料为准，倘若某些存疑的知识，应放弃不用或直接指出存疑。科学性对文化微课的制作者来说是比较难以把握的，这样的要求可能过高，但是必需的。

以中国茶文化来说，市面上资料五花八门，但选择主流教科书上的说法更为合适，也更权威，避免了一些牵强附会的、似是而非的、以讹传讹的知识。

根据《国际中文教育用中国文化和国情教学参考框架》指南，初、中、高级语言水平接触的同一文化中重点、广度与难度各不相同，在制作文化微课时，需考虑教学对象的背景知识。

### （二）趣味性

文化微课的趣味性非常重要，有趣的文化微课是课堂的点睛之笔，能够激起学生兴趣，并能够给学生留下深刻的印象，在欢声笑语中获取知识，寓教于乐。文化微课的趣味性可以通过许多手段来达到，如紧跟潮流，将当下流行的电视剧、电影情节融入。或将当前潮流用词、用具化入。也可以用夸张的手段来吸引学生的眼球。当然，这一切都是为教学服务的，不可过于喧哗浅薄，否则就只是娱乐视频，而不是微课了。

### （三）互动性

文化微课的互动性非常重要，但也较难实现，目前来说，可以使用录制中“留白”的手段，留下一些小空白时间让学生能够补充回应或者跟读、跟练。同时，可以采取做交互式动画微课，能够达到互动效果。但交互式动画微课制作较为困难，并不是所有教师都可以轻松达到的，因此，预留一些交互的空间，能够让文化微课更符合课堂教学。

### （四）完整性

文化微课的设计思路应符合教学原理。许多研究都表明，微课时间过长或过短都不适宜掌握知识，文化微课也是如此，将微课控制在 5-6 分钟，目标是一个知识点，说清一件事，学会一个知识点即可。而这短短的几分钟内，需要有教学导入、重难点讲解、互动以及思考与作业等完整的教学环节。

同时，要达到最佳效果，除了整体微课的设计要从易到难以外，还要有相关完整的一系列微课视频作为支撑，并且，需要扩展资源包，如微课教学任务单、素材资源、材料包、练习与测试、课后评价等一系列完整的资源建设。

### （五）以学生为中心

说到底，微课的设计是以学生为中心，通过学生的眼睛和感受来认知。以学生为中心，需要考虑学生的语言水平和背景知识储备，以及兴趣爱好。如低年级学生，可多采用问题型，引起学生好奇，拍摄制作多使用动画交互式，融入当下流行的动画角色或故事背景，符合低年级学生喜爱动画片的特点，更能使学生产生兴趣，从而更好地接受课程内容。

## 六、文化微课的教学设计策略

胡铁生提出，微课要满足“标题要有吸引力、资源构成须完整、交互设计最关键、情境创设不可少、‘一对一’感觉最重要、在线微课是趋势”。（2019）因此，微课虽小，但也不可遗漏制作要点。

### （一）设计类型

根据胡小勇《设计好微课》的分类，微课可以分为导入型微课、问题型微课、故事型微课、实验型微课、技能型微课与习题型微课六大类型。在文化微课的制作时，要根据所需的微课类型与文化技能、文化知识等不同文化微课内容选择不同的微课设计类型。

在传统课堂上，文化类微课视频常常分为理论与实操两种，理论部分让学生了解文化知识，如背景知识，使用范畴、文化内涵等，实操部分注重掌握才艺技能，如剪纸的操作、乐器的演奏、茶叶的制作等。故微课制作时，理论方面常以导入型、问题型、故事型为主，实操部分以技能型微课为主。此外，系统性微课还要注意系统内理论与实践的搭配，注意前后呼应，内容全面。

### （二）设计思路

以中国茶文化为例，茶文化理论部分，在语言课堂上，讲授茶相关课程时，可以以导入型微课方式吸引学生的注意，引起学生的思考。问题型微课以问题为主线，如提出诸如“做红茶的茶树可以用来做绿茶吗？”此类的问题，引发学生思考，并将茶树种植知识在其后讲清。问题型微课适合一些大部分人常常发出疑问的文化点。故事型微课则在讲解相关历史或顺序性较强的知识点上，如茶文化课上，讲解中国饮茶的历史流变，可以故事串起历史的变化；或者某些传说故事的演绎，如红茶的发明故事、神农尝百草吃茶解毒的故事等，更具有形象性，易于理解。此外，如茶叶制作等知识点，可以模拟茶厂工作人员进行一天的工作，用参与者的亲身体验故事来让学生代入角色，从而掌握知识。技能型微课在实操中常使用，故重点应放在演示、讲解上，可以通过不同角度、近距离、多方位体现技能，从而使学生掌握。如盖碗的使用讲解，可以从整体、局部、特写和不同角度拍摄教师的演示，并搭配讲解，以虚实结合的方式使学生一看就懂、一学就会。

倘若在学生掌握后，可以增加互动环节，将学生作品加入微课，或请优秀学生演示，如此，文化微课则更生动，更贴近学生。

### （三）语言处理

语言水平的限制是华文文化微课制作的一大难点，从目前的文化微课情况看来，针对留学生的文化微课常见的是全英文版与全中文版两种，中英结合的较少，其他语言的也不多。全英文微课的教学对象都是入门学生，语言水平较低，但又有文化需求；全中文微课常常面对的是中高级学生，可以流利使用中文。但在实际应用中，初级以上、中高级不足的学生占据更大的部分。从教学目的上来说，使用目的语也更为合适。全英文微课的优点是很多学生能听懂、看懂，但缺点在于不能练习语言，同时也有相当一部分学生英文也不好的，那就更谈不上文化微课的效果了。全中文微课的优点也相当明显，以目的语教学的方式促进学习者练习，但缺点是如果语言水平达不到，理解起来也是一知半解，容易产生畏难情绪。因此，针对教学对象的语言水平，很多教师会采取中英文结合的方式，通过中文讲解、英文字幕解释的方式来制作微课。

在华文微课的语言处理上，应以华文为主，面对初级水平需简化语言，根据词汇与语法大纲来撰写文本，尽量不要越级，并配有一定量的翻译。在一些重点考察的部分，如一些重要的文化词汇、语句，还应有拼音与解释，并有朗读、阅读等互动设计，增强文化与语言的结合。如茶文化中“客来敬茶”的微课，可以加入学生跟读“请喝茶”等任务，增强互动性与交际性。

### （四）技术设备支持

1. 软硬件支持

微课是以视频形式为主要载体，华文文化微课所需的软件包括文字编辑与处理软件、图片处理软件、课件制作软件、音频处理软件、视频编辑软件、录课软件、录屏软件，等等。硬件则需视频拍摄设备，如录像机或手机；音频收集设备，如麦克风、录音笔等；文字、图片、音视频处理设备，如电脑、手机、耳机等。

2. 实践环境与设备

除了常规的设备，文化微课还常常需要创设情境，因此实践环境与实操设备也应考虑在内。如文化项目进行的场地，场地应具有中国特色，并且场地大小、光线等条件适宜。设备包括文化微课所需的道具，如合适的桌椅、才艺技能所需的教具等。以中国茶文化为例，除了去茶馆、茶楼、茶厂实地拍摄以外，还应有教学场所，如中式布景的茶室、茶桌椅、茶具以及相应的柜、架等。如此，拍摄文化微课时，才能更好地让人融入情境中，达到沉浸式体验的效果，使微课更加生动。

### （五）文化微课的技术手段

根据胡小勇《设计好微课》（2017）的总结，常见微课开发有四大类型：拍摄式微课、幻灯片式微课、录屏式微课及交互式动画微课。其他微课类型还有如访谈式、演讲式等各种形式。文化微课以拍摄式微课与幻灯片式微课最为常见，实地拍摄强调情境创设，实际操作的体验感；讲解为主的幻灯片式微课是传统线下课堂的延伸。文化微课常常伴随着文化才艺，拍摄式微课最能将这些实操体现出来，而幻灯片式微课常常注重理论的讲解以及弥补实地拍摄的不足之处。

中国茶文化的微课制作中，如茶的冲泡、茶会的举办等内容更适合实地拍摄；而茶史、茶礼、茶俗等内容，因涉及历史、地理面广，实地拍摄受限，可采用幻灯片式。幻灯片式微课可以弥补教师技能与场地的不足，且易于标记重点，制作较快，因此使用面最广。这些不同类型的文化微课，需要教师进行判断后，采取最适合的技术手段来完成。

## 七、文化微课制作步骤

文化微课的制作步骤与一般微课类似，系统的文化微课包括学习任务单、微课视频、拓展资源包以及评价，常见的文化类微课制作步骤为：确定主题、搜集资料、分析资料、确定类型、定下大纲、撰写脚本、创设环境、拍摄视频、视频剪辑、审核完成。除此之外，还应添加适合的学习任务单。

以茶文化微课《盖碗的使用方法》为例，首先通过教材、网站搜索等方式搜集盖碗的历史、形制、材料、使用方式等资料，再确定拍摄内容为“三指法”“抓碗法”和“盖碗饮茶法”三个部分。接着安排拍摄，根据内容确定为技能型真人实地拍摄微课，选用茶艺教室进行拍摄效果更佳，拍摄时远景拍整个泡茶人的动作，近景切换手部具体的动作，等等，可以采取多角度拍摄法，从各个角度详细演示。盖碗的饮茶方式可以选用电视剧《红楼梦》中林黛玉使用盖碗饮茶的经典片段，将虚拟与现实、古与今的茶文化结合起来。视频剪辑时注意突出重点，即手抓时的动作分解，可使用慢动作及定格功能，加上标注，使重点更凸显。

将重复或者冗长的其他步骤删除或加速，以便重点突出。剪辑时需加字幕讲解重点，根据学生的特点，使用简单的语言进行具体阐述，加上带拼音的字幕，对于初级学生适当增加翻译。视效果决定是否使用配音，如需配音，则要提前写好脚本，语言简练、精准，发音标准、吐字清晰、节奏合理。选择背景音乐，配乐宜选用中国古典乐曲。最后编辑好标题，制作完成后需多次回看整体效果、调至最佳效果后才可使用。

文化微课视频制作流程图见图 1。

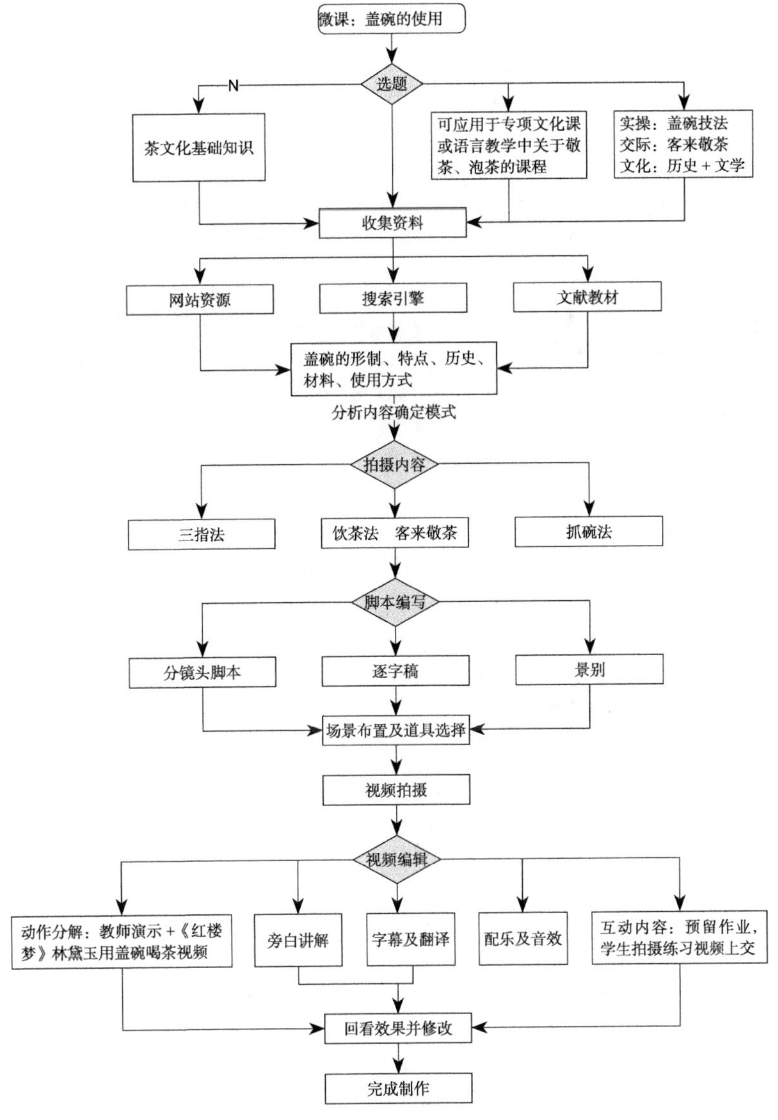


**图 1　文化微课视频制作流程图**

此外，相应的微课的配套资源为图片资料以及“学习任务单”等，学习任务单设计可参见表1。

表1　学习任务单设计表

| 微课观看 | 学习任务 | | | 完成情况 | 问题 |
| --- | --- | --- | --- | --- | --- |
| 课前：微课《盖碗赏析》 | 语言：认识相关词汇“盖碗、盖、杯、托”等 | 实操：认识盖碗的构成 | 交际：知道“客来敬茶” | | |
| 课堂：《盖碗使用》 | 语言：认识“三指法”“抓碗法”等专有名词 | 实操：学会三种使用盖碗的方式 | 交际：懂得用盖碗“客来敬茶”的方式 | | |
| 课后：《适合盖碗泡茶的茶类》 | 语言：“请用茶”“喝点儿什么” | 实操：学会用盖碗泡不同茶 | 交际：可以进行完整的“客来敬茶”流程 | | |

学习任务单能够将本次文化课的重点难点突出，能够完成任务单也意味着能够学会这一知识点。其中“完成情况”可以按照要求师生评价或自我评价。

## 八、文化微课的应用

刘名卓等人提出四种视频微课典型应用场景：优化课堂教学、转变学习方式、在线学习和校本研修（2015），在实际教学中，文化微课体现出不同的作用。

### （一）语言教学课上的使用

微课可用于语言教学中的导入与解释，常应用于课前预习、课堂探索及课后复习拓展等方面。

根据学生的语言水平，如初级水平课文《奶奶请我们吃中国菜》一课中，提到爸爸和妈妈送奶奶一盒茶叶，全家一起过中秋节等内容。同样这部分内容，作为课前导入的文化微课，可以采用真人拍摄故事型或者动画制作等方式，增加爸爸和妈妈讨论茶叶的情节，复习已经学习过的颜色词汇，如红茶、绿茶、白茶等，中秋月饼和茶的搭配等民俗知识内容。如果是作为课上练习的文化微课，可以讲述中国“客来敬茶”的传统，教授盖碗或者茶杯的泡茶、敬茶方式，配合实物道具演示，在复述课文环节让学生演出来。倘若是作为课后复习或拓展用的文化微课，可将课文内容融入，增加茶知识，可让学生课后了解家长的喜好，布置给家长敬茶等交际任务。

中高级水平可在《柴米油盐酱醋茶》《丝绸之路》等阅读课上增加相关的文化微课，课前导入根据课文相关解释“以茶代酒、客来敬茶、神农尝百草”等知识，课中探索可以加入生活中茶的应用、茶的传播等文化微课，让学生能够更直观地了解茶叶知识和茶叶传播历史；课后复习微课可选择中国茶的分类与冲泡、本国的茶文化，并引导学生了解家人的饮茶喜好或学习制作本国人喜爱的茶饮等。

### （二）专项文化课程

专项文化课程在华文教学中常常以辅助语言教学的形式出现，如中国文化概论、中国民俗、中国概况等内容出现较多，传统才艺方面较弱。在线下的文化课程体验课是最主要的学习方式，中华传统才艺是重要的文化载体，但在线上，受到多方面条件制约，目前研究和实践并不多。此类文化微课的特点是体系性较差，适应性较差。

文化微课可以在华文文化专项课程的教学中起到重要作用，

文化微课具有直观性，文化微课以简短、直观的形式，将文化要素与知识点呈现出来，在线下、线上的文化教学时，文化微课都能够弥补现实缺失，如无法实地拍摄或涉及历史、哲学等相关知识时，直观的观感体验对课堂教学起到补充作用。

## 九、结语

微课有教学时间短、内容精简有趣、传播方式多样、针对性较强等特点。华文文化教学微课的设计应以学生为中心，包括教学设计、课件、讲解、练习、反思等部分的辅助性教学资源。基于针对性强与科学性需求，华文文化微课需华文教师进行制作，文化微课的制作也存在着制作难度大、资金设备不足、重视不够、教材缺乏等华文教学常见问题，也存在着教师现代教育技术能力不足、对微课认识不足、制作能力有限、配套资源制作困难等新问题。华文文化微课注重讲解和演示的结合，重在使学生能够学以致用，在线上与线下的教学中，都能在掌握文化知识与文化技能的同时，对文化交际能力及语言能力有促进作用，有助于华裔学生体验和传承中华文化。

## 参考文献

[1] 胡铁生．“微课”：区域教育信息资源发展的新趋势．电化教育研究，2011（10）．

[2] 胡小勇．设计好微课．北京：机械工业出版社，2017.

[3] 贾琪，韩蓉．面向国际学生的汉语俗语与文化微课程设计研究．汉字文化，2021 总第 285 期．

[4] 焦建利 . 微课与翻转课堂中的学习活动设计 . 中国教育信息化，2014（24）.

[5] 教育部中外语言交流合作中心 . 国际中文教育用中国文化和国情教学参考框架 . 北京：华语教学出版社，2022.

[6] 李泉，［越南］丁秋怀 . 中国文化教学与传播：当代视角与内涵 . 语言文字应用 . 2017（2）.

[7] 刘名卓，祝智庭 . 视频微课的实用学分析 . 开放教育研究，2015（2）.

[8] 满璐 . 面向中亚留学生的丝绸之路非物质文化遗产微课程的设计 . 西北师范大学硕士学位论文，2018.

[9] 乔丽叶 . 对外汉语文化微课程设计研究——剪纸为例 . 智库时代，2019（17）.

[10] 世界汉语教学学会 . 国际中文教师专业能力标准 . T/ISCLT 001-2022.

[11] 王海玉 . 对外汉语文化主题教学微课的设计与应用——以“衣食住行”为例 . 西安石油大学硕士学位论文，2021.

[12] 熊桑 . 对外汉语文化微课程的设计研究——以《中国结》为例 . 暨南大学硕士学位论文，2015.

[13] 杨咪 . 汉语国际教学中“文房四宝”的微课设计与应用 . 西安石油大学硕士学位论文，2019.

[14] 张璟 . 汉语国际教育文化微课的设计与应用——以《中国神话系列文化微课》为例 . 兰州大学硕士学位论文，2021.

[15] 中华人民共和国教育部 . 教师数字素养 . JY/T 0646-2022.

[16] 周子怡 . 小学语文中华优秀传统文化微课程开发与实施研究 . 杭州师范大学硕士学位论文，2019.

# 海外华文阅读教学的现状、困境与出路：基于智能时代的反思

王萌哲　汪晓凤*

## 一、引言

语文教学最离不开的一个核心就是华文阅读。华文阅读是华文教育重要的基础活动，也是听说读写的重要技能之一。提高海外中文学习者的阅读能力，是促进中华文化走向世界的重要渠道，也是增强海外中文学习者文化认同感的重要手段和方式。

为了能更好地提高海外华文学习者的中文阅读兴趣，我国政府也进行了诸如“全球华语朗诵大赛”“中文图书展”“中华文化知识竞赛”等一系列的中文阅读推广活动，并提出要大力提升中文国际地位和影响力，推动中华经典诵读海外传播，打造交流品

* 王萌哲，华侨大学华文学院硕士研究生；汪晓凤，华侨大学华文教育研究院博士研究生，研究方向为技术促进语言学习、面向信息化的教师专业学习、教学资源的设计与开发。

牌。[①]因此，提高海外中文学习者的中文阅读能力，促进中文阅读活动的推广是国家战略的实际要求，也是推动中华文化传播、促进中华文化传承和发展的实践途径。

如今，随着信息技术的发展，智慧教育已成为教育信息化发展的引领者和创新者。在市场经济和教育需求的驱动下，智慧阅读、智慧教学、智慧学习等新型教学理念和模式也正在快速融入华文教育领域。海外中文阅读教学现状的实际调查数据表明，目前海外中文阅读教学还存在很多的问题，故本文在阅读理论、信息技术与课程整合、第二语言习得理论的基础上，通过分析华文阅读教学的现状，探索智慧华文阅读教学平台设计，以便以更加智能化、数字化和开放化的教学方式来提高华文学习者的华文阅读能力。

## 二、海外华文阅读教学模式

国际中文教学模式的发展是国际中文阅读教学模式发展变化的一个直观表现。20 世纪 50 年代，“语文分开”和“语文并进”是国际中文教学的两种模式。这两种模式是就口语教学和书面语教学提出的。“语文分开”教学模式将书面语教学分为识字、阅读和写作三个部分，并认为字的结构和用法是教学的第一阶段，字的用法和阅读是教学的第二阶段；阅读和写作是教学的第三阶段。而“语文并进”教学模式则是“语”和“写”同步，也就是我们所说的随文识字，识和写同步。由于当时“语文分开”的教

① 参见《国务院办公厅关于全面加强新时代语言文字工作的意见》(国办发〔2020〕30 号)。

学实验结果并不理想，所以“语文并进”成为了当时的主要流行模式。

直到20世纪七八十年代，为了弥补综合教学的不足，国际中文教学模式又出现了综合课+小四门的教学模式。20世纪80年代中期后，为了适应新形势的要求，鲁健骥提出了“分技能教学模式”。随着教学实践的发展，分技能教学模式又衍生分化出了其他形式。因此，分技能教学模式包含广义的分技能教学模式和狭义的分技能教学模式。广义的分技能模式是指以鲁健骥为代表的教学模式称为“综合＋分技能模式”，即口笔语综合课＋听力课＋汉字读写（阅读）课；狭义的分技能模式是以李更新、李德津为代表的教学模式，即听力课＋说话课＋读写课。据相关调查显示，目前，在全国各高校主要流行的分技能教学模式仍是以鲁健骥为代表的“综合+分技能教学模式”。在这一教学模式下，国际中文阅读教学模式遵循的是“读写一体化”的教学理念。

目前，国际中文阅读教学模式主要有任务型教学模式和翻转课堂模式。

### （一）任务型教学模式

任务式教学模式最早源于马箭飞构想的以“交际任务”为基础的汉语短期教学模式。后来，这一教学模式被逐渐沿用到了国际中文阅读教学之一分支领域。如王尚臻（2006）结合任务型教学模式的研究，首次利用实验研究的方法论证了任务型对外汉语阅读教学模式有利于提高学生的阅读兴趣，提高对外汉语阅读教学的课堂效率。姚敏（2010）则是基于泛读课堂教学的公式化、大众化和应式化的现状，力图通过设计“任务链”来达到提高学生语言交际能力的目的。刘东青（2020）则是从学习方式、学习内容、考核办法、教师角色等方面对任务型教学模式在零课时对外汉语阅读课中进行了可行性分析。

### （二）翻转课堂教学模式

翻转课堂是一种颠倒传统课堂教学结构，以信息化教学资源为学习环境，关注学生深层次认知能力发展，注重学生与学生之间自主探究、自主合作的新型教学模式。在汉语阅读领域中，这一教学模式多侧重于实践性研究。如张思思（2018）分析了翻转课堂运用到汉语阅读教学的可行性，利用翻转课堂模式下的教学设计案例验证了翻转课堂模式对对外汉语阅读教学具有积极作用。王磊（2016）构想设计了基于翻转课堂理念的初级对外汉语阅读教学模式。李智涛，林冬梅（2020）则是运用定量、定性和实验相结合的研究方法验证了翻转课堂模式下的汉语阅读教学模式可以激发学生的阅读兴趣和提高自主阅读能力。

综上所述，国际中文阅读教学模式大致可以分为以下三类：一是综合教学模式下的听说读写并行式；二是分技能教学模式下的读写并行式；三是综合教学模式＋小四门教学模式下的阅读式。这些中文阅读教学模式为中文阅读教学的发展提供了基本方向。而侧重教学法的任务型教学模式和翻转课堂教学模式则也体现出了以学生为主体，以互联网为特征的新型教学模式的发展。未来，大数据、人工智能、AR 等技术将会为中文阅读教学模式注入新的活力。

## 三、海外华文阅读教学现状调研

### （一）问卷调查概况

1. 问卷调查对象的基本情况

海外华文阅读教学现状的调查对象以海外华文教师为主，其平均教龄为 8.6 年。在进行调查的过程中，发现教师任教的学校开设华文阅读大多是自小学低阶段就已开始。这在一定程度上反映了海外学校对华文阅读的重视程度。为了更进一步准确地了解海外华文阅读教学现状，我们又对教师所教授的年级段进行了进一步的调查确认。这些教师目前所教授的年级段不等，且有一人教多年级华文阅读的情况，但整体上都是以小学阶段为主。

2. 问卷调查的设计与发放

为了方便海外华文教师填写问卷，此次的调查问卷采用简繁两种版本，共 2 份。这两种版本的问卷内容一致，题目以单选题和多选题为主。

此次问卷调查的题目有 32 题，共调查了三大方面的问题：基本信息类；华文阅读课堂教学情况；华文阅读教学的课外阅读情况。此问卷的第一大方面主要是基本信息类，共 8 题，包括华文教师的身份类别、所在国家、任教国家、教龄、任教学校情况等；第二大方面主要是调查华文课堂阅读现状，共 12 题（其跳转题有 4 题），包括华文课堂阅读形式、华文课堂阅读理念、华文课堂阅读重难点、华文课堂阅读拓展和华文课堂阅读方法等。第三大方面主要是课外阅读情况，共 12 题（其跳转题有 6 题），包括学校图书馆藏情况、课外阅读读物的推荐、学生课外自主阅读的问题和阅读活动的开展等。

本次问卷发放时间为 2022 年 5 月 30 日，回收时间为 2022

年7月11日，主要是通过微信发放，将问卷链接发放给以西班牙、意大利和英国等为主的海外华文教师。本次问卷共调查了全日制、半日制、周末制和课后制四种学校类型。而本文仅对有效问卷中的94份周末制学校的华文阅读情况进行统计分析。

### （二）问卷结果分析

1. 海外华文教师的课堂教学形式

表1　海外华文教师的课堂教学形式

| 题目 | 选项 | 人数 | 百分比（%） |
|---|---|---|---|
| 您目前的上课形式是什么？ | A. 线上 | 19 | 20.21 |
| | B. 线下 | 37 | 39.36 |
| | C. 线上＋线下 | 38 | 40.43 |
| 您目前所使用的教学平台有哪些？ | A. 视频会议平台 | 85 | 90.43 |
| | B. 教师专属平台 | 0 | 0 |
| | C. 交互平台 | 9 | 9.57 |
| | D. 其他 | 6 | 6.38 |
| 您目前的在线教学形式是什么？ | A. 以“教师为中心”的教学模式 | 36 | 38.3 |
| | B. 以“教师主导—学生主体”的翻转课堂模式 | 47 | 50 |
| | C. 以“学生为中心”的自主学习模式 | 8 | 8.51 |
| | D. 其他 | 3 | 3.19 |

通过分析问卷调查结果，发现目前海外的上课形式已基本恢复线下教学，但线上教学也有在继续进行。大多数海外华文教师

更偏向将线上和线下相结合的教学形式。海外华文教师所使用的教学平台多为ZOOM、Goolemeet和腾讯会议等视频会议平台。当然，部分教师也会使用交互通讯平台来辅助完成教学内容。如Skype、Twitter和Facebook等。就教学形式而言，大多数海外华文教师会选择“以教师为主导—学生为主体的翻转课堂模式”。

2. 海外华文课堂阅读教学的认识

（1）华文阅读教学理念

**表2　华文阅读教学理念**

| 选项 | 人数 | 百分比（%） |
| --- | --- | --- |
| A. 阅读自成一体 | 5 | 5.32 |
| B. 读写一体 | 6 | 6.38 |
| C. 识字、阅读、写作三位一体 | 46 | 48.94 |
| D. 听说读写并行 | 35 | 37.23 |
| E. 其他 | 2 | 2.13 |

表2反映的是海外华文教师对华文阅读教学的认识。48.94%的海外华文教师认可识字、阅读、写作的教学理念。37.23%的华文教师认为华文阅读教学应遵循听说读写并行的理念。6.38%的华文教师认为华文阅读教学应该是把阅读和写作紧密联系起来，也有5.32%的华文教师认为阅读自成一体。

（2）华文阅读教学重难点

华文阅读教学理念的不同所体现出的华文课堂阅读的重难点自然也是不同的。首先，78.72%的华文教师认为学生能够识读课文中的字、词、句是华文课堂阅读教学的重点。这反映出大部分的海外华文教师认为华文课堂阅读的重要目标是要让学生掌握知识性的内容。其次，71.28% 的华文教师认为学生能够把自己的阅读感悟进行口头和书面表达是华文课堂阅读的重点。再次，65.96% 和 64.89% 的华文教师分别认为学生能够在解决字词障碍的基础上理解文篇的表面意义、感知作者所要表达的主要思想和意图也是华文课堂阅读的重点。相对而言，处于阅读审美层次的教学目标并不是海外华文教师认为的重点。整体来看，阅读认知层次和阅读迁移应用层次是华文课堂阅读教学的重点。

**表 3　华文阅读教学的重点**

| 选项 | 人数 | 百分比 |
|---|---|---|
| A. 学生能够识读课文中的字、词、句 | 74 | 78.72% |
| B. 学生能够在解决字词障碍基础上可以理解文篇的表面意义 | 62 | 65.96% |
| C. 学生能够厘清和感知文章的结构脉络 | 44 | 46.81% |
| D. 学生能够感知作者所要表达的主要思想和意图 | 61 | 64.89% |
| E. 学生能够对文篇中运用精妙的字、词、句段进行欣赏和评价 | 48 | 51.06% |
| F. 学生能够感受字里行间、文字背后所蕴含的深层意义，言外之意 | 46 | 48.94% |
| G. 学生能够有由文及物所获得的反思和体悟 | 37 | 39.36% |
| H. 学生能够学习并体会作者的写作手法和语言风格等 | 30 | 31.91% |
| I. 学生能够将阅读策略和经验迁移到相关文章的阅读中 | 29 | 30.85% |
| J. 学生能够对阅读感悟进行口头或书面表达 | 67 | 71.28% |
| K. 其他 | 2 | 2.13% |

海外华文阅读教学的难点集中在阅读审美层次上，而不是阅

读认知层次和迁移应用层次。51.06% 的华文教师认为学生不能够感受课文的深层意义、言外之意和，47.87% 的华文教师认为学生识读字词句的能力弱，这两点是华文课堂阅读教学的难点。此外，也有 40.43% 的华文教师认为找不到合适的阅读资源是华文课堂的阅读难点。具体情况如表 4 所示。

**表 4　华文阅读教学的难点**

| 选项 | 人数 | 百分比（%） |
| --- | --- | --- |
| A. 学生的识读字、词、句的能力较弱 | 45 | 47.87 |
| B. 学生不能够在解决字词障碍基础上理解文篇的表面意义 | 28 | 29.79 |
| C. 学生不能够厘清和感知文章的结构脉络 | 26 | 27.66 |
| D. 学生不能够较好地感知作者所要表达的主要思想和意图 | 31 | 32.98 |
| E. 学生不能够对文篇中运用精妙的字、词、句段进行欣赏和评价 | 38 | 40.43 |
| F. 学生不能够较好地感受字里行间、文字背后所蕴含的深层意义，言外之意 | 48 | 51.06 |
| G. 学生不能够进行由文及物所获得的反思和体悟 | 28 | 29.79 |
| H. 学生体会不到作者的写作手法和语言风格等 | 32 | 34.04 |
| I. 学生不能将阅读策略和经验迁移到相关文章的阅读中 | 27 | 28.72 |
| J. 学生不能将阅读感悟进行口头或书面表达 | 26 | 27.66 |
| K. 找不到合适的阅读资源 | 38 | 40.43 |
| L. 其他 | 1 | 1.06 |

### （3）华文阅读训练方法

**表 5　华文阅读训练方法**

| 选项 | 人数 | 百分比 |
|---|---|---|
| A. 略读，了解文章大意的阅读方法 | 17 | 18.09% |
| B. 跳读 / 查读，快速直找有用信息的阅读方法 | 7 | 7.45% |
| C. 泛读 / 消遣性阅读，轻松地综合性阅读方法 | 26 | 27.66% |
| D. 精读，精确理解细节，字斟句酌的阅读方法 | 44 | 46.81% |

掌握良好的华文阅读方法和策略是学生理解课文的重要途径之一。表 5 反映的是海外华文教师在华文课堂上常采用的阅读训练方法。通过此表可知，大多数海外华文教师会选择用精读的方法来训练学生的阅读能力，较少选择采用跳读的方式来训练学生的阅读能力。这在一定程度上反映出海外华文教师是比较重视学生的华文深度阅读能力的。

3. 海外华文阅读的课堂资源拓展

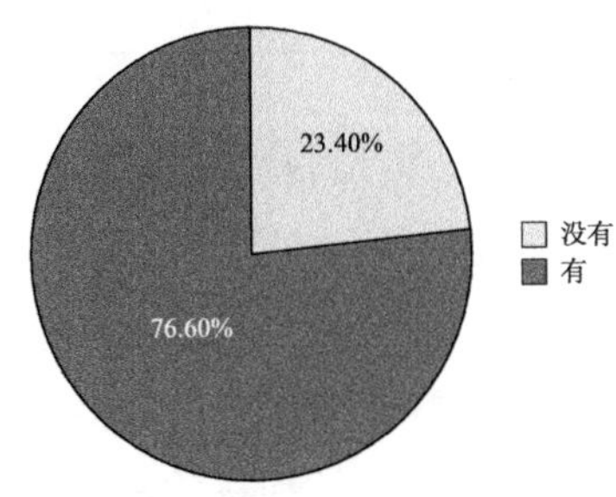


**图 1　教师有无在课堂教学中拓展阅读资源**

表 6　课堂拓展阅读资源内容类型

| 选项 | 人数 | 百分比（%） |
|---|---|---|
| A. 历史地理类 | 26 | 36.11 |
| B. 国学经典类 | 30 | 41.67 |
| C. 科学常识类 | 19 | 26.39 |
| D. 散文小说类 | 20 | 27.78 |
| E. 新闻资讯类 | 9 | 12.5 |
| F. 儿歌童谣类 | 36 | 50 |
| G. 诗词歌赋类 | 26 | 36.11 |
| H. 神话传说类 | 30 | 41.67 |
| I. 人物传记类 | 25 | 34.72 |
| J. 童话寓言类 | 42 | 58.33 |
| K. 成语故事类 | 47 | 65.28 |
| L. 文化常识类 | 38 | 52.78 |
| M. 绕口令顺口溜类 | 22 | 30.56 |
| N. 其他 | 4 | 5.56 |

76.60% 的华文教师表示自己在课堂教学中有给学生拓展阅读资源，但也有 23.40% 的华文教师表示自己在课堂教学中没有给学生拓展阅读资源。大多数华文教师会把成语故事类、童话寓言类、文化常识类、儿歌童谣类及国学经典类当作华文课堂阅读拓展资源内容。而新闻资讯类和科学常识类的阅读资源内容是较少被华文教师所关注。这说明中国传统的语言文化类阅读资源更受海外华文教师的关注。

**表 7　选择拓展阅读内容的考虑因素**

| 选项 | 人数 | 百分比（%） |
|---|---|---|
| A. 阅读篇目的长度 | 48 | 66.67 |
| B. 阅读篇目中字词的难度 | 52 | 72.22 |
| C. 阅读篇目与授课内容的相关性 | 37 | 51.39 |
| D. 阅读篇目的趣味性 | 59 | 81.94 |
| E. 阅读篇目的版权问题 | 1 | 1.39 |
| F. 阅读篇目的教育意义 | 29 | 40.28 |
| G. 阅读篇目的政治取向 | 4 | 5.56 |
| H. 阅读篇目的双语翻译 | 11 | 15.28 |
| I. 其他 | 2 | 2.78 |

表 7 是海外华文教师在选择拓展课堂阅读内容的考虑因素。81.94% 的华文教师会考虑阅读篇目的趣味性；72.22% 的华文教师会考虑阅读篇目中的字词难度；66.67% 的华文教师会考虑阅读篇目的长度；51.39% 的华文教师会考虑阅读篇目与授课内容的相关性；40.28% 的华文教师会考虑阅读篇目的教育意义；15.28% 的华文教师会考虑阅读篇目的双语翻译；5.56% 的华文教师会考虑阅读篇目的政治取向。仅有 1.39% 的华文教师会考虑阅读篇目的版权问题。这可以反映出阅读篇目的趣味性、字词的难度和长度是华文教师选择华文阅读资源优先考虑的三大因素。

表 8　获取华文阅读资源的渠道

| 选项 | 人数 | 百分比（%） |
| --- | --- | --- |
| A. 专门的华文教学资源网站（中国华文教育网、中文联盟、网络孔子学院等） | 38 | 52.78 |
| B. 搜索引擎网站（百度、谷歌、必应等） | 52 | 72.22 |
| C. 培训会、讲座等 | 9 | 12.5 |
| D. 学校图书馆或图书室 | 22 | 30.56 |
| E. 网络论坛、博客、知乎等平台 | 6 | 8.33 |
| F.Twitter、Facebook、微信公众号等社交平台 | 9 | 12.5 |
| G. 其他 | 7 | 9.72 |

表 8 是华文教师在华文课堂阅读教学过程中获取阅读资源的情况。72.22% 的华文教师会利用搜索引擎网站来获取华文阅读资源；52.78% 的华文教师会通过专门的华文教学资源网站来获取华文阅读资源；30.56% 的华文教师会选择学校的图书馆或图书室来获取华文阅读资源；12.5% 的华文教师会通过社交平台来获取华文阅读资源；8.33% 的华文教师会通过论坛、知乎和博客等获取华文阅读资源。从这些数据结果中，我们可以看出大多数海外华文教师获取华文阅读资源平台丰富多样，但是并没有专门的、针对性的华文阅读教学平台或华文阅读平台来为华文教师提供华文阅读资源。即使是在 9.72% 的“其他”选项中，华文教师获取资源的渠道也多是家中藏书、自行购买、视频网站或资讯网站。因此，设计构建智能华文阅读教学平台，为海外华文教师提供丰富的华文阅读资源也是海外华文阅读教学的一大需求。

### 4. 海外华文阅读的课堂评价方式

**表 9　华文阅读课堂评价方式**

| 选项 | 人数 | 比例（%） |
| --- | --- | --- |
| A. 随堂测验 | 38 | 40.43 |
| B. 朗读并背诵阅读材料 | 52 | 55.32 |
| C. 课本剧表演 | 34 | 36.17 |
| D. 写读后感 | 30 | 31.91 |
| E. 课堂提问 | 62 | 65.96 |
| F. 查阅课堂笔记 | 9 | 9.57 |
| G. 阅读分享大会 | 21 | 22.34 |
| H. 其他 | 3 | 3.19 |

表 9 反映的是海外华文教师对学生课堂阅读情况的评价方式。65.96% 的华文教师会通过课堂提问来评价学生的课堂阅读情况；55.32% 的华文教师会通过朗诵并背诵阅读材料来评价学生的阅读情况；40.43% 的华文教师会采取随堂测验的措施来评价学生的阅读情况；36.17% 的华文教师会通过课本剧表演来评价学生的阅读情况；31.91% 的华文教师会通过让学生写读后感来评价学生的阅读情况；22.34% 的华文教师会选择通过阅读分享大会来评价学生的阅读情况；9.57% 的华文教师会选择检查学生的课堂笔记来评价学生的课堂阅读学习情况。由此可见，华文教师在评价学生的课堂阅读情况的方式仍然以课堂提问和朗读、背诵阅读材料为主，而缺乏让学生进行阅读迁移应用层次的阅读训练，如课堂笔记、阅读分析大会和写读后感等。

5. 海外华文教师的课外阅读指导

（1）华文教师任教学校的中文藏书情况

由调查数据可知，海外华文教师所任教学校的中文藏书量并不丰富。67.02% 的华文教师表示自己所任教的学校并没有适合学生课外阅读的中文图书，仅有 32.98% 的华文教师表示自己所任教的学校有适合学生课外阅读的中文图书。在仅有 32.98% 的华文教师中，有 21 位华文教师表示任教学校有适合学生阅读华文图书量在 500 册以下；有 7 位华文教师表示任教学校适合学生阅读的华文图书量是在 500—1000 册以内。只有 3 位华文教师表示任教学校适合学生阅读的华文图书量在 1000—10000 册之间。这些调查数据，进一步说明了海外华文学校的华文图书资源是非常短缺的。具体情况如图 2 和表 10 所示。

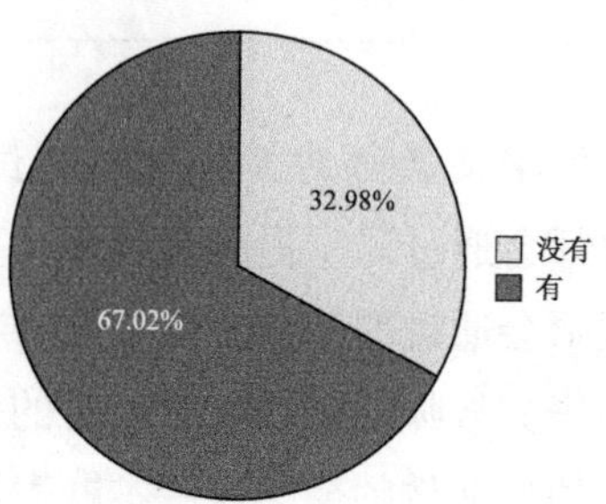


图 2　学校有无适合学生阅读的课外图书

表 10　学校有适合学生课外阅读的中文图书量

| 选项 | 人数 | 百分比（%） |
| --- | --- | --- |
| A. 500 册以下 | 21 | 67.74 |
| B. 500—1000 册 | 7 | 22.58 |

续表

| 选项 | 人数 | 百分比（%） |
| --- | --- | --- |
| C. 1000—10000 册 | 3 | 9.68 |
| D. 10000 册以上 | 0 | 0 |

（2）华文教师指导学生课外阅读的情况

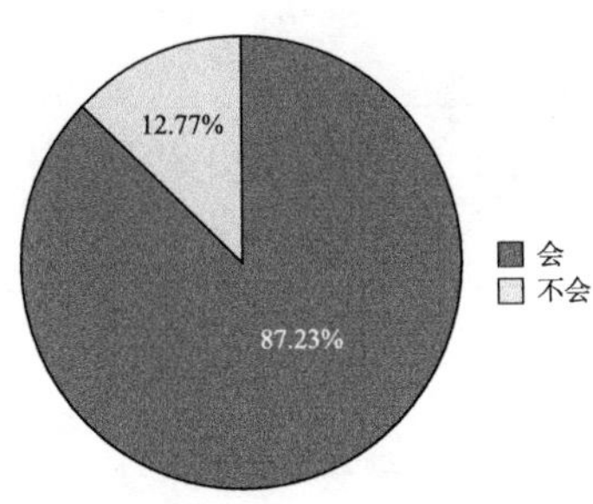


**图 3　华文教师有无要求学生课外华文阅读**

87.23% 的海外华文教师会要求学生进行课外华文阅读，但也有 12.77% 的海外华文教师并不要求学生进行课外华文阅读。87.23% 的海外华文教师在进行课外华文读物类型的推荐时，他们会更加注重中国传统文化类的读物推荐。64.63% 的华文教师会推荐学生阅读成语故事类的华文读物；57.32% 的华文教师会推荐学生阅读童话寓言类的华文读物；54.88% 的华文教师会推荐学生阅读文化常识类的华文读物。这说明无论是课内还是课外，中国传统语言文化类的读物是学生阅读的重点书目。

表 11　华文教师推荐的课外读物类型

| 选项 | 人数 | 百分比（%） |
| --- | --- | --- |
| A. 历史地理类 | 31 | 37.8 |
| B. 国学经典类 | 27 | 32.93 |
| C. 科学常识类 | 27 | 32.93 |
| D. 散文小说类 | 23 | 28.05 |
| E. 新闻资讯类 | 7 | 8.54 |
| F. 儿歌童谣类 | 37 | 45.12 |
| G. 诗词歌赋类 | 28 | 34.15 |
| H. 神话传说类 | 29 | 35.37 |
| I. 人物传记类 | 29 | 35.37 |
| J. 童话寓言类 | 47 | 57.32 |
| K. 成语故事类 | 53 | 64.63 |
| L. 文化常识类 | 45 | 54.88 |
| M. 绕口令顺口溜类 | 25 | 30.49 |
| N. 其他 | 1 | 1.22 |

在推荐课外华文读物时，华文教师会根据学生的自身条件和外部环境来考虑给学生推荐哪些具体的书目。华文读物的趣味性、字词难度和篇目长度是海外华文教师选择华文读物优先考虑的三大因素。就其三者的关系而言，华文读物的趣味性是吸引学生能够进行华文阅读的前提，而华文读物中字词的难度和篇目长度是学生能够进行华文阅读的关键条件。因此，华文课外读物的趣味性、字词难度和篇目的长度是华文读物编写的方向，也是技

术促进华文读物改进与更新的着力点。

**表 12　推荐课外华文读物的考虑因素**

| 选项 | 人数 | 百分比（%） |
|---|---|---|
| A. 读物的篇目长度 | 49 | 59.76 |
| B. 读物中字词的难度 | 62 | 75.61 |
| C. 读物的趣味性 | 78 | 95.12 |
| D. 读物的教育意义 | 37 | 45.12 |
| E. 读物的政治取向 | 5 | 6.1 |
| F. 读物是否配有双语翻译 | 9 | 10.98 |
| G. 其他 | 2 | 2.44 |

**表 13　学生在自主阅读过程中出现的问题**

| 选项 | 人数 | 百分比（%） |
|---|---|---|
| A. 中文字词量不足 | 75 | 79.79 |
| B. 背景文化知识欠缺 | 71 | 75.53 |
| C. 语法句型不理解 | 32 | 34.04 |
| D. 阅读兴趣不高 | 61 | 64.89 |
| E. 缺少监督与引导 | 37 | 39.36 |
| F. 阅读结构不明晰 | 13 | 13.83 |
| G. 课余阅读时间不足 | 38 | 40.43 |
| H. 阅读方法没有掌握 | 22 | 23.4 |
| I. 阅读材料过难或过易 | 22 | 23.4 |
| J. 其他 | 1 | 1.06 |

表 13 反映的是学生在自主阅读过程中会出现的问题。在这些问题中，学生的中文字词量不足、背景文化知识欠缺和阅读兴趣不高等自身因素是影响学生自主阅读的重要因素。学生自主阅读的课余时间不足、缺少监督引导和阅读材料过难或过易等外部环境是次要因素。

6. 华文阅读活动的开展情况

**表 14　华文阅读活动的开展和参与对象情况**

| 题目 | 选项 | 人数 | 百分比（%） |
|---|---|---|---|
| 您平时会开展华文阅读活动吗？ | A. 会 | 65 | 69.15 |
| | B. 不会 | 29 | 30.85 |
| 您开展的华文阅读活动的主要参与对象有哪些？ | A. 学生 | 64 | 98.46 |
| | B. 教师 | 8 | 12.31 |
| | C. 家长 | 13 | 20 |
| | D. 其他 | 1 | 1.54 |

华文阅读活动是提高学生华文阅读兴趣的主要方式之一。69.15% 的华文教师在平时会组织华文阅读活动，30.85% 的华文教师在平时不会组织华文阅读活动。98.46% 的华文教师组织的华文阅读活动主要面向学生，教师和家长是较少参与其中的。这直观地反映了海外周末制学校与家长之间的联系并不紧密，家校联合意识也并不强烈。

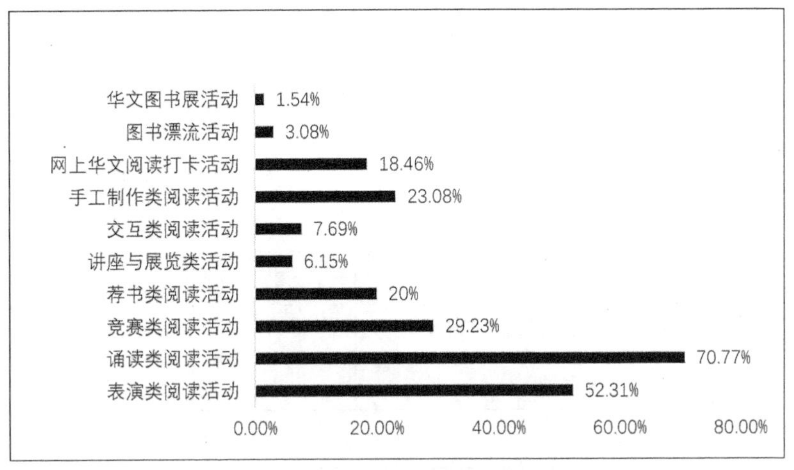


**图 4　开展的华文阅读活动类型**

根据图 4 可知，海外华文教师主要开展的华文阅读活动类型有诵读类阅读活动、表演类阅读活动和竞赛类阅读活动。而荐书类活动、交互类阅读活动和手工制作类阅读活动等相对较少。在开展这些华文阅读活动过程中，也会出现多种影响因素。根据表 15 的数据结果，“适合海外华校的阅读书目较少”是海外华文教师开展华文阅读活动最大的困难。这与前面的数据结果相一致，再次说明海外华校的华文图书量是非常匮乏的。从活动的参与主体来看，学生参与的积极性不高也是开展华文阅读活动的主要困难之一。从开展活动的外部环境来看，时间不好统一、家长的支持配合和没有好的阅读活动创意是阻碍华文教师顺利开展华文阅读活动的重要影响因素。

表 15　开展华文阅读活动的困难

| 选项 | 人数 | 百分比（%） |
| --- | --- | --- |
| A. 时间不好统一 | 29 | 44.62% |
| B. 家长的支持和配合度不高 | 28 | 43.08% |
| C. 学生参与的积极性不高 | 38 | 58.46% |
| D. 没有好的阅读活动创意 | 25 | 38.46% |
| E. 适合海外华校的阅读书目较少 | 41 | 63.08% |
| F. 其他 | 1 | 1.54% |

表 16　华文教师希望开展的华文阅读活动

| 选项 | 人数 | 百分比（%） |
| --- | --- | --- |
| A. 表演类阅读活动（朗诵、绘本剧、广播剧等） | 55 | 58.51 |
| B. 诵读类活动（讲故事、集体诵读等） | 64 | 68.09 |
| C. 竞赛类阅读活动（知识竞赛、作文比赛等） | 25 | 26.6 |
| D. 荐书类活动（优秀读物推荐、新书推荐等） | 39 | 41.49 |
| E. 讲座与展览类活动（讲座、书展等） | 17 | 18.09 |
| F. 交互类阅读活动（读书分享会、作者见面会等） | 19 | 20.21 |
| G. 手工制作类阅读活动（剪纸、种养、烹饪等） | 28 | 29.79 |
| H. 网上华文阅读打卡活动 | 22 | 23.4 |
| I. 图书漂流活动 | 8 | 8.51 |
| J. 华文图书展活动 | 12 | 12.77 |
| K. 其他 | 2 | 2.13 |

不同类型的阅读活动所侧重培养的阅读能力也是不同的。海外华文教师认为诵读类阅读活动、表演类阅读活动、荐书类阅读活动和手工制作类阅读活动对提高学生的华文阅读能力是更有帮助的。与图 2 的数据结果相比，荐书类阅读活动和手工制作类阅读活动是海外华文教师希望开展但未能开展的阅读活动。

提高学生的华文阅读水平是华文阅读课内外活动的出发点和落脚点。华文教师希望学生通过华文阅读可以增加字词量、提高对华文阅读的兴趣和丰富中国文化知识，增强文化认同感。具体情况如下表所示。

**表 17　华文教师希望学生通过华文阅读可以收获的内容**

| 题目 | 选项 | 排序得分 |
| --- | --- | --- |
| 无论是课内还是课外，您希望学生通过华文阅读可以收获什么？ | A. 增加字词量 | 4.6 |
| | B. 提高对华文阅读的兴趣 | 4.1 |
| | C. 能够丰富中国文化知识，增强文化认同感 | 3.85 |
| | E. 能够提高华文写作能力 | 2.05 |
| | D. 能够学会并应用华文阅读方法 | 1.81 |

### （三）问卷数据特征分析

通过以上数据分析可知，目前海外华文阅读教学存在的主要问题包括以下几个方面：

1. 海外华文学习者字词量不足，缺乏阅读兴趣和动力

认读字词是阅读的前提和基础。在阅读中识字，在识字中阅读是互为促进的关系。在实际的教学经验和学习过程中，大量的数据、实例也证明了华文阅读的确可以给学生提供丰富的字、词

量。反之，丰富的字、词量又可以很好地促进学生的华文阅读能力，进而增强学生的文化认同感。因此，无论是华文教材、华文读物的编写，还是数字华文阅读资源的开发设计，都应注重华文字、词的难度等级、学习方式和呈现效果。这样，才能更好地扩大学生的字、词量，激发学生的华文阅读兴趣，提高学生的华文阅读能力。在上一节的数据分析中，我们可以了解到，海外华文教师认为华文课堂阅读的首要任务就是教学生识读课文中的字词。学生字词能力的不足是影响海外华文学习者进行华文阅读的关键因素。此外，从前文推荐华文读物考虑因素的图表中，可以看到阅读篇目的趣味性是海外华文教师考虑的第一要素。因此，提高华文学习者的阅读兴趣、增强华文学习者的字词识读能力是当下人工智能技术赋能华文阅读的发展方向。

2. 缺乏体系性、针对性的海外华文阅读资源

华文课外读物是海外华文学习者进行华文阅读的重要凭借，也是影响海外华文阅读教学的重要因素。根据调查数据结果，我们可以知道仅有 32.98% 的华文教师所任教学校的图书馆中有适合学生阅读的图书资源，且所任教学校的藏书量集中在 500 册以下，而超过 500 册以上的藏书量寥寥无几。与此同时，缺少华文课外阅读资源更是成为了阻碍学校教师开展华文阅读活动的第一困难因素。此外，学生的课外阅读资源大多也是通过自己家购买和下载电子书而获得的。这些数据结果表明，华文课外读物在数量上不能为学生进行华文课外阅读提供良好的保障，尤其是学校的图书馆并未能给学生提供充足的阅读文本资源。因此，提供丰富的华文阅读资源，加强华文阅读资源的体系性和针对性是提高海外华文阅读教学质量的迫切需求。

### 3. 华文阅读活动的参与主体单一，家校联合意识薄弱

家庭和华文学校是华文学习者进行学习和生活的主要场所。父母和华文教师也是教育和培养华文学习者的两大主要群体。只有把学校和家庭相结合，才能更好地促进华文学习者的成长和发展。这不仅是教育现代化管理的要求之一，也是提高华文学习者阅读能力的要求之一。但在实际的华文阅读教学中，家校联合意识并不十分强烈。在对教师组织华文阅读活动的情况进行调查时，发现华文教师组织的华文阅读活动的主要参与对象是学生，而家长和教师是较少参与的，且有 43.08% 的华文教师认为家长的支持和配合度不高是开展华文阅读活动的困难之一。

实际上，华文阅读活动作为华文阅读教学的重要组成部分是增强家校联合意识的重要渠道，也是促进家校联合合作的有效途径。开展家校联合的华文阅读活动，可以弥补学校教育或家庭教育单方面的不足，激发学生的参与热情，提高学生的华文阅读兴趣。

## 四、海外华文阅读教学的出路：基于智能时代的思考

在人工智能高速扩展的今天，智能华文阅读已然成为了教育学、心理学和计算机学等多领域多学科的综合性研究。如何利用一个智能化、专业化和系统化的华文阅读教学平台来激发海外华文学习者的阅读兴趣，提高海外华文学习者的阅读能力是实现海外华文阅读教学现代化的一个重要方式，也是顺应时代发展的必然要求。以下是构建海外智能华文阅读教学平台的几点思考：

### （一）海外智能华文阅读教学平台的指导理念

基于海外华文阅读教学现状的调查数据，海外华文学习者的字词量不足是阻碍其华文阅读能力提升的重要因素。识字是阅读、写作的基础，阅读是发展识字、写作的必要手段，写作是识字、阅读的直接目的，三者是相互促进的关系。在海外华文阅读教学中，将识字、阅读和写作三者融合可以更好地促进海外华文学习者的华文阅读能力。如今，大数据、自然语言理解和机器学习等先进技术的发展为实现海外智能华文阅读教学理念——识字、阅读、写作三位一体提供了可能。

### （二）海外智能华文阅读教学平台的模块功能

1. 师生共读

顾名思义，师生共读就是教师和学生共读一本书。分组探究阅读是这一模块的核心。此模块利用用户画像、区块链和大数据等相关技术可以实现教师和学生的阅读互动、阅读分享和阅读交流等功能。此外，教师可以在此模块中实时跟进学生的阅读状态，及时了解学生的阅读问题，推进学生的阅读学习。这一模块为华文教师和学生提供了丰富的华文阅读资源，也为华文教师和学生提供了一个校外交流讨论的平台。

2. 经典畅读

中华经典阅读作品可以分为两类：一类是传统文化经典，一类是文学经典。这两类经典阅读作品是海外华文教师推荐华文读物的主要类型。经典畅读模块侧重于学生的自主阅读。经典畅读模块将为学生的华文阅读辅助学习提供一站式智能化服务，打造伴读式成长体验，在人工智能技术深化的基础上实现“阅读能力测评—阅读文本推送—阅读实时追踪—阅读效果测评—阅读数据报告”过程的智能化阅读服务，从而构建出适合海外华文学习者的智能华文阅读教学平台。

### （三）海外智能华文阅读教学平台的读物资源

华文读物是海外华文学习者学习华文的重要凭借，也是影响海外华文阅读教学的重要因素。为了培养华文学习者的阅读兴趣，提高海外华文学习者的阅读能力，我们理应开发出集趣味性、实用性、交互性和开放性于一体的智能化华文数字读物。生成智能化华文数字读物须改变传统数字化教材的设计理念，应充分发挥知识图谱在华文读物中的利用价值，促进读物知识点的开放融通，优化华文学习者的知识结构。

## 五、结语

总之，打造海外智能华文阅读教学平台是解决海外华文阅读教学困难的有效方式。结合海外华文阅读教学现状，运用深度学习、大数据和知识图谱等前沿技术，开发智能化数字华文读物，促进家校联合教育，构建真正有助于提高海外华文学习者华文阅读能力的智能华文阅读教学平台将有利于解决华文阅读教学的实际性问题，也将有利于促进华文教育的现代化发展。

## 参考文献

[1] 郭苇，张文彦，张凯，周建设 . 华文阅读现状与能力提升建议——以马来西亚美里培民中学和中国首都师范大学附属中学对比分析为例 . 内蒙古师范大学学报（教育科学版），2019（6）.

[2] 黄荣怀，陈丽，田阳，陆晓静，郑勤华，曾海军 . 互联网教育智能技术

的发展方向与研发路径．电化教育研究，2020（1）．
[3] 马宁，余胜泉．信息技术与课程整合的层次．中国电化教育，2002（1）．
[4] 孙瑞，孟瑞森，文萱．"翻转课堂"教学模式在对外汉语教学中的应用．语言教学与研究，2015（3）．
[5] 王天平，闫君子．人工智能时代的知识教学变革．湖南师范大学教育科学学报，2021（1）．
[6] 吴娟，刘旭，王金荣．基于学习元平台的师生共读模型的构建与实践．中国电化教育，2014（7）．
[7] 吴勇毅．汉语作为第二语言 / 外语教学模式的演变与发展．华东师范大学学报（哲学社会科学版），2009（2）．
[8] 肖君，乔惠，李雪娇．大数据环境下在线学习者画像的构建．开放教育研究，2019（4）．
[9] 杨肖．来华留学生课外汉语阅读调查研究．云南师范大学学报（对外汉语教学与研究版），2016（6）．
[10] 杨永芳．四所海外中文学校学生课外阅读需求调查研究，广州：暨南大学硕士学位论文，2020.
[11] 袁华莉，余胜泉．网络环境下语文深度阅读教学研究，《中国电化教育》，2010（7）．
[12] 张会，陈晨．"互联网＋"背景下的汉语国际教育与文化传播．语言文字应用，2019（2）．
[13] 张文彦，张凯．中文智能阅读的困境与突破．语言战略研究，2018（4）．
[14] 张治，刘德建，徐冰冰．智能型数字教材系统的核心理念和技术实现．开放教育研究，2021（1）．
[15] 朱永新．家校合作激活教育磁场——新教育实验"家校合作共育"的理论与实践．教育研究，2017（11）．
[16] 曾毅平，朱庆洪．海外华文教育发展研究——"华文教育国际学术研讨会"综述．华文教学与研究，2014（1）．

**图书在版编目（CIP）数据**

新形势下世界华文教育的理论与实践探索 / 王晶，张立群主编 . -- 北京 : 民族出版社，2023. 12

ISBN 978-7-105-17174-3

Ⅰ . ①新… Ⅱ . ①王… ②张… Ⅲ . ①华文教育 - 研究 Ⅳ . ① G749

中国国家版本馆 CIP 数据核字（2024）第 017129 号

**新形势下世界华文教育的理论与实践探索**

策划编辑　刘海涛
责任编辑　张海燕
封面设计　金　晔
出版发行　民族出版社
地　　址　北京市和平里北街 14 号
邮　　编　100013
网　　址　http://www.mzpub.com
印　　刷　北京中石油彩色印刷有限责任公司
经　　销　各地新华书店
版　　次　2024 年 1 月第 1 版　2024 年 1 月北京第 1 次印刷
开　　本　880 毫米 ×1230 毫米　1/32
字　　数　280 千字
印　　张　11.125
定　　价　59.00 元
书　　号　ISBN 978-7-105-17174-3 / G · 2228（汉 1085）

该书若有印装质量问题，请与本社发行部联系退换
编辑室电话：010-64228001　发行部电话：010-64224782